신천지

묻고 답하다

세움북스는 기독교 가치관으로 교회와 성도를 건강하게 세우는 바른 책을 만들어 갑니다.

신천지 묻고 답하다

신천지의 거짓 교리로부터
교회를 보호할 강력한 길잡이

초판 1쇄 발행 2020년 6월 5일
초판 2쇄 발행 2022년 4월 18일

지은이 ι 유영권
펴낸이 ι 강인구

펴낸곳 ι 세움북스
등   록 ι 제2014-000144호
주   소 ι 서울시 종로구 삼일대로 428(낙원동) 낙원상가 5층 500-8호
전   화 ι 02-3144-3500
팩   스 ι 02-6008-5712
이메일 ι cdgn@daum.net

디자인 ι 참디자인

ISBN 979-11-87025-65-8 (03230)

신천지
묻고 답하다

신천지의 거짓 교리로부터
교회를 보호할 강력한 길잡이

유영권 지음

세움북스

CONTENTS
목차

제1부
신천지와 성경

제2부 신천지를 무너트리기 위한
신천지 교리의 핵심 소재 및 반증

부록

교회는 신천지를 어떻게 상대해야 할까?

신천지는 이단이다. 이단이 무서워 피하는 것은 교회의 바람직한 자세가 아니다. 무서워 피하는 것이 아니라, 귀찮아서 피하는 것이라도 바람직하지 않다. 피해서 달라질 것은 없기 때문이다. 그간의 경계와 예방을 위한 노력이 적지 않은 효과를 가져온 것은 틀림이 없지만, 이단에 의한 한국교회와 성도들의 피해가 여전한 것을 볼 때 어떠한 전환이 필요한 것은 확실하다. 디도서 3장 10절의 "이단에 속한 사람을 한두 번 훈계한 후에 멀리하라"는 말씀은 변론의 결과가 무익하게 끝나는 것에 대한 경계이지 피할 것을 말하고 있지 않다. 경험으로 볼 때 잘 준비하여 진행한 이단에 빠진 사람과의 변론은 이단을 무력하게 하고, 이단으로부터의 구출은 물론, 이전보다 훨씬 나은 신앙으로 회복시켰다.

교회는 성도들에게 이단에 대한 경계심을 갖게 하는 것을 넘어, 이단에 속한 사람들을 무너트릴 칼자루를 쥐어줘야 한다. 피하라 하지 말고 과감히 찾아다니라고 해야 한다. 신천지 사람을 두려워 말고, 신천지 사람들에게 두려운 존재가 되라고 해야 한다. 허술한 자만감이 아닌 제대로 된 무기를 들도록 해야 한다. 이것이 본 책을 저술한 목적이고 바람이다.

목회 현장과 이단상담 현장에서의 경험에 근거하여, 한 가지 교육만으로도 신앙교육과 이단 예방 교육의 효과가 발휘되는 것을 보면서, 해당 교육의 자료와 생각을 공유하고 싶었던 것이 책을 쓰게 된 이유이다.

이단 상담소에는 신천지에 빠진 가족을 둔 사람들의 발길이 끊이지 않는다. 학업이나 직장을 포기한 채 가출한 자녀들의 부모, 가정과 자식을 포기한 아내나 남편들의 배우자 등 신앙과 관련한 갈등과 충돌로 조용한 날이 없는 가정의 가족들이 더 흘릴 눈물조차 없어 메마른 눈물로 찾는다. 더 안타까운 것은 상담실을 찾는 피해자들이 줄지 않고 늘어가고 있다는 것이다.

근래에는 교회와 연관 없이 신천지에 미혹된 사람들의 상담도 많아졌지만, 여전히 가장 큰 피해의 대상은 성도들과 교회이다. 교회와 연관 없이 신천지에 미혹된 사람들은 피해 규모가 큰 것에 비해 신천지의 구조에 적응하지 못해 이탈하는 경우가 많다. 반면, 기존 교회에서 신천지로 미혹되어 간 사람들은 좀처럼 신천지를 벗어나지 못한다. 무엇보다 우선하여, 교회에서 신천지로 옮겨가는 것을 차단하여야 하는 이유이다. 그렇다면, 차단할 방법은 무엇일까?

정도의 차이는 있겠으나 교회마다 신천지에 의한 피해를 의식하여 예방 및 경계 교육을 해 왔다. 예방과 경계를 강화한 결과 피해를 줄이는 효과를 가져온 것은 틀림이 없다. 그러함에도 간과하지 말아야 할 것은 신천지 및 이단에 대한 교육을 받았음에도 신천지로 옮겨가는 사례들이 적지 않다는 것이다. 신천지 대책교육이 활발한 중대형교회에서도 여전히 신천지로의 이동이 계속되고 있다. 기존 교회의 예방 노력보다 신천지의 포교전략이 더 빠르게 진화하고 있기 때문인데, 이것을 고려할 때 신천지에 대한 교회교육은 훨씬 빨라야 하고, 강력하여야 하며, 종합적이어야 한다.

교육이 있음에도 피해가 발생하는 또 다른 이유는 이단 및 신천지 교육에 대한 과신이다. 교육은 대응해야 하는 상대에 대해 과도한 자신감을 갖게 하는 특성이 있다. 교육을 통해 이단에 대한 지식과 정보를 가지고 있다는 자신감을 갖는 것은 바람직하기도 하지만, 가지고 있는 지식과 정보에 의문이 생기거나 자신감을 잃을 만한 일이 발생하면 훨씬 빨리 무너지고 포섭되게 하는 특성이 있어 주의해야 한다. 이러한 점을 고려하면, 이단 교육은 예방과 경계 차원을 넘어 신천지 사람들이 접근해 올 때, 신천지의 오류와 거짓을 짚어주고 확인시켜 줄 수 있는 수준까지를 목표로 해야 한다.

이러한 목적에서 성도와 교회, 목회자들에게 도움을 주고자 본서를 저술하였다. 또한, 이단 피해 가족들이 혼란과 충격 속에 살면서도 효과적이고 합당한 방법을 몰라 지혜로운 대처와 구출에 어려움을 겪는 것을 보았기에 이단에 빠진 가족의 구출을 위해 노력하는 가족들에게 좋은 지침서가 되기를 바라며 저술했다.

본인은 목회 현장에 있고, 목회에 있어 중요한 일 중의 하나로 이단에 관한 사역을 하면서, 목회 현장에서 자연스럽게 이단 교육이 이뤄질 수 없을까에 대한 고민이 있었다. 성도들이 반드시 알아야 하는 신학과 신앙 내용을 다루면서 동시에 이단을 예방하는 효과를 발휘하는 것에 관한 고민이었다. 이러한 관점에서 기술하였기에 본서를 목회의 일환으로서의 교재로 사용한다면 바른 신앙교육은 물론 이단 예방까지 할 수 있을 것이라 기대해 본다.

본 책은 크게 세 부분으로 되어 있다.

제1부에서는 신천지가 성경 말씀을 적극적으로 다루는 이유가 무엇인지, 성경 말씀을 어떻게 활용하는지, 신천지의 성경 말씀에 대한 해석의 문제점이 무엇인지를 신천지가 주요하게 다루는 소재를 중심으로 반증하였다.

제2부에서는 신천지 사람들이 기존 교회 성도들을 미혹한 후 초기 교육에서 가장 많이 다루는 주제와 핵심 소재들이 무엇인지, 그에 대한 신천지의 주장은 무엇인지, 성경과 신학에 비춰봤을 때 신천지의 주장에서 어떤 부분이 잘못되었는지를 반증하였다.

부록에서는 연구와 상담을 중심으로 이단 사역을 하는 가운데 발견한 신천지를 무너트릴 수 있는 실질적이면서도 강력한 대안을 제시하고자 하였다. 대응을 위해 갖추어야 할 기본 지식인 신천지의 역사, 신천지의 포교전략과 전술, 그 방법과 방향을 먼저 소개하고, 현재 기독교의 신천지 대책에 대한 평가에 필요한 신천지의 현황, 신천지로 인한 피해를 다뤘으며, 신천지 타파를 위한 실질적 대안으로 피해 가족과 교회들을 위한 지침, 교회와 기독교가 나아가야 할 방향을 현장 경험을 바탕으로 제시하였다.

특히, 1부와 2부에서는 기독교의 교리와 주요 성경 용어들에 대해 다뤘기 때문에 이단 대처를 위한 교육은 물론 정통 기독교 교리 심화 교육의 도구와 설교의 주제로도 사용할 수 있으리라 본다.

그간 신천지와 관련된 많은 유익한 책들이 저술되었다. 이미 저술된 책들과 함께 본 책이 합력하여 선한 영향을 발휘함으로 한국교회와 성도들을, 한국국민들을 이단으로부터 지키는 데 귀하게 쓰임 받기를 소망한다. 끝으로 본 책이 세상에 나오기까지 곁에서 한결같은 위로로 힘이 되어준 아내와, 정성스레 교정을 봐준 오예숙 자매, 김희승 목사님, 강경호 목사님, 이정훈 목사님, 윤지숙 자매께 감사하며, 출판과정에 힘이 되어준 이태성 선교사님과, 중국에서의 신천지 확장을 우려하면서 다양한 방법으로 힘이 되어준 임향숙 회장님, 양광 목사님, 조용광 목사님께 감사드린다. 그리고 목사의 사역에 변함없는 사랑과 협력으로 힘과 격려를 아끼지 않으시는 장로님과 빛과소금의 교회 성도들, 처음 출판을 기꺼이 허락해주신 세움북스 강인구 사장님께 감사를 전하며, 모든 영광을 하나님께 돌리는 바이다.

저자 유영권

RECO*/*/*/*ENDATION

추천사

신천지는 교회와 가정을 파괴하고 수많은 인격까지 훼손시키면서 고통을 주는, 이 시대에 생겨나지 말았어야 하는 암적 존재입니다. 『신천지 묻고 답하다』는 이 시대에 꼭 필요한 책으로서 사이비요 이단인 신천지의 거짓된 교리와 허술한 부분들을 잘 지적함으로 신천지의 정체를 잘 드러내 주고 있습니다. 이단 신천지에 대한 무지에서 벗어나게 하거나 미혹되었던 영혼들이 회복되어 건전한 신앙생활을 할 수 있게 하는 나침반과 같은 지침서의 역할을 기대하면서 기쁘게 추천합니다.

강 경 호 (한국이단상담목회연구소 소장, 목사)

절실히 필요한 책입니다. 신천지 이단을 대비하는 책일 뿐만 아니라, 정통교회를 출석하는 교인이 올바른 신앙생활을 위해 필요한 것이 무엇인지 살펴보게 하는 지침을 제시합니다. 이를테면 성경을 익히는 것은 곧 성경의 올바른 해석을 배우는 것임을 인식하게 하여 자신이 알아온 성경 이해를 돌아보게 합니다. 이 책은 성경의 왜곡된 해석이 결국 진리에서 미끄러져 영혼을 잃게 하는 위험을 초래한다는 위험성을 경고하며, 구체적인 사례를 문답형식으로 제시하고 있습니다. 누구나 읽기 쉽게 쓴 훌륭한 책입니다. 책을 읽고 나면 신천지에 대한 대비를 넘어서, 바른 신앙생활에 대해 눈을 크게 뜨게 될 것입니다.

김 병 훈 (합동신학대학원대학교 조직신학 교수)

이 책은 하나님을 사랑하는 목회자가 진리를 사랑하는 마음으로 쓴 책입니다. 신천지의 거짓됨을 논리적이고 체계적으로 가장 잘 정리한 책이라 여겨져 적극 추천합니다. 하나님께서 유영권 목사님께 주신 특별한 분별의 은사에 감사드리며 성도들의 영혼을 아끼는 목자의 마음으로 몸을 아끼지 않고 수고하신 유영권 목사님께 감사드립니다.

김 성 한 (대한예수교장로회[합신] 이단사이비대책위원장)

하나님께서 유영권 목사를 통해 『신천지 묻고 답하다』를 출판하게 하심을 감사드립니다. 아무리 어두움이 진리를 훼손하고 가리려고 해도 빛이 어둠을 이깁니다. 이 책은 실제적이고 구체적인 질문과 답을 통해 우리가 고백하고 있는 믿음과 진리를 확인시켜 줍니다. 우리를 속이려는 헛되고 교활한 공격을 부서트리고 우리의 믿음을 변호하고 증명합니다. 그래서 신천지에 빠져 어려움을 겪고 있는 모든 분들에게 실제적인 가르침과 도움을 주는 책입니다. 하나님께서 이 책을 사용하셔서 한국교회를 이단과 거짓으로부터 보호하시기를 기도합니다. 모든 교회와 성도들이 이 책을 정독하실 것을 기쁜 마음으로 추천합니다.

문 수 석 (대한예수교장로회[합신] 총회장)

신천지 이단에 관한 책자는 상당히 많습니다. 이단을 연구하는 사람들이 나름대로 다양한 자료를 토대로 연구하여 책을 내었기 때문입니다. 하지만 유영권 목사는 신천지에 빠진 사람들을 직접 상담하면서 얻은 실제적인 근거자료를 바탕으로 하여 생생한 내용을 담아냈습니다. 이 책이 신천지 연구와 상담에 큰 유익을 줄 수 있을 것이라 확신하며 널리 유용되기를 바라는 바입니다.

박 형 택 (한국이단상담소 소장)

현 시대는 성경을 보는 관점의 혼돈 시대가 아닌가 합니다. 결국 거짓 선지자들과 이단들이 판을 치고 있습니다. 정통교회 성도들이 이단으로, 요즘은 신천지로 계속 미혹되어 갑니다. 어떻게 해야 할까? 라는 물음 앞에 무더운 여름날에 속이 시원한 물줄기 같은 한 권의 책이 우리 앞에 나타났습니다. 유영권 목사의 『신천지 묻고 답하다』가 깨끗하게 해결해 줍니다. 신천지 거짓교리에 신학적 옳은 해석과 그들에게 승리할 비결이 여기 있습니다. 목회자로 이단연구와 회심사역의 동역자인 유영권 목사님의 노고를 높이 치하합니다.

서 영 국 (고신총회이단연구소장, 한국장로교총연합회 이단대책위원장)

신천지 교리와 그에 대한 반증을 Q&A 형식으로 일목요연하게 정리한 것이 탁월합니다. 무엇보다도 다룬 주제들이 신천지의 핵심을 찌르는 내용이라서 더욱 돋보입니다. 내용이 너무 방만하지도 않고 난해하지도 않아『신천지 묻고 답하다』를 통해 누구나 쉽게 신천지 교리의 문제점을 이해할 수 있습니다. 신천지의 종말이 다가오고 있고 탈퇴자들이 점차 늘어나는 이때 목회자들에게 시의적절한 책자입니다. 목회자뿐만 아니라 신학생들과 성도들에게는 예방 차원에서, 신천지 피해자나 탈퇴자들에게는 신앙회복 차원에서 적극 추천합니다.

신현욱 (구리이단상담소장, 목사)

한 교단의 이단대책위원장이라 해도, 목회하면서 이단 집단에대해 직접 깊이 연구하는 일이 쉽지 않습니다. 코로나 19(코로나 바이러스 감염증)로 인해 신천지 문제가 전국민적 관심으로 부상하기 전에도, 유 목사님은 천안 기독교 연합회와 함께 신천지와 교리 토의를 제안하기도 했습니다. 그간 진리를 사랑하는 마음과 열정으로 연구하신 신천지의 문제를『신천지 묻고 답하다』라는 제목으로 출간하게 되었습니다. 이 책이 한국교회와 성도들이 신천지의 허상을 바로 꿰뚫어 보고, 바로 대응할 수 있는데 큰 도움이 될 것을 기대합니다.

안용식 (김해제일교회 담임목사, 기독교대한성결교회 이단사이비대책위원장)

코로나19 사태로 온 세상이 신천지의 문제점을 알게 되었습니다. 그러나 그분들이 왜 이단이요, 성경에서 벗어난 집단인지 잘 모르는 사람들이 더 많습니다. 신천지의 이단 단체적 성격을 처음부터 늘 지적하시고, 많은 분들이 그로부터 나오도록 하는 일에 큰 기여를 하신 유영권 목사님께서 사람들이 신천지에 빠지지 않도록, 또 그로부터 나오도록 아주 쉽게 신천지의 문제점을 알리는 책을 내주셨습니다. 감사해 하면서 찬찬히 읽으셔서 많은 분들을 옳은 데로 돌아오게 하는 우리들이 되었으면 합니다.

이승구 (합동신학대학원대학교 조직신학 교수)

신천지는 오늘날 기독교를 파괴하는 악질 이단 가운데 하나입니다. 최근에 다양한 계기로 신천지의 진면목이 일부 드러나기는 했지만 아직도 정확한 실체를 간파하기 어렵습니다. 이때 오랫동안 신천지를 연구하고, 신천지와 논쟁하고, 신천지 사람들을 상담하고, 이탈자들을 목회해온 유영권 목사님이 『신천지 묻고 답하다』를 저술한 것은 정말 반가운 일입니다. 우리는 이 책을 통해 신천지의 발원과 발전을 간명하게 파악할 수 있고, 신천지의 주장과 오류를 분명하게 알 수 있으며, 신천지의 악질적인 영향과 치명적인 폐해를 들을 수가 있습니다. 신천지의 문제점을 알려면 반드시 읽어야 할 책입니다.

조병수 (합신 前 총장, 신약학 교수)

저자 유영권 목사는 오랜 세월 신천지 이단에 대한 연구와 비판은 물론 현장에서 몸으로 직접 대항해 온 실천 전문가입니다. 신천지 이단에 대한 대응은 감정적 분노나 일방적 비난만으로는 되지 않습니다. 이 책의 가장 큰 장점은 신천지 이단의 근원, 역사, 구체적인 교리와 궁금증, 혼란을 불러일으키는 주장 등에 대해 누구나 쉽게 파악하고, 성경적 입장에서 하나하나 분별하고 비판할 수 있도록 Q&A 방식으로 집필하였다는 점입니다. 신천지 집단이 기독교회에 뿐 아니라, 사회적으로도 큰 문제를 야기한다는 사실이 밝히 드러난 이 시점에, 신천지의 폐해에 대비하기 위하여 신자와 불신자 모두에게 이 책의 일독을 강력하게 제안하는 바입니다.

정창균 (합동신학대학원대학교 총장)

신천지 집단의 활동이 36년 동안 이어지면서 국내외의 많은 교회들이 피해를 입어왔는데, 최근 코로나 19 사태를 통하여 그들의 정체가 온 세상에 알려지게 되었습니다. 그러나 아직도 다수의 한국교회 목회자들과 성도들은 신천지를 정확하게 파악하지 못하고 있는 실정입니다. 차제에 이단 전문가인 유영권 목사님의 『신천지 묻고 답하다』가 발간된 것은 한국교회에 큰 복이 아닐 수 없습니다. 신천지 집단의 면면에 대해 명쾌하게 밝힌 이 책을 통하여 한국교회가 신천지 대응에 큰 도움을 받게 될 것이라고 확신하여 추천하는 바입니다.

진용식 (한국기독교이단상담소 협회장)

코로나 19라는 바이러스 하나가 신천지의 비밀들을 온 천하에 낱낱이 드러내고 말았습니다. 이는 감사도 하지만 한 편으로 부끄럽기도 합니다. 이러한 때에 이 단연구를 위하여 신학적 준비가 되었을 뿐 아니라, 다양한 이단연구와 상담 경험 이 넘치는 유영권 목사가 이 책을 출판하게 된 점은 교회사적 의의가 있습니다. 이 책으로 인하여 한 영혼이라도 신천지에 빠지지 않게 하고 나아가 한 영혼이라 도 구원하는 큰 역사가 일어날 것을 기대하며 적극적으로 추천하는 바입니다.

최 삼 경 (빛과소금교회 담임목사, 교회와신앙 편집인)

누구나 쉽게 접근할 수 있는 신천지에 대한 종합적인 변증서입니다. 본 변증은, 기독교 신앙과 정체성에 기초해, 이단의 교리를 논리적으로 분석하고 연구한 것 입니다. 저자인 유영권 목사는 진지함, 성실함, 꾸준함으로 이단문제를 바라보 고 연구해왔을 뿐만 아니라, 천안시기독교총연합회 이단대책위원장으로서 자 신의 목회현장에서 실질적인 이단대처 활동에 적극적으로 참여해왔습니다. 『신 천지 묻고 답하다』는 신천지의 전반적인 문제점을 문답식으로 쉽고 명료하게 설 명해주는 한편, 신천지 예방과 대처를 위한 정보를 알기 쉽게 제공해 줍니다.

탁 지 일 (월간 현대종교 이사장 겸 편집장)

저자는 대한예수교장로회 합신 측 이단대책위원장을 역임하면서 한국교회의 이단 대책을 위해 수고하셨습니다. 또한, 천안기독교총연합회 이단사이비대책 위원장으로서 신천지 이만희 교주와 공개토론을 제의하여 신천지 이단사이비 집단이 교회가 아닌 종교사기 집단임을 밝히는 데 앞장섰습니다. 이 책은 한국 사회에 COVID-19 확산의 주범 역할을 한 신천지 이만희 교주에 대해 쉽고 간 결하게 설명한 교과서 격의 책이라 할 수 있습니다. 유익하게 널리 활용하시기 를 바랍니다.

황 건 구 (기독교대한감리회 이단대책위원장)

제1부

신천지와
성경

?!

01
신천지 성경 활용법과 반증

Q 질문 신천지가 말씀(성경)을 강조하는 이유는 무엇인가?

> **신천지의 주장**
> 성경을 아는 것이 영생이다. 성도는 성경을 바로 깨달아 믿고 바로 전해야 한다. 완전히 깨닫고 믿는 성도가 완전한 믿음의 소유자로, 깨달음 없이 '믿습니다', '구원받았다', '성령받았다' 하는 무조건적인 신앙은 광신도에 불과하며 그것은 단지 맹종, 맹신일 뿐이다.[1]

A 반증 첫째는 자신들이 이단이 아니고 정통교회라는 주장을 하고 싶어서인데 그 근거로서 말씀보다 더 좋은 재료는 없다. 둘째는 기존 교회의 성도들을 미혹하는데 말씀만큼 강력한 무기가 없다. 신천지에서 가르치는 내용이 성경적이라는 동의를 얻어낼 수만 있다면 사람들을 포섭하는 것이 어렵지 않다.

'성경을 아는 것이 영생'이라는 표현은 언뜻 보기에 틀리지 않은 언급처럼 보인다. 그러나 성경을 아는 것이 영생이라면 성경을 어느 정도 알아야 영생을 받을 수 있는지도 설명해야 한다.

성경을 완벽하게 해석하는 사람은 없다. 만약 완벽하게 성경을 해석해야만 영생을 얻을 수 있다면 영생을 얻을 사람은 없다. 그런데 신천지 사람들은 이만희가 성경에 통달했다고 자신 있게 말한다. 성경에 통달했다는 표현에 대해 대부분 신천지 사람들은 성경 전체에 대해 통달했다고 믿는다. 하지만 상담을 통해 이만희의 성경해석에 오류가 있다는 사실을 알려주면, 곧바로 성경 전체에 대한 통달이 아니라 요한계시록의 해석과 실상에 대한 통달이라고 말을 바꾼다.

사람과 관련해 '성경에 통달했다'는 말은 성경에 없다. '통달'이라는 표현은 성령 하나님께 해당 되는 말씀으로서, 하나님의 깊은 것까지도 다 아시는 성령 하나님께서 택하신 하나님의 자녀들에게 하나님의 뜻을 알려주신다는 의미에서 기록된 말씀인데 엉뚱하게 사용되고 있다. 그럼에도 일단 이 모든 것을 인정해 보자. 그러면 이만희 자신의 요한계시록 해석만큼은 틀린 것이 없어야 한다. 실제로는 어떨까? 다른 요한계시록 해석과 비교해서 차이가 있는 것이 문제라면 해석의 차이로 돌릴 수 있다. 하지만 이만희의 해석 안에서 충돌과 모순이 일어나고,[2] 책마다 서로 다른 해석이 나타나고 있다면 얘기가 달라진다.[3] 그런데 소위 성경을 통달한 자에게서 일어날 수 없는 일이 이만희의 글 전체에서 발견된다.

물론 성경을 깨닫는 것에서 시작이 되어 하나님의 사람이 되는 것도 아니다. 성령의 중생케 하심을 통해 하나님의 사람이 되어 영이 살아있어 말씀을 듣기도 하고, 깨닫기도 하며, 반응도 하는 것이다. 죽은 사람이 스스로 하나님의 말씀을 깨달아, 반응할 수 없다. 이런 얘기를 하면 신천지 사람들은 '예정론'을 말하는 것이냐고 따져온다.

신천지 사람과 상담을 하면서 그렇다면 '누가 이만희가 전하는 말씀을 알아듣고 받아들이고 믿을 수 있는가?'라고 물으면, 즉시로 하나님에 의해 정해진 사람이라고 말을 한다. 자신들이 하는 말이 예정론에 해당하는 내용이라는 사실도 모르고, 무슨 의미인지도 모르면서 하는 말이다. 예정론을 짐승의 표라고 알고 있는 신천지 사람들에게는 곤혹스러운 질문이 아닐수 없다.

신천지 사람들은 깨달음 없이 "믿습니다."라는 것만으로 어떻게 구원을 받을 수 있느냐고 비판을 하는데, 목회자 중에 깨달음 없이 "믿습니다."라고만 하면 구원받을 수 있다고 가르치는 목회자는 없다. 왜냐하면 먼저 은혜로 거듭난 상태에서 성령 하나님의 조명하심과 성경을 통해 하나님의 뜻을 깨닫고, 깨달은 내용에 근거해서 "믿습니다."라고 고백할 수 있는 것이기 때문이다.

이는 사실이 아닌 것을 사실인 것으로 만들어 사람들을 미혹하는 신천지의 전형적인 수법이다. "믿으면 돼!"라고 하는 말 속에 담겨있는 내용을 무시하고, 마치 아무런 생각 없이 "믿으면 돼!"라고 가르친 것처럼 왜곡하고 있다.

Q 질문 신천지가 말씀을 구원과 연결하여 강조하는 이유는 무엇인가?

> **신천지의 주장**
> 말씀이 구원과 영생의 길인 것을 성경이 증언해주고 있다.[4]

A 반증 신천지에 바른 성경해석이 있어서가 아니다. 참 말씀이 있어서가 아니다. 미혹의 대상인 교인들은 말씀에 근거하여 '구원'에 대한 개념을 이미 갖고 있고, 대부분 구원에 대한 확신이 있다. 이러한 까닭에 구원에 대한 개념을 새롭게 정립시킬 필요 없이 확신하고 있는 구원의 근거만 흔들어 놓으면, 구원의 확신에 대해 불신을 일으키고 신천지의 말에 귀를 기울이게 할 수 있다고 판단하기 때문이다.

Q 질문 말씀으로 접근하는 신천지의 미혹이 통하는 이유는 무엇인가?

> **신천지의 주장**
>
> 하나님의 뜻이다. 하나님의 사람들은 하나님의 말씀을 받는다. 구원을 주는 말씀을 신천지가 잘 가르치고, 전하기 때문이다.[5]

A 반증 신천지의 주장이 하나님의 뜻에 합하여 사람들이 신천지의 말을 받아들이는 것이 아니다. 말씀으로 접근하는 경우 교인들은 경계심을 쉽게 풀고 받아주는 경향이 있기 때문이다. 교인들은 일반적으로 말씀을 알고 모르고를 떠나서 말씀을 신앙의 핵심으로 삼고 있다. 그런데 말씀 자체를 귀하게 여기는 것에 비례하여 말씀에 대한 지식이 많지 않다. 말씀을 배우기 위해 시간을 내는 것을 어려워하면서도 충분하지 않은 성경 지식에 대한 갈증을 느끼고 있는 이중적인 모습을 갖고 있다. 이러한 이유로 이단들이 말씀을 가지고 접근해 올 때 교인들이 쉽게 당하는 것을 볼 수 있다.

이단이 말씀으로 접근하는 경우 교인들이 얼마만큼 쉽게 빠지고 있는가를 이단들의 전략에서도 알 수 있다. 말씀에 무지하거나 무관심한 사람들은 이단과 신천지의 포교 대상에서도 제외된다. 말씀에 대한 무지와 무관심을 보인 교인은 신천지에 들어가서도 같은 모습을 보이고, 말씀의 배움이 많지 않지만 아예 무관심하지 않은 상태에 있는 사람들이 이단의 포교에 잘 넘어가기 때문이다. 반면 교회에는 이러한 유형의 성도들이 많은 까닭에 이단들의 포교가 활발하게 이뤄지고 있다.

Q 질문 구원과 말씀을 연관시킨 신천지의 전략이 통하는 이유는 무엇인가?

> **신천지의 주장**
> 거짓 말씀이 아닌 참 말씀을 만났기 때문이다.[6]

A 변증 신천지에 미혹된 사람들이 참 말씀을 들어서가 아니다. 교인들은 신천지를 접하기 전부터 구원이 말씀과 연결되어 있으며, 말씀을 알지 못하면 구원을 받을 수 없을 것이라는 정확하지 않은 생각을 하고 있다. 동시에 구원을 받기 위해서는 알고 있는 말씀이 당연히 바른 말씀이어야 한다는 생각을 일반적으로 갖고 있다.

여기에 더하여, 가지고 있는 성경 지식이 바른지에 대한 필요한 점검을 하기 전에는 자신이 이미 알고 있는 성경 지식이 틀릴 수도 있다는 생각을 하지 않기 때문에 이러한 확신만 무너트릴 수 있다면 얼마든지 신앙을 부정하게 할 수 있어서 신천지와 이단들은 말씀을 구원과 연결하여 미혹한다.

Q 질문 구원과 말씀을 연관시킨 전략이 통하도록 하는 근거로 신천지가 제시하는 성경구절은 무엇인가?

> **신천지의 주장**
> 요6:51~57과 14:13-14, 16:26에서 보듯이 구원은 하나님의 말씀을 아는 것이다. 예수님 외 다른 사람의 피와 살을 먹어야 구원받는다는 말과, 예수님 외 다른 사람의 이름으로 그 구한 것을 받는다고 말하는 것은 이단 행위요 마귀 사상인 것이다.[7]

A 변증 신천지는 자신들의 주장을 내세우면서 그 근거로 성경 구절을 제시한다. 성경구절을 제시하는 것만으로도 기선이 잡히고, 상대가 자신들의 입

맛대로 따라주기 때문인데, 신천지가 제시하는 성경 구절이 적합하고 해석이 맞아서가 아니라 일반적으로 교인들이 성경을 두고 하는 대화를 할 수 있을 만큼 충분히 준비되어 있지 않기 때문이다.

신천지는 자신들이 목적한 대로 사람들을 이끌기 위해 구원과 말씀을 연관 지어 '말씀을 먹어야 구원 받는다'는 생각을 하도록 만드는 데에도 성경구절을 적극 활용한다. 그렇다면 신천지가 제시한 구절들이 과연 신천지의 주장을 뒷받침하는 구절들일까? 우선 그들이 제시하는 요한복음 6장 51~57절과 14장 13~14절 그리고 16장 26절 세 구절은 서로 연관성이 없다. 무엇보다도 말씀을 먹어야 구원을 받는다는 것을 가르치고 있지도 않다. 신천지는 예수님의 피와 살을 예수님의 말씀으로 해석하여, 피와 살을 마시고 먹어야 한다는 표현을 말씀을 먹고 마셔야 하는 것으로 해석하는데, 요한복음 6장 51~57절의 예수의 피와 살은 예수의 죽음을 의미하며, 피와 살을 마시고 먹는다는 것은 주님의 죽으심으로 말미암아 갖는 택자를 위한 대속의 결과를 말하는 것이다. 이렇듯 신천지는 성경 구절에 자신들의 입맛에 맞는 해석을 달아 제시하는 식인데, 이러한 신천지의 교묘하고 저돌적인 공격을 성도들이 지혜롭게 받아쳐 내지 못하는 것이 안타깝다.

Q 질문 이만희를 통해서만 들을 수 있다는 '영생을 갖게 하는 말씀'이란 무엇인가?

신천지의 주장

천하 성도는 계시록 전장의 실상을 본 자, 계시 말씀을 받은 자(계1:1-3)를 찾아 (마 7:7-8) 계시록에 대한 참 증거를 받아야 구원을 얻을 수 있다. 비유를 안다는 것은 성경을 안다는 뜻이요 성경은 천국 가는 약도요 이정표라면 성경 속에 감추인 비유의 뜻을 안다는 것은 진정 천국을 소유하는 첫걸음이 되는 셈이다.[8] 성경의 비

A **반증** 신천지가 '영생을 얻게 하는 말씀'이라고 하면서 '실상'과 '요한계시록 해석' 그리고 '비유풀이' 등을 활용하는 이유는 그것이 성도들을 미혹하기 좋은 요소들이기 때문이다.

'실상'이라는 것이 요한계시록을 예언서라고 막연하게 여기는 사람들에게는 예언이 성취된 현장으로 인식되기 때문에, 사람들을 미혹하고 싶어 하는 집단에게는 자신들을 신뢰할 수 있게 할 수 있는 소재이다. 관련하여 사람들은 직접 보고 확인하려는 습성들을 가지고 있다. 그래서 예언대로 성취될 실현된 장소, 인물, 지명이라고 하면서 짝을 맞추어 보여주는 것만으로도 성도들의 마음을 빼앗기에 충분하다. 이러한 과정을 거치면, 적당한 조작만으로도 사람들을 조종할 수 있다.

요한계시록 해석은 앞에서도 언급하였듯이 해석이 다양하다. 해석이 다양한 가운데 요한계시록을 해석하면서, 신천지가 말하는 실상 즉 현실에서 일어난 실제 상황(사실은 조작된 것으로 현장을 볼 수 없는 까닭에 확인이 불가하여 쉽게 속는다)과 요한계시록에 예언되었다는 내용을 짝을 찾아 맞추듯이 설명하면 그렇지 않은 해석에 비하여 신뢰도를 높이는 요인이 되었음을 상담을 통해서 확인하였다. 신천지가 요한계시록 해석을 다루는 이유이다.

또한 비유풀이를 영생과 관련하여 다루는 이유는 마태복음 13장 10,11절에서 비유로 말씀하는 이유를 묻는 제자들에게 예수께서 답변하시면서 천국비밀을 아는 것과 연결하여 설명하신 것에 근거하고 있다. 성도들은 이러한 단순한 표현에 대해 깊이 생각하지 않고 걸려드는 성향이 짙다.

신천지의 주장

예수 그리스도의 계시를 기록한 요한계시록은 장래 이룰 일을 미리 알린 예언서이므로, 그 성취 때 약속한 말씀대로 나타날 실상을 입증하는 증거 서류와도 같다. 주께서 명하신 대로 하나라도 가감하지 말아야 할 계시록의 말씀은(계22:18-19) 기록한 실상이 나타나지 않았기 때문에 그동안 어느 누구도 참뜻을 해석하지 못했다. 그러나 이제 성취 때가 되어 계시록의 예언이 홀연히 이루어졌으므로, 필자는 그 실상을 직접 보고 성령에게 설명 들은 대로 낱낱이 증거하려 한다.[10] 계시록이 응하고 있는 오늘날은 계시록에 약속한 이긴 자를(계2,3장, 21:7) 통하지 않고는 구원이 없다. 이를 부인하는 사람은 예수님과 그 말씀을 믿지 않는 자이며, 마귀의 영에게 조종을 받는 자이다.[11] 계시록에 예언한 말씀이 이루어질 때는 계시록에 약속한 구원의 처소와 구원의 목자를 찾아야만 구원받을 수 있다. 그 구원의 목자는 니골라당과 싸워 이긴 자이며, 구원의 처소는 그가 인도하는 장막이다. 이긴 자가 중심이 되어 이룬 교회는 만국이 가서 소성받고 주께 경배하며 영광을 돌릴 증거장막성전이며, 어린양의 혼인 잔치 집이다. 이 거룩한 성에 들어가려면, 하나님의 보좌에서 나는 생명수에 두루마기를 빨아 입고, 생명책에 녹명되어야 하며, 계시록의 말씀을 가감하지 않아야 한다. 그리고 약속의 목자가 증거하는 말을 듣고 주를 맞이할 등과 기름을 준비해야 한다. 이 새언약의 말씀을 지키지 않는 자는 구원받지 못하는 이방인이 된다.[12]

A 반증 요한계시록은 마지막 때에 일어날 일들만을 기록하고 있다는 신천지의 주장 자체가 오류이다. 계시록 내용 중에는 이미 과거에 이루어진 일들도 있고, 미래에 일어날 일도 있으니 마지막 때에 일어날 일들이 기록됐다는 신천지의 주장부터가 틀렸다(계 1:19).

그리고 요한계시록은 기록된 일이 일어나는 것을 보고 마지막 때인 것을 알도록 주신 것도 아니다. 요한계시록을 주신 목적은 박해 아래에서 힘들어하는 성도들의 신앙을 지키고, 보존케 하고자 주신 것이다. 신천지는 하나님께서 요한계시록을 주신 목적부터 왜곡시키고 있다.

구원자는 신천지가 말하는 소위 실상을 본 자가 아니라, 오직 예수 그리스도 한 분이다(행4:12). 그럼에도 불구하고 신천지가 말하는 소위 실상이라는 현장을 본 자를 구원자라고 동의를 한다고 하자. 그가 신천지가 말하는 이긴 자가 되려면, 그가 보았다며 전하는 실상의 내용이라는 것들이 한 치의 오차도 없이 맞아야만 한다. 신천지가 말하는 실상의 내용은 거짓이며 조작인 것은 이미 확인이 끝났다.[13]

그렇다면 신천지 이만희는 구원자이신 예수 그리스도의 자리를 찬탈한 자로서 구원자가 아니라 그들의 표현에 따르면 적그리스도이다. 이만희가 요한계시록을 가감하면 이단이고, 마귀라고 하였으니 이만희 말에 의하며 신천지가 이단이 아닌가?

Q 질문 **이만희가 구원자(이긴 자)라는 것이 합당한가?**

> **신천지의 주장**
> 신약에 예언하신 예수께서 약 2천 년 전에 약속한 그것들을 재림 때 예언된 사단 니골라당과 싸워 이긴 자에게 임하시어 다 이루신다고 하셨다(계21:6-7). 신약에 기록된바 하나님도 예수님도 천국도 사단 니골라당과 싸워 이긴 자에게 임하시고(계3:12, 21), 심판권도 치리권도 영생하는 양식도 이긴 자에게 줄 것을 약속하셨다.[14]

A 논증 신천지는 결국 이만희가 영생을 주는 자이고, 재림하셔서 심판하시는 재림주도 이만희라고 하고 있다. 그러나 예수 그리스도 외에는 구원자가 없으니 이만희가 구원자가 아닌 것은 말할 필요성도 없다.

혹, 신천지 말대로 이만희가 구원자라고 하여도 이만희는 구원자가 될 수 없다. 신천지가 말하는 구원자의 자격에 미달이기 때문이다. 신천지 말대로 이만희가 이긴 자가 되려면 실상을 봤어야 하고, 실상이 일어났어야 하며, 그가 소위 실상이라고 전한 내용이 사실이어야 한다. 실상이 맞지 않으면, 실상이라는 개념 자체가 거짓이든지, 실상이 거짓이든지, 실상이 일어난 것이 아니든지, 실상을 목격하지 못하였다는 증거일 것이다. 신천지가 실상이라고 전한 내용이 사실과 맞는 것이 없으니 이만희는 구원자가 될 수 없다.[15]

신천지에 의하면 신천지의 요한계시록 해석에도 틀린 것이 없어야 한다. 그런데 신천지의 요한계시록 해석 내용끼리 충돌이 있고, 모순이 있으니 이만희가 구원자가 될 수 없는 것은 물론이고 신천지의 말에 의하면 이단이다.[16] 성경해석이 틀린 것이 없어야 하고, 비유 해석도 틀린 것이 없어야 한다. 그런데 성경해석에 있어서 성경이 비유로 되어있다는 잘못된 접근으로 성경 전체를 왜곡시켰고 비유풀이 역시 의도된 조작으로 성경의 의도를 바꾸어 놓았으니 이런 사람은 구원자가 될 수 없다.[17]

이만희가 니골라당과 싸워 이겼다고 하나, 이만희가 니골라당이라고 지목하는 사람과 단체에 대한 설명이 실제 사실과 다르다.[18] 설명이 다르면 실상이라는 것 자체가 거짓이다. 실상이 거짓이고 싸운 적도 없으며, 싸운 적이 없으니 이긴 적도 없다. 이만희는 이긴 자도, 구원자도 아니고, 예수님의 그리스도 직분을 훔친 자일 뿐이다.

Q 질문 **이만희가 전한 요한계시록 해석과 실상을 듣고 믿고 지켜야만 구원받는다면 요한계시록의 예언이 성취되기 전 사람들은 어떻게 구원받는가?**

신천지의 주장

죽은 사람의 육체는 다시 살아날 수 없으므로[19] 구원에는 육의 구원과 영의 구원이 있다. 육체까지 구원받는 사람들이 있고, 영으로만 구원받는 사람들이 있다. 예수께서 재림 전에 살았다가 죽은 사람들의 구원은 영적으로만 구원받고, 예수 재림 후 죽지 않고 살아있는 중에 요한계시록 해석과 실상을 듣고 믿는 사람들은 죽지

Ⓐ 반증 성경은 영의 구원과 육의 구원을 분리하지 않는다. 구원은 하나님의 자녀 된 사람 개체가 받는 것이다. 재림 전 죽은 성도의 구원과 재림 때 살아있는 성도의 구원을 구분하여 가르치는 것은 이만희가 전하는 '말'이 영생하게 하는 '말'이라는 것을 정당화하기 위해 지어낸 조작된 해석이다.

신천지는 죽은 사람의 육체는 살아날 수 없다고 하였다. 그러나 이는 성경 어디에서도 찾아볼 수 없는 주장이다. 상식과 이성적 사고에 묶여 죽은 사람이 살아나는 것을 동의하지 못하는 사람들이 있자, 죽은 사람이 다시 살아나는 부활이 분명히 일어날 사건임을 고린도전서 15장과 데살로니가전서 4장에서 강조하여 알려주고 있다.

그럼에도 신천지는 죽은 사람의 육체적 부활을 부인하기 위해서 예수님의 부활과 승천까지도 영의 부활이라고 억지를 부린다. 그러나 예수님의 부활은 물론이고, 승천도 영과 육이 분리된 것이 아니라, 예수님 자체가 승천한 것이다.[21] 신천지는 성경을 부인하는 집단이다.

Ⓠ 질문 **요한계시록이 예수님 재림 후에 살고 있는 사람들의 구원만을 위해 기록된 책인가?**

A 반증 요한계시록은 믿음을 지닌 이후, 말씀과 예수님에 대한 증언을 이유로 박해받는 모든 시대의 교회와 성도들을 위한 책이다. 죽은 사람들은 육체를 갖고 다시 살아날 수 없다고 하는 신천지 해석때문에 이만희가 존재하는 시대에 사는 사람들을 위한 책이지 이미 죽은 사람들과는 상관없다고 하는 신천지의 주장 자체가 비성경적이고, 반성경적이다.

Q 질문 요한계시록을 이미 받아 읽고, 듣고, 믿는 사람들은 어떻게 되는가?

신천지의 주장

그런 상황은 있을 수 없다. 요한계시록의 예언이 성취도 되지 않았는데 무엇을 어떻게 믿을 수 있느냐? 구원은 요한계시록 성취를 통하여 보이신 이긴 자가 전하는 말을 듣고 믿는 것이므로 이긴자 출현 전에 육체의 구원은 절대 있을 수 없다.[23]

A 반증 신천지 주장의 요지는 구원을 주는 요한계시록 해석은 이만희를 통해서만 들을 수 있으며, 그래서 이만희가 출현하기 전의 사람들이 들을 수 없고, 당연히 믿고 지키는 일은 있을 수 없었으며, 결국은 육체의 죽음 없이 구원받는 사람이 있을 수 없다는 것이다. 과연 그러할까?

요한계시록의 수신자들인 성도들은 기록된 하나님의 약속에 근거한 예언이 기록대로 이뤄질 것을, 성취된 예언을 보고 믿는 것이 아니라, 신실하신 하나님의 말씀이기 때문에 믿는 것이다. 요한계시록 해석을 듣고 구원받는 것이 아니라, 구원받은 사람들이라 요한계시록을 보고 믿고 위로를 받고 신앙을 견고히 하는 것이다. 당연히 모든 시대에 요한계시록을 듣고, 믿고, 지키는 성도들이 있다.

혹 신천지의 말대로 요한계시록에 담겨있다고 주장하는 예언들이 성취된 것을 보고 믿었다고 하자. 그러면 신천지 사람들은 자신들이 보고 들은 것을 설명하면 된다. 즉 신천지가 말하는 실상을 들은 그대로 말하면 된다. 그러나 관련하여 상담실을 찾은 신천지 사람들은 어떤 반응을 보일까? 자신들이 보고 들었다는 내용을 자신 있게 말하는 신천지 사람을 본 적이 없다. 이는 신천지가 말하는 실상과 관련된 역사와 내용을 잘 아는 사람을 만나면, 자신들이 가지고 있는 지식이 엉터리라는 것이 바로 드러나기 때문이고, 그렇다는 사실을 신천지 내부 재교육을 통해서 스스로 잘 알고 있기 때문이다.

상담실을 찾은 신천지 사람들이 할 수 있는 최선은 상담 중에 실상 얘기를 하지 않는 것이다. 때문에 실상 얘기가 시작되면 말장난으로 상황을 모면하려고만 한다. '실상을 봤냐?', '실상을 보지 못한 사람이 실상을 알 수 없는 법인데 실상에 대해서 어떻게 얘기할 수 있겠냐? 얘기할 필요조차도 없다.' 이런 식이다.

빛은 어둠을 두려워하지 않는다. 피하지도 않는다. 신천지와 이만희가 빛이라면 어둠 앞에 당당해야 한다. 신천지가 당당하지 못하고 이런저런 핑계를 대며 피하는 것은 빛이 아니고, 어둠이기 때문이다. 또 어둠이 드러날까 두렵기 때문이다.

결국 이만희를 통해 듣고, 믿고, 지킬 수 있으므로 이만희 출현 전 사람 중에는 요한계시록 1장 3절이 가리키고 있는 듣고, 믿고, 지키는 사람은 있을 수 없다는 말과 신천지 사람들만 듣고, 믿고, 지킬 수 있다는 주장은 거짓이며, 비논리적인 주장인 것이다.

질문 이긴 자가 전하는 실상을 믿어야 구원받는 것인가? 실상을 전하는 것을 통하여 확인된 이긴 자가 전하는 말을 듣고 믿어야 구원받는 것인가?

A 반증　신천지의 주장은 시작과 끝이 분명하지 않다. 원인과 결과가 분명하지 않고, 원인이 결과가 되고, 결과가 원인이 되는 것을 볼 수 있다. 신천지가 자신들의 주장을 뒷받침하기 위해 내놓는 논리이다.

신천지의 말처럼 이긴자가 전하는 실상을 믿어야 구원받는다면, 실상을 전하기 전에 먼저 이긴 자임이 확인되어야 한다. 그런데 다음 말에 심각한 모순이 일어난다. '실상을 전하는 것을 통하여 확인된 이긴 자'라는 표현이다.

이긴자가 하는 일이 이긴자로서 실상이라는 것을 전하는 것인데, 실상을 전하는 것을 통해 이긴자인 것을 확인할 수 있다고 한다. 즉 아직 이긴자임이 확인이 되지 않은 상태에서 실상이라는 것을 전하는 것으로 이긴자임이 증명된다는 것이다. 그렇다면 앞의 이긴자이기에 이긴자가 전하는 실상을 듣는 것으로 구원받을 수 있다고 한 부분이 뒷말에 의하면 아직 이긴자가 아닌 것이다.

즉 신천지는 이긴자가 먼저인지, 실상이 먼저인지 답을 주지 못한다. 이긴자를 확인하는 방법을 물으면 실상을 전하는 것을 보고 알 수 있다 하고, 실상이 맞는지 물으면, 이긴자가 전하는 것을 볼 때 맞다는 식이다. 세상에 이런 논리는 없다. 달걀이 맞는지 물으면 닭이 낳은 것을 보니 달걀이라고 하고, 닭을 보고 닭이 맞는지 물으면 달걀에서 부화된 것을 보니 닭이 맞다는 논리이다. 신천지의 증명논리 대부분이 이렇다.

Q 질문 **실상을 직접 보지 못하고, 이긴 자를 통하여 증언 받지 못하여도, 책자를 통하여 실상의 내용을 알 수 있다. 이렇게 알게 된 실상을 믿으면 구원받을 수 있는 것 아닌가?**

> **신천지의 주장**
> 실상을 직접 보지도 않았고, 이긴 자도 알지 못하면 구원받을 수 없다. 책자를 보고 믿는 것은 내용을 안다는 것이지 진심으로 받아들이고 믿는 것이 아니다.[27]

A 변증 신천지 사람 중에 실상을 직접 봤다고 하는 사람은 이만희 외엔 없다. 이만희가 전하는 실상을 듣고 이만희가 이긴 자라고 믿고, 이긴 자라고 믿는 이만희가 하는 말을 듣고 구원받는다고 믿는다. 신천지 사람들은 실상을 본 적이 없었을 터이니 이긴 자를 만나서 구원을 받았을 것이다. 신천지 말대로 이것이 가능한가?

일단 실상을 직접 보지 못하였으니 이만희가 전하는 실상 내용이 옳은지 알 수 없다. 그러므로 신천지 사람들은 실상을 보고 믿은 것이 아니라, 이긴 자에 대한 확신에 근거하여 이만희가 전하는 실상이라는 것을 사실로 받아들여 믿은 것이다. 확신이 있으니 확인을 위한 시도조차도 필요로 하지 않는다. 이미 세뇌로 이긴 자라는 확신이 있기 때문이다. 이게 가능한가? 문제가 없는가? 실상을 확인하지 않고, 이만희에게 신뢰를 주는 신천지 사람들은 무엇인가? 안타깝게도 신천지 집단 안에 있는 동안에는 이 확신은 깨지지 않는다. 하지만, 상담실을 찾으면 달라진다. 상담을 통해 실상이 거짓임을 실상으로 알고 있는 모든 내용에서 확인할 수 있기 때문이다.

대표적인 사건을 한 예로 살펴보자면 이긴 자로서 이만희가 일곱교회의 사자라고 하는 사람들에게 써서 보냈다는 편지 사건이다. 신천지의 주장대로 이만희가 이긴 자라면, 일곱 교회 사자라고 하는 사람들에게 반드시 편지를 써서 보냈어야만 한다. 물론 신천지 사람들은 편지를 보냈다고 확신하고 있다. 하지만 편지를 써서 보냈다는 자료가 없는 것은 물론이고 유튜브 동영상 '이만희의 편지사건'에서 이만희가 직접 보냈다고 하였다가, 보내지 않았을 뿐만 아니라, 쓴 적도 없다고 하는 증언에서도 알 수 있듯이 거짓이다.

무엇보다도 상식적으로 그리고 물리적으로 일곱 사자라는 사람들에게 편지를 보낸다는 것 자체가 불가능하다.[28] 그런데도 신천지 사람들은 편지를 보냈다고 믿는다. 편지사건은 상담 때마다 뜨거운 감자이다. 편지사건이 상담 시 신천지 교회 반증에 중요하게 다뤄지는 내용인 만큼 그것이 피상담자가 된 신천지 사람들에게 타격이 되지 않도록 신천지가 철저하게 교육을 하지만, 결국은 거짓인 만큼 효과는커녕 신천지에 더 머물러 있을 수 없게 하는 가장 큰 소재가 되기 때문이다.

신천지 사람들은 실상을 보지 못하였고, 결국은 이긴 자에 대한 신뢰만으로 믿어야 하는데, 이긴 자를 통하여 전달된 내용 모두가 이렇다. 결국은 이만희에게 빠진 사람들만 불쌍할 뿐이다.

Q 질문 정통교회 성도들이 신천지가 제작한 책자를 통하여 알게 된 실상을 듣고, 보고, 믿지 않는 이유는 실상이라고 증언한 내용에 일관성이 없고, 통일성이 없고, 사실과 다른 거짓이기 때문이 아닌가?

신천지의 주장
실상은 맞지 않는 것이 없고, 모든 것이 정확하다. 실상이 맞지 않다고 하는 것은 신천지를 이단을 만들고 싶어 하는 사람들의 소리일 뿐이다. 실상을 직접 보지 않았는데 어떻게 실상에 대해 평가를 할 수 있다는 말인가?[29]

A **반증** 신천지가 말하는 실상을 확인하는 것은 전혀 어렵지 않다. 성경에 기록된 내용과 신천지가 실상이라고 확인해 준 내용이 맞는지 확인만 하면 된다. 실상과 관련하여 맞지 않은 것이 없고, 모든 것이 정확하다고 하였으니 내용의 사실 여부에 대한 확인만으로도 신천지의 말이 참인지 거짓인지 밝혀진다. 이러한 염려때문에 신천지는 실상에 대해 확인하자고 할 때마다 실상을 보지 않고, 실상을 어떻게 말할 수 있겠냐? 는 답변으로 상황을 피하려고 한다.

사실은 본인들 역시 실상을 보지 않고 실상을 믿고 있다는 것을 망각하고 있는 것이다. 자신들 역시 실상을 목격하지 못했는데 어떻게 실상을 믿을 수 있겠는가? 그들은 말하기를 이긴자를 통해서 전해 들었기 때문이라고 하는데, 혹 그들이 이성적 사고능력이 살아있다면 이긴자라는 사람을 통해 전달되는 내용의 진위를 따져야 한다. 혹 신뢰도가 높은데 확인할 필요가 있겠냐고 할 수 있다. 하지만 의심하는 사람이 많으니 진위를 가리는 일에 당당하게 나서는 것이 옳다. 어차피 자신들의 판단대로 확인이 될 것인데 두려워할 필요가 없지 않은가? 결국 진위를 가리는 일에 신천지 사람들이 나서지 않는 것은 스스로 자신들이 거짓인 것을 알아서이다.

한편 확인도 없이 이긴자를 통하여 전달되는 실상을 어떻게 믿냐고 할 때, 상담을 받는 신천지 사람들은 곧잘 하나님께서 믿게 하셨다는 말을 한다. 자신들이 하는 말이 어떤 말인지 미처 생각하지 못하고 당황하여 쏟아내는 말인데, 신천지 사람들이 절대 받아들이면 안 되는, 듣고 받아들이면 죽게 한다는 '짐승의 표'라고 하는 예정론에 해당되는 내용이다. 이러한 사실을 일깨워 주는 순간 신천지 사람들은 얼음 상태가 된다.

Q 질문 **이만희를 제외한 신천지 사람들 역시 실상을 직접 목격하지 못했는데 어떻게 실상을 알 수 있는가?**

> **신천지의 주장**
>
> 보냄을 받은 사자를 통해, 이룬 계시록의 성취된 실상 곧 실체들을 보고 믿어야 구원받을 수 있다.[30] 천하 성도들은 오직 이긴 자를 통해서만이 하나님과 예수님과 천국에 갈 수 있고, 영생의 양식과 계시의 말씀도 오직 이긴 자를 통해서만 받게 된다. 그 이유는 주께서 약속하신 대로 이긴 자에게 그것들을 다 주셨기 때문이다(계 2, 3, 12장, 계21:7, 요10:35)[31]

A 반증 　신천지 사람들은 직접 보지 못한 실상을 확인도 하지 않고, 소위 이긴 자라고 하는 이만희의 증언만을 통해서 알 수 있다고 한다. 반복되는 얘기이지만, 이만희가 어떻게 이긴자인지 확인해야 하는 상황이 반복되고 있다. 물론 신천지의 뻔한 말은 이만희가 실상을 봤기 때문이라는 말을 앵무새처럼 읊을 것이다. 이것이 신천지의 한계이다.

　신천지는 신천지에만 '읽는 자'가 있다고 하였다. 신천지는 읽는 자를 이긴 자와 동일시시키고, 이만희를 읽는 자로 분명하게 지목했다. 이러한 신천지의 요한계시록 1장 3절에 대한 해석은 성경 해석에 있어서 무식함과 무지함을 보여주고 있고, 읽는 자와 듣는 자의 관계에 대한 성경해석의 기초조차도 없음을 보여준다.

　신천지는 읽을 수 있는 능력이 있는 자가 한 사람이라고 말하고 있다. 신천지는 읽을 수 있는 자격을 갖춘 사람이 이긴 자인 이만희 한 사람이라고만 해야 하기 때문이다. 과연 그러한가?

　본문의 읽는 자는 단수인데, 읽을 수 있는 자격을 갖춘 사람이 한 사람밖에 없어서가 아니라, 초대교회의 형편 때문이었다. 요한계시록이 기록될 당시의 상황과 형편에서 두루마리에 글을 써서 전달하였기 때문에 같은 글을 여러 개로 복사하여 필요로 하는 사람만큼 만들어 보낼 수 없었다. 교회에 두루마리로 된 글 하나를 보내면 대표가 읽고 나머지는 들어야 했다. 이러한 상황을 두고 한 말인데, 읽을 자격을 갖춘 자가 한 명이라하는 것은 이만희 자신을 자격을 갖춘 유일한 자로 받아들이게 하려는 수단이다.

요한계시록 1장 3절에서 이만희가 읽는 자라고 하는 신천지의 해석이 왜곡된 것임을 보여주는 또 하나의 중요한 내용이 있다. 본문에서 편지를 읽어야 하는 사람은 누구이어야 하는가? 편지를 보낸 사람이어야 하는가? 받는 사람이어야 하는가? 당연히 편지를 받는 사람이어야 한다.

신천지에 의하면 이만희는 편지를 보내는 사람인가? 받는 사람인가? 신천지는 환상계시인 요한계시록에 기록된 대로 이긴자인 이만희가 편지를 보냈다고 주장하고 있다. 그러면 편지를 읽어야 하는 사람은 누구인가? 이만희인가? 아니면 이만희의 편지를 받는 사람인가?

신천지에게 요한계시록은 절대 편지가 아니어야만 한다. 이러한 이유로 신천지는 여러 방법으로 요한계시록이 편지가 아님을 증명하는 수고를 한다. 그중 하나가 밧모섬에 있던 사도 요한이 편지를 보냈다면, 당시 사도 요한이 에베소교회 사자였으므로 편지를 보내 놓고는 바다를 날아 에베소에 건너가 편지를 받아야 하는데 가능하겠냐는 논리이다. 신천지의 이 주장이 옳을리도 없지만, 이렇게 말함으로 신천지 스스로 사도 요한(실상에선 이긴 자인 이만희)은 편지를 보내는 사람이지 받아 읽는 사람이 아님을 시인한 것이다. 성경에서는 편지를 보낸 자와 받아서 읽는 자가 분명히 다르다. 반면 신천지는 편지를 보낸 자도 받아서 읽는 자도 이만희라고 분명히 하고 있다. 신천지 주장이 어떠한 모순을 가지고 있는지 잘 보여주는 사례이다.

신천지의 말을 전적으로 받아들인다고 하여도 이긴 자가 보고 증언하고 있다는 '실상'이 한 점 오차 없이 맞아야 진정한 이긴 자이다. 이긴 자가 증언하는 실상이 맞는지 맞지 않는지 어떻게 알 수 있는가?

신천지의 주장

이긴 자는 성경에 통달한 자이다. 성경을 바르게 해석하고, 가르칠 수 있는 유일한 분이 이긴 자이다. 성경에 통달한 이긴 자만이 성경을 바르게 해석할 수 있다. 성경을 바르게 해석한다는 것은 하나님의 뜻이다. 바르게 해석하지 못하는 것은 사단의 말을 전하는 것이다. 신천지의 해석과 다른 곳의 해석을 비교해 보라.[32]

반증 고린도전서 2장 10절에 나와 있는 '통달'이라는 표현은 성령 하나님을 두고 하신 말씀이다. 신천지는 이 말씀을 이만희에게 적용하고 있다. 이러한 논리로 이만희의 성경해석은 오류가 없고, 맞지 않는 것이 하나도 없다고 한다. 이만희 스스로 자신을 가리켜 '진리의 성령' 보혜사라고 하였고, 성령으로서 성경에 통달하여 모르는 것이 없고, 틀린 것이 없다고 하였다. 그러면 신천지와 이만희의 말이 맞는가? 이것을 살피는 것은 어렵지 않다. 이만희가 성경에 통달하였다는 근거로 제시한 고린도전서 2장 10절에 대한 해석부터가 틀렸기 때문이다.

성도들은 하나님에 관한 지식을 당연히 알아야 한다. 본문은 이것이 성령께서 하나님에 관한 지식을 하나님의 자녀들에게 보이심으로 가능하다는 것과 이것이 가능한 이유를 설명하고 있다. 그리고 성령께서 하나님에 대한 모든 것을 아시고 있기 때문임을 말해주고 있다.

이만희는 사람이다. 어떻게 성경을 통달할 수 있겠는가? 신천지 스스로 이만희가 성경에 통달하였다고 홍보하면서도, 막상 이만희의 성경해석에 오류가 발견될 때마다 다음과 같이 통달하지 못하였음을 인정하고 있다.

"선생님도 깨달아 가시는 것이다. 말씀도 이뤄지면서 완전해져 가는 것이다(계12:5, 히5:8)"[33]

결국은 이만희가 신천지가 말하는 통달에 이르지 못하였음을 보여주고 있다. 상황에 따라서 통달을 하였다고도 하고, 또 다른 상황 즉 통달하였다는 말에 책임을 질 수 없는 상황에서는 통달한 것이 아니고 알아가고 있다는 모순된 발언을 하고 있다. 게다가 신천지는 통달하였다는 말을 이만희에게만 적용하지 않고 신천지에 입교한 사람들은 다 성경에 통달하였다고 주장한다.

"신천지에 들어와서 6개월만 교육받으면 한결같이 성경에 통달한 자가 된다."[34]

"말씀이 봉한 시대에는 성경을 수천 번 읽어도 성경을 통달할 수 없었으나 성경 말씀이 열리는 시대에는(계10장) 6개월 정도면 성경을 통달할 수 있다. 이 사람이 예수님이 보낸(계22:16)사자이며 성경을 6개월 안에 통달할 수 있도록 우리를 가르쳐 줄 사람이다."[35]

즉 신천지에 입교한 모두가 성경에 통달한 자가 되는 것이다. 그러나 신천지 사람 중 대외적으로 성경에 통달하였다고 말할 수 있는 사람이 있을까? 아직 그러한 신천지 사람을 만난 적이 없다. 통달하였다고 주장하는 즉시로 거짓됨이 드러나기 때문이다.

이는 이렇게 적용할 수 있는 말씀이 아니다. 그러면 이후로는 성령께서 가르치실 필요가 없다. 성경에 통달한 사람들이 가르치면 되는 일이기 때문이다. 이만희는 진리의 성령도 아니고, 보혜사도 아니다. 또 성경에 통달한 자도 아닌 거짓말쟁이에, 종교를 가장한 탈을 쓴 거짓 목자요, 사단의 목자일 뿐이다.

02
말씀의 짝 교리

Q 질문 **말씀의 짝이란?**

A 설명 성경 말씀 해석에 있어서 해석하고자 하는 단어 혹은 구절과 짝을 이루는 단어 혹은 구절이 있다는 주장이다. 예를 들어보자. 신천지가 중히 여기는 마태복음 13장 24절 "예수께서 그들 앞에 또 비유를 들어 이르시되 천국은 좋은 씨를 제 밭에 뿌린 사람과 같으니"에 등장하는 '씨'가 무엇인지 알고 싶다고 하자. 그러면 이에 해당하는 단어나 구절의 의미를 알게 하는 짝을 이루는 단어, 혹은 구절을 찾으면 된다는 것이다.

그렇다면 신천지가 말하는 마태복음 13장 24절의 짝은 어디일까? 신천지는 누가복음 8장 11절에 "이 비유는 이러하니라 씨는 하나님의 말씀이요"를 찾아 제시한다, 그러면 긴 설명이 필요 없이 마태복음 13장 24절의 '씨'는 곧 '말씀'이 되고, 성경에서 직접 확인한 까닭에 성경 지식이 충분하지 않은 사람은 의심 없이 믿을 수밖에 없다.

다른 한 예를 들어보자. 예레미야 31장 27절 말씀이다. "여호와의 말씀이니라 보라 내가 사람의 씨와 짐승의 씨를 이스라엘 집과 유다 집에 뿌릴 날이 이르리니" 이 말씀의 의미는 무엇일까? 이 말씀의 의미를 알려면 어떻게 하면 될까? 말씀의 짝을 믿는 사람들은 역시 짝을 이루는 구절을 찾는다.

신천지는 지목한 예레미야 32장 27절의 짝이 되는 구절로 마태복음 13장 24절, 25절을 제시한다. "예수께서 그들 앞에 또 비유를 들어 이르시되 천국은 좋은 씨를 제 밭에 뿌린 사람과 같으니 사람들이 잘 때에 그 원수가 와서 곡식 가운데 가라지를 덧뿌리고 갔더니"

이렇게 되면 예레미야 31장 27절의 '사람의 씨'에 마태복음 13장 24절의 인자가 뿌린 '좋은 씨'가 연결이 되면서, 예레미야 31장 27절에서 예언된 말씀이 마태복음 13장 24절에서 성취되었다는 식으로 해석을 한다.

당연히 마태복음 13장 24절의 '씨'는 누가복음 8장 11절의 '씨' 그리고 '말씀'과는 전혀 상관이 없으며, 예레미야 31장 27절의 '씨'도 마태복음 13장 24절의 '씨'하고도 아무런 연관이 없다.

Q 질문 이단들이 '말씀의 짝'을 교리화(敎理化) 하여 활용하는 이유는 무엇인가?

A 설명 '말씀의 짝'이라는 것이 없는데도 불구하고 이단들이 적극적으로 활용하는 이유는 무엇일까? '말씀의 짝'은 존립의 정당성을 확보해야 하는 이단들의 단골 메뉴이다. 이단이 기존 기독교의 성도들을 포섭하여 존립하려면 기존 기독교를 철저히 부정하게 해야만 가능하다. 기존 기독교를 부정하게 하는 최고의 방법은 기존 기독교의 성경해석이 바르지 않다는 것과 성경해석이 바르지 않은 이유가 성경해석 방식이 틀렸기 때문인 것을 보여주는 것이

다. 동시에 자신들의 성경해석이 탁월하다고 인식시키는 것이다. 기존 교회가 갖고 있지 않은 해석 방식을 성경에 근거하여 찾아 소개하면서, 자신들이 제시한 방식에 근거하여 그럴듯한 성경해석을 하면 사람들의 마음을 얼마든지 빼앗을 수 있고, 미혹할 수 있다고 믿어서이다.

이러한 목적으로 이단들이 만들어 낸 교리가 '말씀의 짝'으로서 이단들에는 대단히 매혹적인 소재이다. 이는 성경해석을 요구하는 사람들에게 답을 설명하지 않고, 관련되어 있는 것처럼 보이는 단어나 문장을 찾아 주면서, 상대에게 직접 답을 찾아내도록 안내해 주는 방식이다. 이것만으로도 안내자에 대한 신뢰와 답에 대한 신뢰 모두를 불러일으킬 수 있는 반면에, 기존 교회와 목회자, 그리고 기존 신앙에 대해선 필요한만큼 불신을 일으킬 수 있다는 것이 이단들의 생각이고, 실제 현장에서 확인되고 있는 현상이다. 기성교회 성도들이 신천지 성경공부에 빠지게 되는 이유이다.

Q 질문 성경에 말씀의 짝이 있는가?

> **신천지의 주장**
> 신약과 구약에 그 짝이 있고[36] 사34:16을 읽어봅시다. 말씀에는 짝이 있다고 하였는데[37]

A 반증 신천지는 이사야 34장 16절 "너희는 여호와의 책에서 찾아 읽어보라 이것들 가운데서 빠진 것이 하나도 없고 제 짝이 없는 것이 없으리니 이는 여호와의 입이 이를 명령하셨고 그의 영이 이것들을 모으셨음이라"에 근거해서 말씀에는 짝이 있다는 주장을 하고, 짝을 찾는 식으로 성경을 해석한다. 이러한 이단들의 주장이 맞으려면 "이것들 가운데 빠진 것이 하나도 없고"라

는 문장이 '여호와의 책'을 가리키는 것이어야 한다. 성경이 있고, 성경 가운데 빠진 것이 없다는 것으로 해석을 하였기 때문이다. 만일 "이것들 가운데 빠진 것이 하나도 없고"가 '여호와의 책'을 가리키고 있는 것이면 사용된 단어들의 인칭이 같아야 한다. 하지만 '여호와의 책'은 남성형이며, "이것들 가운데 빠진 것이 하나도 없고"는 여성형이다. '이것들'은 여성형 지시 대명사이고, '하나도'도 여성형 수사이며, '빠진 것이 없고'에도 여성형 주어가 사용되고 있다. 결론적으로 '이것들'은 '여호와의 책'을 가리키고 있지 않다.

본문에서 '짝'은 하나님의 심판으로 황폐화 된 에돔이 야생동물로 가득 채워지는 상황에 대한 설명이다. 공동번역, 표준새번역, 현대인의 성경에서는 "이것들"에 대해 친절하게 각각 "이런 모든 짐승들이", "이 짐승들 가운데서", "이 동물들 중에"로 번역하여 기록되어 있다. 성경 중 어떤 말씀을 해석하면서 참고할 수 있는 구절 혹은 병행 구절이 있을 수 있지만 정해 놓은 짝이 있는 것은 아니다. 혹 짝이 있다고 하여도 신천지의 주장이 맞으려면 짝이 있다는 근거로 삼은 이사야 34장 16절의 해석이 옳아야 하는데, 해석 자체가 틀렸다. 악의적인 오역이 아니면 무지하여 오역을 범한 것임을 부인할 수 없다.

03
인침 교리

Q 질문 신천지가 '인침'이라는 개념을 적극 사용하는 이유는 무엇인가?

A 설명 신천지는 자신들의 구원관을 주입하기 위해 '인침'이라는 개념을 활용한다. 인침은 소유를 의미하고, 하나님의 소유는 곧 구원을 의미한다. 이러한 인침에 대한 개념이 성도들에게 있기 때문에 자신들이 뽑아낸 성경구절에 근거해 '인침'에 대한 방법과 방식을 비틀어 제시하면 사람들의 구원관을 쉽게 바꾸어 놓을 수 있다는 것을 신천지가 알기 때문이다.

Q 질문 신천지가 말하는 인침이란 무엇인가?

신천지의 주장

인은 도장이다. '인'에는 하나님의 인이 있고, 사단의 인이 있다. 하나님의 인은 하나님의 말씀이다. 태초의 말씀이 곧 하나님이시기 때문이다(요1:1). 하나님께서도 인정하시는 사람에게, 도장을 찍듯이 말씀으로 인 쳐서 하나님의 사람임을 증명하신다. 인 맞는 것은" 약속하신 말씀이 마음에 새겨지는 것이 인 맞는 것이다", 하늘의 것을 듣고 믿는 자가 그 말씀으로 인 맞은 것이다(요3:31-33)[38] 따라서 하나님의 인을 맞았다는 것은 계시록10장의 열린 책 계시의 말씀을 받아 믿음으로 그 말씀이 마음에 새겨진 것을 말한 것이다(요3:31-34).[39]

Ⓐ 반증 '하나님 말씀'이 '인'이라는 신천지의 주장은 성경에 없다. 성령의 거듭나게 하심을 통해 하나님의 자녀가 된 성도가 성경을 하나님의 말씀으로 믿고 받아들이는 것을 통하여 거듭난 사람임을, 하나님의 자녀가 되었음을, 즉 하나님의 인침 받은 사람임을 확인하는 개념에서는 가하나, '말씀'이 '인'이라는 주장은 '인침'이라는 말과 어울리지 않는 주장이다.

'인'을 설명하면서, 하나님께서 말씀으로 인치신다는 주장을 하고 싶어 요한복음 1장 1절을 인용한 것도 패착이다. 적합하지가 않다. 요한복음 1장 1절의 '말씀'은 '인'이 아니고 예수님이기 때문이다.

요한복음 1장 1절의 "태초의 말씀이 계시니라"에서 '말씀'은 예수님을 가리키고 있다. 신천지가 '말씀'을 예수님이 아닌 하나님이라고 고집하는 이유는 무엇일까? 신천지의 교리에 의하면 예수는 절대 하나님이어서는 안 되는데, 평범한 한 인간인 이만희를 반드시 구원자로 만들어야만 하기 때문이다. 평범한 인간인 이만희를 구원자로 만들려면, 구원자이신 예수님을 평범한 인간으로 만들어 놓고, 평범한 인간이었던 예수를 구원자로 다시 만들어 놓아야 가능하다. 이러한 까닭에 성경에 기록돼있는 예수께서 하나님이심을 증언한 본문들을 왜곡하여 가르치고 있다. 당연히 반성경적인 집단이다.

말씀으로 인을 치셨다는 근거로 인용한 요한복음 3:31~33절 해석 또한 오역이다. 본문은 하나님께서 하나님의 사람임을 인정하는 의미를 갖지 않고, 성도가 예수께서 하시는 말씀을 믿고 받아들이는 행위가 하나님께서 참되시다는 것을 확인하는 것이라는 의미다. 즉 요한복음 3장 33절에서의 인치는 행위의 주체는 믿는 성도이지, 하나님이 아닌 것을 무시하고, 하나님이 말씀으로 인을 쳤다고 하는 식의 해석을 하고 있다.

이렇게 하는 이유는 하나님께서 인정하시는 사람에게 도장을 찍듯이 말씀으로 인을 쳐서 하나님의 사람임을 증명하신다는 식을 만들어 하나님께서 이만희에게 말씀으로 인을 쳐서 하나님의 사람임을 증명하였다는 식으로 적용하고 싶은 의도에서이다. 이러한 주장들을 받아들이도록 하기 위해 예수에 대해서도 '예수' 역시 하나님께서 말씀으로 인을 치심으로 하나님의 아들이 되었다는 주장을 한다.

요한계시록 7장에서의 인침에 대한 신천지의 해석 및 적용 또한 비성경적이다. 요한계시록 7장의 '인침'은 이미 하나님의 소유인 특정된 대상을 두고 하나님의 사람임을 표시하는 것이다. 요한계시록 7장의 144,000명은 이미 하나님의 종들이었다. 하나님의 종들이 아닌 사람들을 인을 침으로 하나님의 종을 만드는 것이 아니다. 이미 하나님의 종인 사람들에게 재앙이 임하지 않을 것이라는 표식으로 이마에 인을 치신 것이다.

따라서 이만희의 '인침'의 개념에는 커다란 모순이 있다. 성경 어디에도 하나님께서 인을 치시고, 인을 치지 않으심이 인침을 받는 대상의 선택에 의존하고 있다고 하고 있지 않다. 인침을 받는 대상이 인침을 받는가, 받지 않는가를 확인하면서 인을 친다는 것은 성경의 의도하고는 거리가 멀다.

성경을 따른다면 이만희는 이미 대상을 알고 있어야 하고 전적으로 자신의 주권적인 선택으로 '바로 너야!' 하면서 인을 쳐야 한다. 인침 대상에게 조건을 거는 것은 요한계시록 7장의 '인침'의 개념과 거리가 멀다.

신천지의 '인침' 주장에 또 하나의 커다란 모순이 발견된다. 신천지는 신천기를 사용한다. 천년왕국이 시작된 것이다. 당연히 신천지 안에는 144,000명의 인침 받은 확정된 사람들이 있어야 한다(계20:4). 그런데 신천지인들 중에 자신이 인침을 받았다고 자신 있게 말하는 사람을 근래에 만나본 적이 없다.

전에는 당당하게 인침을 받았다고 소리치는 사람들이 간혹 있었는데 근래에는 거의 없다. 상담을 통해 인침을 받은 자가 어떤 모습을 갖추고 있어야 하는지 조금만 안내해도 인침을 받았다는 소리를 감히 할 수 없다는 사실을 시인할 수밖에 없기 때문이다. 상담 사례를 볼 때 인침을 받았다고 큰소리를 치는 사람일수록 쉽게 무너지는 것을 볼 수 있다. 이러한 사실이 알려지면서 재교육을 받아서인지 '인침을 받았다'고 자신 있게 말하는 신천지 사람들이 보이지 않는다.

에베소서 1장 13절은 하나님의 인침이 어떠한 것인지 명확하게 알려주고 있다. 표현상 믿음의 결과로 성령의 인침이 있게 된 듯 보이지만, 사실은 믿음이 성령의 역사임을 보여주고 있다. 성령의 역사로 이미 그리스도 안에 있기에 진리의 말씀 즉 복음을 듣고 믿게 되었음을 알려주면서 이것을 성령의 인침이라고 한다. 신천지의 주장처럼 하나님의 말씀이 하나님의 인이라고 한 곳은 없다. 자신들이 전하는 내용을 받아들이는 것이 구원받는 길이라는 주장을 하고 싶어서 만들어 낸 것이다.

Q 질문 '인 맞음'이란 무엇인가?

신천지의 주장
하나님께서도 인정하시는 사람에게 도장을 찍듯이 말씀으로 인쳐서 하나님의 사람임을 증명하신다, 약속하신 말씀이 마음에 새겨지는 것이 인 맞는 것이다. 듣고 보아도 마음에 새겨진 것이 없으면 인 맞은 것이 아니고, 그저 보고 들은 것에 불과하다.[40]

A 변증 인 맞음에 대한 신천지의 주장은 무엇이 문제일까? 신천지는 인침을 통해 하나님의 사람임을 증명한다고 하였다. 위의 신천지의 표현대로라면 인치는 과정을 통하여 하나님이 사람이 되는 것이 아니고 인침 전에 이미 하나님의 사람이어야 한다. 인침이란 일방적으로 하나님의 소유임을 표하는 것이라고 하였기 때문이다.

그렇다면 신천지가 전하는 말을 듣지 않거나 새기지 않는다는 것은 하나님의 소유가 아니기에 듣지 않거나 새기지 않는 것이든지, 아니면 신천지가 전하는 말을 듣지 않기 때문에 소유가 되지 않는 것 둘 중 하나이다.

만일 전자라면 말씀을 듣기 이전에 이미 하나님의 사람이었다는 의미로, 예정과 선택에 해당하는 사항이므로 예정과 선택을 짐승의 표로 여기는 신천지로서는 도저히 받아들일 수 없는 주장이다. 후자라면 하나님의 소유임을 표하는 것이 아니라, 하나님의 소유로 삼고 싶은 하나님의 뜻이 사람의 의지에 의해 결정되는 것으로서 하나님의 소유임을 표한다는 신천지의 말에 어긋난다. 결국은 신천지의 '인침'에 대한 설명은 어느 것을 택하든지 신천지의 교리에 어긋난다.

Q 질문 인침은 어떻게 이뤄지는가?

신천지의 주장

하나님의 보내신 이는 하나님의 말씀을 하나니, 이는 하나님이 성령을 한량없이 주심이니라(요3:34)고 예수께서 말씀하셨다. 당시 예수님은 구약의 묵시를 열어 계시를 전하셨다(사29:9-14, 마11:27) 오늘날도 신천지의 약속의 목자는 가감해서는 안 되는 계시를(계22:18-19 참고) 보고 듣고 지시받은 대로 증거하고 있다. 이 때 하늘에서 보고 듣고 증거하는 이 말씀을 믿는 자는 계시록 7장과 같이 인 맞게 된다.[41]

반증 신천지가 말하는 인침이란 이만희가 전하는 말을 받는 것이다. 이만희의 말을 하나님의 말씀으로 믿고 이만희가 전하는 말을 보고, 듣고, 지시받은 대로 가감하지 않는 것이다.

그렇다면 정작 이만희가 전하는 말은 가감한 것인지, 가감하지 않은 것인지 어떻게 확인할 수 있는가? 신천지와 신천지에 빠진 사람들은 이만희가 가감하지 않은 성경 말씀을 가르친다고 강하게 주장하면서도 가감하였는지를 확인하는 검증은 하지 않는다. 검증한다는 것은 믿음이 없어 의심하는 것이고, 의심하면 구원받지 못할 사람이 되기 때문이다. 물론 검증을 요구하는 기독교에도 그들은 일체 응하지 않는다.

이만희가 전하는 말이 가감되지 않은 하나님의 말씀이라면 기독교의 요구에 응하지 않을 이유가 없다. 오히려 이만희의 말은 가감되지 않은 순수한 하나님의 말씀이고, 기독교의 해석이야말로 가감된 바른 해석이 아닌 것을 드러낼 수 있는 절호의 기회일 것이다. 그럼에도 신천지 성도들이 검증 요구에 나서지 않는 것은 이만희를 통해 전달받아 신천지 사람들이 절대적인 진리로 받아들이고 있는 중요 해석들이 맞지 않고, 모순으로 가득 찬 것을 신천지 본인들도 알고 있기 때문이다.

신천지 사람들은 성경공부가 충분히 되지 않은 사람이나, 신천지에 관해 연구가 안 된 목회자들만을 찾아다니며 성경에 관하여 대화를 하자고 쫓아다닌다. 가감되지 않은 완전하고 온전한 해석을 하고 있다면, 준비된 사람들을 찾아서 대화를 요청해야 하는 것이 마땅하다.

04
구름 교리

구름은 교주가 있는 이단들에게는 중요하게 다뤄지는 소재이다. 재림 예수가 아니면서, 재림 예수로서 역할을 해야 하는 까닭에 재림 예수가 아닌 자신을 재림 예수로 만들어야만 하기 때문이다. 평범한 인간인 자신을 재림 예수로 만들 수 있는 가장 쉬운 방법은 예수를 평범한 인간으로 만들어 놓고, 평범한 인간인 예수가 성자가 되었다는 틀을 만들어 그 틀에 자신을 끼워 맞추는 것이다.

이 과정에서 활용되는 성경 구절이 누가복음 17장 22절, 23절과 마태복음 24장 30절의 "인자가 구름을 타고 능력과 큰 영광으로 오는 것을 보리라"이다. 이 구절에서 재림하시는 예수께서 구름을 타고 오신다고 하였으니 '구름'이 실제 구름이 아니라는 것을 설명하고, 자신이 가지고 있는 환경 요소와 구름을 성경에 근거하여 연결시킬 수만 있다면 졸지에 자신을 재림 예수로 동의하도록 만들 수 있기 때문이다. 이러한 이유로 이만희도 구름을 다루고 다른 이단들의 교주들도 구름을 특별히 다룬다.

Q 질문 신천지가 말하는 구름은 무엇인가?

> **신천지의 주장**
>
> 결론부터 말하면 구름은 말씀이요, 또한 성령이다. 잠언 16장 15절의 늦은 비 곧 봄비를 내리는 구름을, 이사야 5장 6절의 말씀엔 구름을 명하여 비오지 못하게 하셨다. 하였음을 살펴보면 구름은 비를 내리는 주체로 등장한다. 비는 하나님의 말씀이요, 말씀은 곧 영이다. ⋯ 구체적으로 설명하면 장차 오실 구주는 성령으로 강림하시어 지상에 세운 사명자의 육체를 들어 사역케 하신다는 말씀을 구름타고 오신다고 말씀하신 것이다.[42]

A 반증 성경에 나오는 구름은 '구름' 자체를 의미하는 것부터 시작하여 다양한 의미로 쓰였다. 어떠한 의미로 사용하였는지 문맥 속에서 살펴야 하는 이유이다. 보통의 경우 구름 자체를 가리키고 있다.

욥기 30장 15절의 "구원은 구름 같이"에서 '구원'을 '구름 같이'라 하였다고 하여 구원을 구름이라고 하지 않는다. 이는 구원의 특성과 구름이 가지고 있는 특성 중 유사한 부분을 연결한 비유적 표현이기 때문이다. 이런 경우를 두고 '구원은 곧 구름이다' 라고 한다면 성경을 왜곡시키는 것이다.

욥기 26장 8절의 "물을 빽빽한 구름에 싸시나 그 밑의 구름이 찢어 지지 아니하느니라"에서 단어마다 따로 떼어 구름을 설명하는 것도 옳지 않다. 문장 전체를 통해 알리시는 의도를 찾아내야만 성경을 바르게 해석할 수 있다. 본문에서는 하나님의 위대하신 능력이 다양하게 펼쳐지는 우주의 일면을 말하고 있다.

시편 89편 6절의 "무릇 구름 위에서 능히 여호와와 비교할 자 누구며"도 구름 위에 여호와가 있다는 표현이 아니라, 세상에는 여호와와 비교할 신이 없다는 의미로 하신 말씀이다. 이 말씀을 '여호와와 신들이 어떻게 구름 위에 있을 수 있는가? 그러므로 이 본문에 등장하는 '구름'은 '구름'이 아니다.'라는 식으로 해석하면 엉뚱한 해석을 하는 것이다. 이런 방법은 신천지를 비롯한 JMS의 정명석 등 비유풀이를 강조하는 이단의 해석법이다.

예레미야애가 3장 44절의 "주께서 구름으로 자신을 가리사 기도가 상달 되지 못하게 하시고"라는 말씀도 문장 전체가 은유적이다. 기도가 상달 되지 못하는 상태에 대한 수사적 표현인 것이다. 하나님은 영이신데, 구름으로 어떻게 가릴 수 있는가? 그러므로 여기의 '구름'은 실제 구름이 '아니다.'라는 식으로 풀면, 성경 저자의 의도를 외면하는 것이다.

신천지가 인용한 잠언 16장 15절, 이사야 5장 6절도 신천지는 본문의 의도하고는 전혀 맞지 않게 해석하여 인용하고 있다. 구름과 비에 어떤 의미를 두고 활용하시지 않고, 자연 현상을 빗대어 하나님의 의도를 나타내고 있다. 신천지의 구름이 말씀이고 말씀이 영이니 구름은 영이라는 해석은 본문에서는 결코 용납이 안 되는 해석이다.

성경은 읽는 독자들이 어떻게 읽을 것인가를 고려하여 기록하였다. 앞뒤의 문장을 찬찬히 살피면, 문장 전체에서 의미를 찾아야 하는지, 단어 하나하나마다 부여된 의미를 찾아야 하는지 알게 되어 있다. 문장 해석에 있어서 이런 일반 상식을 무시하고, 하나님께서 해석해 주셨다는 식으로 자기주장을 앞세우는 것은 성경에 자신의 의지와 주장을 가감하는 행위다.

Q 질문 신천지 입장에서 구름은 왜 말씀과 영이어야만 하는가?

> **신천지의 주장**
> 구름타고 오신 하나님은(사19:1-20) 예수님에게 오셨다(마3:16). 구름타고 오신 예수님은(계1:1-8) 한 육체에게 오신다.[43]

⚠ 반증 신천지에 의하면 이만희 몸속에 예수께서 재림하셨다. 그런데 이만희의 몸속으로 재림하셨다고 하려면 재림 예수는 절대로 육을 가지고 재림하면 안 되고, 반드시 영으로 재림해야만 가능한 일이다. 신천지가 예수께서 영으로 부활하셨고, 영으로 승천하셨다고 주장하는 이유도 영으로 재림하신다는 주장을 해야 하기 때문이다. 육체를 갖고 승천하셨다면, 육체를 갖고 재림하셔야 하는데, 그러면 이만희 육체 속에 재림하셨다는 말을 할 수 없게 된다. 이만희 안에 영으로 재림하신 예수를 설명할 길이 없게 된다. 신천지 입장에선 예수께서는 반드시 영으로만 재림해야 한다.

이러한 이유로 신천지는 부활, 승천, 재림과 관련된 모든 성경의 구절들에 대해서 왜곡된 해석을 내놓지 않으면 안 되는 상황을 맞이하였다. 결국 성경의 내용을 조작하는 것 외에는 방법이 없기 때문이다. 구름 타고 다시 오신다는 표현을 예수님의 영이 이만희 몸으로 오는 것으로 해석하려면 구름은 영이 되어야 하고, 영으로서 이만희 몸에 임재하셨다고 해야 한다. 이러한 이유로 신천지는 구름을 영(말씀)으로 해석한다.

'구름'은 '영'인가? 예수께서 구름 타고 오신다고 하실 때 등장하는 '구름'은 실제로 '구름'이다. 그렇다고 하여 실제로 구름을 올라타고 오신다는 의미에서 '구름'이라고 하는 것이 아니며, 구름 타고 오신다는 표현이 갖는 의미를 활용하고 있다. 그런 의미에서 '구름'은 실재 '구름'이다. 구름 타고 오신다는 표현은 하늘로부터 내려오신다는 '강권'의 이미지를 떠올리게 한다. 재림이 숨겨진 상태로 발생 하지 않고, 세계 모든 사람이 동시에 볼 수 있는 사건이라는 것을 생각할 때 공중에서의 등장밖에 없으며, 이러한 상황을 구름 타고 오신다고 표현하였다.

신천지는 예수님의 재림을 설명하면서 심각한 자의적 해석을 하는데, 구름 타고 오신 하나님이 예수께 오셨다고 하는 표현이다. 처음부터 계셨던 예수께서 오신 것이 아니고, 하나님의 영이 예수라는 사람에게 오셨다는 주장이다.

예수님은 성자이시며, 하나님이시다. 스스로 계시는 하나님으로서 하나님이신 예수께서 인간의 몸을 가지시고 이 땅에 오신 것이다.

신천지는 예수의 영이 이만희라는 사람에게 임하였다는 주장을 해야만 하는 형편이기에 예수께서 육신을 입고 세상에 오셨다고 하지 못하고, 예수님에 관해서 하나님의 영이 예수라는 사람에게 임하였다는 주장을 한다.

세례요한이 예수께서 세례를 받으러 오실 때 한 말이 무엇인가? 세례 받으시기 전에 그가 먼저 계신 분이라고 증언하고 있다(요1:30). 신천지가 말하는 예수 안에 계신 영을 두고 한 말이 아니라, 성령이 비둘기와 같이 예수께 내려 머물기 전의 예수님을 두고 한 말이므로 하나님의 영이 예수께 임하는 것으로 초림을 설명하는 신천지의 주장은 심각한 성경 파괴이다.

Q 질문 **신천지는 어떠한 성구들에 근거하여 '구름타고 오시는 예수님'을 영으로 오심을 뜻한다고 말하는가?**

신천지의 주장

사도행전 1장 9-11절에 구름이 예수를 가리워 보이지 아니할 때 '본 이대로 오신다'고 천사가 말하였다. 마태복음 24장 31절의 천사와 함께 오시는 예수님은 27절에 번개(영)같이 임하신다고 하셨고, 누가복음 17장 22-24절에는 번개같이 오시므로 보지 못한다 하셨으며, 요한복음 16장 10절에서는 '내가 아버지께로 가니 너희가 나를 다시 보지 못하니라.'고 하셨다. 계시록 1장에서 영으로 예수님을 보았고, 구름 타고 오시는 이는 예수님이시요, 예수의 이름으로 오시는 이는 계시록 10장의 천사였다.[44]

A 반증 신천지가 인용한 성경 구절에 대한 모든 해석이 잘못되었다. 해당 성구 자체가 어려운 내용이 아닌데도 불구하고 자신들의 주장에 대한 정당성

을 성경에서 찾아야 하는 어쩔 수 없는 상황이기에 누구나 명확히 알 수 있는 성경의 의도를 왜곡해서 제시하고 있다.

사도행전 1장 9~11절에서 '본 이대로 오신다'의 의미를 살펴보자. 예수님은 제자들이 보는 가운데서 승천하시고 있다. 그리고 승천하시는 예수께서 잠시 후 구름에 가리어 보이지 않게 되었다. 이러한 상황에서 천사가 재림 때의 상황을 설명하면서, 본 그대로 다시 오신다고 말한 것이다. 즉 다시 오실 때에도 승천 때의 모습과 같이 오신다는 의미이다.

이것을 신천지는 '구름에 가리어 보이지 아니할 때에'에서 '보이지 아니할 때에'만을 떼어내어 예수께서 영이셨기 때문에 보이지 않았음을 성경이 말하는 것이라 주장한다. 또한 '본 이대로 오신다'는 구절에 대한 해석 역시 영으로 승천하신 것처럼 영으로 재림하신다는 것으로 결론을 짓고 있다. 신천지는 어떻게 보이지 않았는가에 대한 설명 부분을 잘라버리고 자신들의 입맛대로 해석하는 것이다. 또 관련된 글 전체에 나타난 예수님의 승천 모습을 두고 잘라낸 일부 문장을 자신들의 해석의 근거로 삼고 있다.

마태복음 24장 27절과 31절 그리고 누가복음 17장 22~24절의 "번개가 동편에서 나서 서편까지 번쩍임 같이 인자의 임함도 그러하리라"의 말씀은 서로 보이지 않는 곳에 있는 모두가 오시는 예수님을 동시에 볼 수 있다는 의미이다. 즉 재림해 오시는 예수님을 세계 모든 사람이 동시에 목격할 사건임을 알려주는 내용이다. 이러한 말씀을 신천지는 신천지답게 다음과 같이 해석한다.

"주의 임하심이 번개가 하늘 이편에서 저편까지 비취는 것과 같다고 하였는가? 주 재림 광경을 볼 수 없는 이유는 앞에서도 말했듯이, 주께서 영으로 임하시기 때문이다. 영으로 강림하시는 모습은 눈으로 볼 수 없기에 번개가 순식간에 번뜩이는 것과 같다."[45]

신천지는 누가복음 17장 22~24에서의 '번개'에 대해서도, 해석을 하면서 20절의 "인자의 날 하루를 보고자 하되 보지 못하리라"와 연결시켜 '보지 못하리라'는 말을 근거삼아 번개와 같이 오기 때문에 보지 못하는 것으로 주장한다. "인자의 날 하루"는 예수님의 말씀을 듣고 있는 제자들에게 미래에 있을 날이기 때문에 볼 수 없다는 의미에서 하신 말씀인데 엉뚱하게 오역하고 있는 것이다.

요한복음 16장 10절의 말씀 역시 죽으시고, 부활하신 후, 승천하신 결과 볼 수 없다는 의미이지 영이시기 때문에 볼 수 없다는 의미가 아니다.

◉ 질문 승천과 재림과 구름은 어떤 연관이 있는가?

> **신천지의 주장**
> 예수께서는 영만 승천하셨다. 천국이 하늘에 있는가? 하늘에 있는 천국으로 예수님의 몸이 올라가다가 구름에 가려서 보이지 않았다는 말이 합당한가?[46]

Ⓐ 반증 예수께서는 육체를 가지고 부활하셨다.[47] 그리고 부활하신 몸을 가지시고 승천하셨다. 승천하시는 과정에서 구름 위로 올리어지면서 자연스럽게 보이지 않게 되었다. 성경은 구름에 가려 보이지 않게 되기까지는 제자들의 눈에 올라가시는 예수님의 모습이 확실하게 보이고 있음을 증명해주고 있다.[48] 동시에 그대로 다시 오실 것을 정확히 알려주고 있다.[49] 사도행전 1장 9절의 말씀을 비롯하여 관련 성구에서 다르게 해석할 여지는 없다.

Q 질문 **재림과 구름은 어떠한 관계인가?**

신천지의 주장

구름타고 오신 예수님은(계1:18) 한 육체에게 오신다(계1:12-20). 이 사람도 초림때와 같이 영적 말구유에서 탄생된다(계12:11). 즉 주님은 교권 전쟁으로 멸망자가 거룩한 곳에 서게 되고 이로 인해 해, 달, 별 같은 영적 이스라엘이 멸망을 받은 후 구름타고 와서 때를 따라 양식을 나누어 주는 자에게 임한다(마24:). 그가 예수님의 것을 가지고 우리를 양육하게 된다(요16:14-15; 계10:11). 구름타고 오시는 예수님은 택한 한 사람에게 임하여[50]

A 보증 신천지의 말에 의하면 예수께서는 이만희 육체에 영으로 재림하셨다. 신천지의 주장대로 예수께서 이미 재림하셨는가? 당연히 아직 재림하시지 않으셨다. 예수님의 재림은 모든 사람이 알도록 일어나는 사건이기 때문이다(마24:27).

신천지가 데살로니가전서 5장 2절의 도둑같이 오신다는 말에 근거하여 예수님의 재림을 볼 수 없다고 한 것은 예수께서 재림하셨다는 거짓 주장을 정당화하기 위한 것이다. 도둑같이 오신다는 표현은 도둑이 도둑질 할 것을 미리 알리고 오지 않는 것을 두고 하신 말씀이다. 재림 예수께서 일시를 정하여 알리고 오시지 않는다는 의미이며, 성도들도 언제 오실는지 오시기 전에는 알지 못한다는 말씀이다. 당연히 예수께서 오시는 상황을 인지할 수 없다는 의미가 아니다. 예수께서 언제 오실지 오시기 전에는 알 수 없으나, 오시는 것은 모든 사람이 알 수 있도록 오신다는 것이 성경의 가르침이다. 신천지 말대로 예수께서 오셨다면 세상 모든 사람이 알고 있어야 한다.

질문 예수께서 오실 때 구름 타고 오신다고 하셨다. 예수께서 처음 오실 때 구름타고 오셨는가?

> **신천지의 주장**
>
> 이사야19:1절과 다니엘7:13에서 여호와와 인자가 각각 구름을 타고 임하신다고 하고 있다. 예수께서 세상에 오실 때 구름을 타고 오셨는가? 여기서 구름 타고 오는 곳은 사람의 육체이다.[51]

반증 이사야 19장 1절의 "보라 여호와께서 빠른 구름을 타고 애굽에 임하시리니 애굽의 우상들이 그 앞에서 떨겠고 애굽의 마음이 그 속에서 녹으리로다"라는 말씀은 장차 애굽에 임할 심판을 두고 하신 말씀으로서 하나님에 의해 보냄을 받을 외국 군대에 의해 놓일 처절한 애굽 상황에 대한 묘사이다. '구름을 타고'라는 표현 역시 여호와께서 '구름'을 타신다는 말씀이 아니라 하나님에 의해 심판을 받는, 애굽의 심판에 대한 신적 의미를 표현해주고 있다. 영이신 여호와께서 구름을 타신다는 것 자체가 틀렸다. 구름을 타신다는 표현이 갖는 일반적이고 관념적인 의미에서 사용된 표현이다.

신천지가 이 본문을 해석하면서 여호와께서 구름을 타고 오실 리가 없다는 논리에 근거하여 '구름'이 실재의 구름일 수 없고, 상징의 표현이라고 하면서, 구름이 영이라고 하는 것은 결코 용인할 수 없는 해석이다.

다니엘 7장 13절의 "인자 같은 이가 하늘 구름을 타고 와서 옛적부터 항상 계신 자에게 나아와 그 앞에 인도되매"에서 '인자'는 '예수 그리스도'이심이 확실하다. '인자'가 여호와 하나님 앞에 인도되는 과정에 '구름을 타고'라는 표현이 사용되고 있다. 인자이신 예수께서 구름을 이동 수단으로 삼았다는 것은 적합하지 않다. 부활하시고, 승천하신 예수 그리스도께서는 신령한 몸인 상태로서 구름이 이동 수단이 될 수 없기 때문이다. 당연히 '구름을 타고'라는 말이 만들어 내는 의미를 활용하신 것이다. 더군다나 이 말씀을 초림에 적용하여 해석하는 것은 더욱 안 맞다.

Q 질문 이만희는 예수께서 자신의 육체에 임하였다고 하면서 재림 예수, 혹은 하나님이라고 하지 않는가?

> **신천지의 주장**
> 아니다. 하나님도 아니고, 예수님도 아니다. 구원자도 아니다.[52]

A 반증 신천지가 부정하는 것과는 달리 실제로는 이만희를 하나님, 예수님, 진리의 성령으로 섬기고 있다. 신천지가 이만희를 어떻게 하나님, 예수님, 성령님으로 섬기고 있는가? 신천지는 예수께서 하나님이심을 부정하여 기독교가 예수님을 하나님이라고 주장한다는 이유로 기독교를 이단이라고 한다. 그렇다면 성경은 어떻게 말씀하고 있을까?

성경은 예수님이 하나님이심을 여러 곳에서 다양한 방식으로 알려주고 있다.[53] 기록되어 있는 이러한 표현을 무시할 수는 없는지라 신천지는 예수님이 실재 하나님이기 때문에 '하나님'이라 한 것이 아니고, 하나님의 영이 예수에게 임재하여 인간인 예수가 하나님의 아들이 되었고, 하나님을 대신하여 사역하게 되었다는 의미에서 '하나님'이라 한 것이라고 주장한다.

신천지의 주장엔 심각한 모순이 있다. 우선 신천지는 예수의 영이 이 세상에 출현하시기 전에는 계시지 않았던 것인지 답을 해야 한다. 만일 예수께서 지상에 탄생하시기 전에는 계시지 않았다면 예수 그리스도의 선재에 대한 세례요한의 증언과 충돌이 일어난다.

세례요한은 요한복음 1장 30절에서 "내가 전에 말하기를 내 뒤에 오는 사람이 있는데 나보다 앞선 것은 그가 나보다 먼저 계심이라 한 것이 이 사람을 가리킴이라"고 말함으로 세례요한 뒤에 오신 예수님이 세례요한 보다 먼저 계신 분이심을 증언함으로 예수의 선재를 분명히 하였다. 신천지가 예수님이 먼저 계셨다고 한다면 인성을 가진 사람에게 맞지 않는 주장이 되고, 예수님이 먼저 계시지 않았다고 하면 세례요한의 증언과 충돌이 일어난다. 이러한 결과의 원인은 예수님이 하나님이심을 부정하는 전제에서 비롯하고 있다. 신천지는 한 인간인 예수에게 하나님의 영이 들어옴으로 하나님의 대언자가 되었고, 이러한 의미에서 하나님이라고 부르는 것이라고 주장한다.

신천지는 예수의 영이 이만희 몸속에 들어와 있다고 한다. 그러면 이만희를 예수님이라 해야 하는데 그러면서도 이만희를 예수님이라고 하고 있다는 말에 대해선 곤혹스러운지 신천지 사람들은 그렇게 생각하지도 않고, 부르지도 않는다고 강하게 부정한다. 이는 그동안 한국교회에 줄곧 출현하여 문제들을 일으켰던 자칭 하나님, 혹은 자칭 예수님, 혹은 자칭 재림 주들과 같이 엮이고 싶지 않아서인 것으로 해석된다.

결국 신천지 사람들은 이만희를 하나님 혹은 재림 예수님과 같이 대하면서도 '이만희가 하나님이다' '이만희가 재림 예수다'라는 것을 부정하지 않으면 안 될 만큼 이만희가 곧 재림 예수라고는 동의하고 싶지 않은 속마음을 가진 이중적인 심리를 보인다.

신천지 사람들이 어리석은 것은 이만희를 예수님과 같이 여기면서도, 절대로 이만희는 예수님이 아니라고 생각하는 것이다. 예수님이 절대로 하나님이 아니라고 하면서도, 예수님을 하나님으로, 이만희가 절대로 재림 예수가 아니라고 하면서도, 재림 예수로 섬기는 것이다.

05
신천지와 요한계시록

Q 질문 요한계시록은 어떠한 책인가?

신천지의 주장

계시록은 이룰 때가 있고, 그 때에 실상을 증거할 예언서이다. 이 예언은 비유·비사로 기록되어 이사야 29장에서 말한 바와 같이 보고도 깨닫는 목자가 없다.[54] 예수 그리스도의 계시를 기록한 요한계시록은 장래 이룰 일을 미리 알린 예언서이므로, 그 성취 때 약속한 말씀대로 나타날 실상을 입증하는 증거 서류와도 같다.[55]

A 반증 요한계시록은 말씀과 증언의 삶을 살면서 핍박을 받는 성도들에게 신앙을 끝까지 지키도록 격려하시기 위해, 주신 약속 시행에 대한 하나님의 확고하신 뜻을 보이심으로, 모든 환경을 이기고 신앙을 지킬 수 있도록 한 책이다. 또한 하나님의 백성을 대적하는 세력에 대한 심판과 하나님의 백성에게 약속한 성취된 교회를 예언으로 확증해 주는 내용을 담은 책으로서, 형식은 두루마리에 기록하여 보낸 서신서이다.

> **신천지의 주장**
>
> 본서를 읽을 때에는 예언이 응한 때와 사건의 현장과 영육 출현 인물과 그 소속과, 누가 누구에게 무엇을 왜 어떻게 했는지, 그 결과는 어떻게 되었는지를 알아야 한다.[56]

A 변증 　신천지가 가지고 있는 시각에서 요한계시록을 읽는다는 것은 요한계시록이 모든 시대의 성도들을 위해서 주어진 것이 아니고, 특정 시대 사람들의 구원을 위해 주어진 것이라는 것에 동의하는 꼴이 된다. 이는 상식적으로 맞지 않을 뿐더러, 성경의 증거 또한 신천지의 주장과 맞지 않다.

요한계시록은 서신서이다. 당시 시대의 특성상 서신을 수신한 교회는 대표가 읽고, 나머지 성도들은 듣는 형식으로 전달되었다. 물론 두루마리로 만들어진 편지(책)를 회람할 수도 있지만, 요한계시록 1장 3절 말씀에서 당시에는 회람할 사항이 아닌 까닭에 대표가 읽고, 성도들은 듣는 것으로 대신하였다는 것을 알 수 있다.

한편 요한계시록을 주신 목적은 핍박과 박해 아래에 놓인 교회와 성도들에게 위로와 격려를 하시기 위함이다. 초대교회 때는 현재 교회들이 요한계시록 해석을 연구하는 것과 같은 방식으로 하나님의 뜻을 확인하였을 리가 없다. 당연히 모든 내용이 대표가 읽는 것을 듣는 것만으로도 뜻을 이해하는데 아무런 문제가 없었을 것이다.

그런데, 신천지의 주장대로 요한계시록을 읽을 때 예언이 응한 때와 사건의 현장과 영육 출현 인물과 그 소속과 그리고 누가 누구에게 무엇을 왜 어떻게 했는지, 그 결과는 어떻게 되었는지를 알아야 한다면, 그래야 요한계시록을 아는 것이고, 하나님의 뜻을 알 수 있는 것이라면, 초대교회 당시 성도들에게 요한계시록은 아무런 의미가 없는 것이다. 또 신천지가 말하는 사건 이전의 성도들에게도 아무런 의미가 없는 것이다.

요한계시록은 사건 현장, 출현 인물들을 알아야 하는 책이 아니다. 요한계시록 전체를 통하여 주시고 계신 하나님의 약속에 대한 확고하신 의지를 확증받음으로 어떤 경우에도 말씀과 증언의 삶을 포기하지 않고, 끝까지 이기는 것으로 충분하다.

Q 질문 요한계시록을 주신 목적은 무엇인가?

신천지의 주장

주께서는 일이 이루어지기 전에 미리 말한 것은 일이 이루어질 때에 믿게 하려 함이라고 하셨다.[57] 예수 그리스도의 계시를 기록한 요한계시록은 장래 이룰 일을 미리 알린 예언서이므로, 그 성취 때 약속한 말씀대로 나타날 실상을 입증하는 증거 서류와도 같다.[58] 예언(약속)은 예언해 놓은 것이 응할 때, 그것을 보고 믿게 하기 위해 미리 알려주신 내용이므로 예언의 내용과 성취의 시기와 실상을 안다는 것은 중요하다.[59] 따라서 이기는 자를 통하지 않고는 영생도 천국도 얻을 수 없고 예수께 올 수도 없다(계10장).[60]

A 반증 요한계시록은 말씀과 증언의 삶을 인하여 핍박과 박해 속에서 힘겨운 싸움을 하는 성도들에게 끝까지 신앙을 지키도록 하려고 주셨다.

하나님의 약속을 붙들고 말씀과 증언의 삶을 사는 성도들은 눈물과 곡과 애통과 죽음을 갖고 있었다. 이런 성도들에게 필요한 것은 핍박과 박해를 없애주시는 것이다. 그런데 뜻밖에도 하나님께서는 이 땅에 살면서 신앙을 따르는 이러한 성도들의 눈물과 사망과 애통과 곡을 없애주시겠다고 하시지 않으시고 오히려 이 땅에서 사는 동안에는 말씀과 증언의 삶을 사는 한 눈물과 사망과 애통과 곡이 없을 수 없다고 말씀하고 계신다(계21:4). 이러한 성도들에게 필요한 것이 무엇인가?

그것은 하나님께서 이미 주신 약속에 대한 확증이다. 그리고 하나님의 이러하신 의중이 성도들에게 전달되면 된다.

그렇다면 요한계시록은 어떻게 읽어야 하겠는가? 신천지는 애초부터 요한계시록에 대한 이해와 접근 자체가 잘못되었다. 그 때문에 구원을 받아야 하는 상황에서, 천국을 알려주는 표식으로, 요한계시록을 제시하고 있다. 그래서 예언과 성취, 지명과 인명 등 사건 현장을 알아야 한다는 주장을 하게 된 것이다. 성도들은 요한계시록을 통해서 요한계시록이 안내하는 장소를 찾아야 하거나, 인물을 찾아야 하는 것이 아니고, 하나님의 약속에 대한 확증은 본문을 읽는 것으로 충분함으로 하나님의 의중을 파악하며 읽으면 된다.

Q 질문 요한계시록의 저자는 누구인가?

신천지의 주장

요한계시록은 약 2천년 전 사도 요한이 지금의 그리스 영토인 밧모 섬에서 예수님의 계시를 '환상'으로 보고 기록한 책이다.[61]

A 반증 요한계시록은 사도 요한이 밧모섬에 있을 때 성령에 감동되어 환상 중에 본 것을 두루마리에 써서 일곱 교회에 보낸 서신서로서 저자는 사도 요한이다(계 1:9~11).

Q 질문 요한계시록의 수신자는 누구인가?

신천지의 주장

신천지 사람들, 마지막 시대에 구원받을 사람들이다. 신천지를 찾을 사람들이다.[62]

A 반증 요한계시록의 1차 수신자는 말씀과 증언의 삶으로 인하여 박해 아래 사는 성경에 기록된 소아시아의 일곱 교회이고, 2차 수신자는 모든 시대, 모든 교회에서 말씀과 증언의 삶을 살아 내는 성도들이다(계 2장, 3장, 21장 7절).

Q 질문 요한계시록 전달자는 누구인가?

신천지의 주장

예수 그리스도의 계시는 어떤 순서로 종들에게 전달되는가? 계시록 5장에 보면 하나님께서는 그 손에 봉한 채로 있던 책을 예수님에게 주셨고, 예수님은 그 책의 인을 다 떼어 10장의 천사에게 주셨다. 천사는 그 책을 요한에게 받아먹게 하고 기록된 말씀을 백성과 나라와 방언과 임금 곧 종들에게 전하라고 하셨다. 그러므로 본문 1절에 밝힌 바와 같이 예수 그리스도의 계시는 하나님, 예수님, 천사, 요한, 종들의 순서로 전달된다…참으로 예수님을 믿는 자는 약속한 노정대로 예수님의 계시를 받은 요한의 말에 귀 기울여야 한다. [63] 본문에서 말하는 예언의 말씀을 읽는 자는 '그 뜻을 아는 사람'이지 단순히 읽는 자가 아니다…책을 받아 먹은 요한은 '읽는 자가 되고'[64]

A 반증 계시록은 예수께서 환상을 통하여 사도 요한에게 계시해 주신 것을 사도 요한이 보고, 듣고 한 모든 것을 기록해 교회에 전달한 것이다. 모든 시대의 성도들이 수신자이며, 교회가 전달자이다.

Q 질문 요한계시록이 이뤄지는 때는 언제인가?

> **신천지의 주장**
> 마지막 때인 현재, 신천지증거장막성전은 노정의 마지막 시대이다.[65]

A 반증 요한계시록에 기록된 내용에 포함된 예언은 하나님께서 정하신 때에 반드시 이뤄질 것이다. 하지만, 요한계시록은 이루어질 예언의 때와 장소에 관심을 두고 있지 않다. 때와 장소가 아닌 약속을 반드시 성취하신다는 확신을 하도록 하는 것이 주된 관심이다. 그래서 이기라고 하고 있다. 여기서 이기는 것은 어느 순간에 나타나거나 일어나는 사건과 현장에서 이기는 것이 아니라, 평생의 신앙에서 이기라는 격려와 명령이시다.

마지막 때라고 하는 신천지의 주장이 성경적이라고 가정하여도, 신천지가 말하는 때가 마지막 때가 아닌 것은 확실하다.

신천지에 의하면 요한계시록에 기록된 내용이 소위 장막성전에서 다 일어났다고 한다. 그렇다면, 그 일어난 사건이 요한계시록의 내용과 맞는지, 일어난 사건들에 대해 신천지가 전한 내용이 사실인지 확인하면 끝나는 일이다. 그러나 조사 및 연구 그리고 관찰 결과 요한계시록과 소위 장막성전에서 일어났다는 사건들은 성경에 맞추어 억지스레 껴 맞추어 놓은 것 외에는 일치하는 것이 없고, 장막성전에서 일어났다고 증언된 내용들 역시 사실과 다름이 이미 충분히 밝혀졌다. 혹 신천지의 주장을 따른다고 해도 적어도 현재가 마지막 때가 아니니 신천지의 주장은 허위이다.

신천지의 주장

예수 그리스도의 계시를 기록한 요한계시록은 장래 이룰 일을 미리 알린 예언서이므로 그 성취 때 약속한 말씀대로 나타날 실상을 입증하는 증거 서류와도 같다.[66] 일곱 교회에 보낸 편지는 사도 요한이 밧모 섬에 유배되어 오기 전에 편지한 것이 아니며, 밧모 섬에 온 후 성령에 감동되어 환상 가운데서 주님께 지시를 받아 보낸 편지이다. 이와 같이 생시에 편지를 보낸 것이 아니므로 당시에 요한의 편지를 받은 자도 없다. 이는 꿈에 편지를 한다고 해서 그 편지를 받은 사람이 없는 것과 같다.[67]

A 변증 요한계시록은 형식과 전달방식과 관련하여서는 사도 요한이 기록하여 당시 일곱 교회에 보낸 서신서이고, 기록된 내용과 관련해서는 예언과 묵시가 담겨있는 책이다. 요한계시록이 서신서인 것은 변할 수 없는 사실이다.

신천지는 사도 요한이 편지를 보낸 것도 환상 속에서 한 일로서, 실제 사도 요한은 편지를 보낸 적이 없다고 주장한다. 신천지의 말대로라면 심각한 문제가 발생한다. 왜냐하면 요한계시록이 사도 요한에 의해 기록되어 그것을 교회가 가지고 있기 때문이다. 사도 요한이 요한계시록을 기록하게 된 배경은 무엇인가? 환상 속에 예수께서 듣고 본 것을 기록하여 증언하라고 하셨기 때문이다. 신천지의 말대로라면 이것 역시 현실에서는 없어야 하는 일이다. 그러나 사도 요한은 요한계시록을 기록하였고, 증언하였다(계1:2; 22:18). 그리고 요한계시록을 우리는 가지고 있다. 그러므로 신천지의 말처럼 환상 속에서 편지를 보내라 한 것으로서, 편지를 보낸 적이 없다는 주장은 논리적이지 않다.

Q 질문 요한계시록은 서신서인가?

신천지의 주장

계시록은 사도 요한이 밧모섬에서 환상을 보고 기록한 것이다. 신천지는 계시록 전체 내용이 환상으로서, 예수께서 편지를 보내라고 하신 명령도, 예수님의 명령을 받아 편지를 보냈다는 내용도 모두 환상이다. 서신서이면 요한계시록을 보내고 받는 사람이 있어야 한다. 에베소의 사자는 사도 요한이었다. 밧모에 있는 요한이 편지를 쓰고, 에베소에 가서 자신이 보낸 편지를 받았다는 말인데, 말이 되는가?[68] 또한 사도 요한이 편지를 일곱교회에 보냈다면 현재에도 소아시아 지역에 일곱교회가 있어야 하는데, 옛 적에 있었던 흔적만 존재한다. 존재하지 않는 교회에 어떻게 편지를 보낼 수 있다는 말인가? 요한계시록은 결코 서신서가 아니다.[69]

A 반론 사도 요한이 에베소교회의 감독? 소아시아 일곱 교회가 현존하나? 신천지는 요한계시록이 서신서가 아님을 알리는 증거로서 다소 생뚱맞은 자료를 제시하고 있다. 사도 요한이 밧모섬에서 유배 중에 기록한 서신을 에베소에 있지 않은 자신에게 어떻게 보낼 수 있냐는 것이다.

그러나 요한이 이미 알고 있는 내용을 요한 자신에게 보낼 필요가 없다. 요한계시록은 사도요한 자신에게 보내는 것이 아니고, 소아시아의 일곱 교회 즉 성도들에게 보내는 것이다. 더군다나 사도요한은 에베소교회의 대표가 아닐뿐더러, 혹 신천지의 말대로 에베소교회의 대표라고 하더라도 유고시 대표의 역할을 할 사람을 대체시키는 것은 일반적 상식이다. 그러므로 신천지의 주장은 논리적이지 않다. 이러한 변명에 신천지 사람들이 침묵하는 것 또한 이해되지 않는 부분이다.

둘째 역시 논리적이지 않다. 요한계시록이 사도 요한이 소아시아에 있는 일곱 교회에 보낸 편지가 되려면 현재의 소아시아 지역에 일곱 교회가 있어야 한다는 논리다. 신천지의 논리는 요한계시록이 하나님께서 마지막 시대에 구원받을 사람들에게 주신 것이므로 요한이 소아시아의 일곱 교회에 보낸 것이라면 마지막 시대인 현대의 소아시아 지역에 일곱 교회가 있어야 한다는 논리이다. 도대체 어떻게 이러한 논리를 펼 수 있을까?

요한계시록은 신천지가 말하는 마지막 시대에 구원받을 사람들을 대상으로 주신 글이 아니다. 마지막 시대에 구원받을 사람을 위해 요한계시록을 주셨다는 주장 역시 성경에서 알려주는 것과는 전혀 다른 신천지의 일방적 주장일 뿐이다. 요한이 쓴 글이 마지막 시대에 전달돼야 한다는 신천지의 주장은 비이성적 논리다. 신천지의 주장대로 요한이 실제로 편지를 보냈다는 것을 부인하고자 한다면 요한의 시대에 일곱 교회가 없었다는 논리를 펴야 하는데, 요한계시록이 기록될 당시에 일곱 교회가 존재했고, 지금도 그 흔적이 남아있다. 이것은 신천지도 부인할 수 없는 사실이기 때문에 불가하다.

🅐 논증 사도 요한이 편지를 기록했다는 것도 환상으로서 실재가 아니지 않는가?

요한계시록이 서신서인 것은 요한 스스로 편지를 보냈다는 말로 확인해 주고 있다(계1:4). 요한이 요한계시록을 기록하여 편지를 보낸 이유에 대해서도 명확히 하고 있다. 예수께서 본 것을 기록하여 두루마리에 써서 일곱 교회에 보내라고 하셨고, 사도 요한이 예수님의 명령에 따라 편지를 보냈기에 요한계시록이 성경에 포함돼 있다.

신천지는 요한계시록 전체가 환상이라고 하였다. 즉 예수께서 기록하여 일곱 교회에 보내라 하신 것도 환상이고, 요한이 보냈다는 것도 환상이라고 하였다. 그러므로 실제로는 편지를 보내지 않았다는 말이다. 이와 같은 신천지의 주장은 논리 충돌을 일으킨다.

요한계시록은 요한에 의해 기록되었다. 요한이 기록한 이유는 예수께서 기록하라 하셨기 때문이다. 그런데 만일 기록하라는 예수님의 명령도, 기록하였다는 것도 환상이라면 우리는 요한계시록을 가지고 있을 수 없다. 편지를 보냈다는 것도 환상으로서 실제로는 편지한 것이 아니라고 하였으니, 기록하였다는 것도 환상으로서 실재 기록이 없어야 한다.

요한계시록에는 환상으로 본 내용도 있고, 환상이 아닌 실재도 있다. 그런데 신천지는 자신들의 주장에 의해 요한계시록이 절대 서신서이면 안 되는 올무에 갇혀 요한계시록 전체가 환상이라는 주장을 해야만 되었고, 요한계시록 전체가 환상이라는 잘못된 주장에 의해 위에서 지적한 논리 충돌을 일으키고 있다.

Q 질문 요한계시록을 통하여 예언을 주신 목적은 무엇인가?

> **신천지의 주장**
>
> 천국을 가려면 천국이 어디인지 알아야 한다. 천국을 가려면 천국에 들어가는 방법을 알아야 한다. 천국에 들어가는 것은 천국이 시작하는 시대에 살아있는 사람들의 몫이다. 요한계시록에 예언을 기록해 주신 목적은 마지막 시대인 것을 알게 하고, 천국이 어디인가를 알려주고, 천국을 찾을 수 있게 하고자 주신 것이다.[70]

A 반증 예언이란 미래에 일어날 일을 미리 말씀해 주는 것이다. 그러나 예언을 주신 목적은 각각의 예언마다 다르다.

첫째, 예언대로 일어날 때를 준비하게 하기 위함이다.

둘째, 예언의 내용이 성취되는 시대에 사는 사람들이, 예언대로 상황이 발생하였을 때, 예언자를 신뢰하게 함으로서 예언의 내용에 맞춰 이후에 결정과 판단과 행동을 하도록 하기 위함이다.

셋째, 예언의 내용을 처음으로 듣는 시대에 사는 사람들과 그리고 동일한 상황과 환경 그리고 형편에 사는 성도들을 향해 하나님께서 주신 예언은 반드시 성취된다는 사실을 전하기 위함이다. 또 하나님께서 주신 모든 예언이 예언대로 이뤄질 것이라는 전제 하에 당장의 생각과 판단 그리고 결단과 행동을 하게 하기 위함이다. 즉 예언은 적용되는 대상이 누구냐에 따라 예언의 활용도 달라진다.

요한계시록의 일차 수신자는 일곱 교회였다. 일곱 교회에 요한계시록을 주시는 것은 일곱 교회가 요한계시록의 내용이 필요하였기 때문이다. 일곱 교회는 어떠한 상황이어서 요한계시록이 필요하였을까?

일곱 교회는 말씀을 가졌고, 증언의 삶을 살았다. 말씀과 증언의 삶은 박해와 핍박을 가져왔다. 지속적인 박해와 핍박에 성도들은 신앙을 계속할 것인지, 중단할 것인지에 대한 고민을 하였다. 이러한 상황에 있는 성도들에게 신앙을 지키도록 해줄 수 있는 것이 필요하였다.

성도들의 신앙 근거는 하나님의 약속 성취이다. 약속이 있고, 성취를 확신하기 때문에 신앙을 지키는 것이다. 박해가 심해지면 이러한 신앙의 확신에도 금이 간다. 이런 상황에 빠진 성도들에게는 하나님께서 주신 약속과 관련하여 종말론적 관점에서 어떻게 될 것인지 확신을 주는 확증이 필요하다. 요한계시록은 이런 목적으로 기록되었고, 일곱 교회에 보내졌다.

요한계시록의 예언은 예언대로 반드시 한 점의 오차도 없이 이뤄질 것이다. 하지만 예언의 목적은 예언이 성취된 시점의 성도들을 위해서 써진 것이 아니라, 요한계시록을 처음 받는 교회와 동시에 처음 받는 일곱 교회와 동일한 형편에 놓인 교회들을 위해서 써졌다. 신천지의 말대로 마지막 때를 알리는 표식도 아니고, 마지막 때에 천국이 어디인지 알리고자 주신 것도 아니다. 하나님께서는 예언하셨고, 하나님의 예언은 반드시 성취된다. 그러니 흔들리지 말고, 확신하고, 믿고, 신앙을 끝까지 지키라고 주신 것이다.

요한계시록 21장 4절에서 눈물도 애통함도, 곡도, 사망도 없을 것이라는 말씀은 죽은 사람에게 임할 천국의 환경을 설명함에 틀림이 없다. 하지만 목적은 죽은 사람을 상대로 하지 않고, 살아서 신앙생활을 하는 성도들에게 주신 말씀이다. 성도로서 말씀과 증언의 삶을 사는 동안에 눈물과 애통함과 곡과 사망이 없을 수 없다는 말씀을 하고 싶은 것이다. 그러므로 성도의 삶은 이기는 삶이어야 하고, 이기게 하시고자 하는 바라심으로 어떠한 환란이 있어도 하나님의 약속은 반드시 성취되니 끝까지 이기라는 말씀을 요한계시록 2장과 3장에서 하고 계신 것이다.

❓ 질문 요한계시록은 모두가 환상인가?

> **신천지의 주장**
> 약 2천 년 전 사도 요한이 밧모 섬에서 본 예수 그리스도의 계시는 환상계시이다. 당시 요한은 성령에 감동이 되어 환상으로 예수님의 계시를 받아 기록했지만 그 예언이 언제 이루어지는지, 실체가 무엇인지 몰랐다.[71]

🅐 **본론** 요한계시록에는 실재와 예언이 섞여 있다. 신천지의 말대로 요한계시록 전체가 환상이라면 심각한 모순이 일어난다. 요한계시록이 요한에 의해 기록된 것은 명확한 사실이다. 요한이 기록하게 된 배경은 무엇인가? 예수께서 말씀해 주시고, 환상을 보여주시고, 기록하라 하신 것이 기록의 배경이다. 그런데 만일 기록하라는 예수님의 명령도, 기록하였다는 요한의 기록도 환상이라면 우리는 요한계시록을 갖고 있을 수 없지 않은가? 교회가 요한이 기록한 요한계시록을 가지고 있다는 것은 요한이 기록하였기 때문이고, 요한이 기록한 이유는 예수께서 명령하셨기 때문이다. 기록이 환상일 수 없는 것은 편지를 보낸 것 역시 같다. 편지를 보냈다는 것도 환상으로서 실제 편지한 것이 아니라고 하였으니, 기록하였다는 것도 환상으로서 실재 기록은 없어야

만 한다. 요한계시록에는 실제와 환상이 섞여 있다. 사도 요한이 현실과 환상 속에 본 내용이 섞여 있다.

06
예언

Q 질문 예언이란 무엇인가?

신천지는 성경에 대해 가르치면서 성경을 구성하고 있는 요소 중의 하나로 '예언과 성취된 실상'을 제시한다.[72] '예언과 성취된 실상'은 신천지의 핵심 교리이다. 신천지에 의하면, 신천지 예수교 증거장막 성전이 요한계시록 21장의 '새하늘과 새 땅'이고, 삼위일체 하나님이 계신 곳이며, 구원과 영생이 있는 곳이다. 신천지가 이런 곳임을 알려주고, 확인시켜 주는 교리가 '예언과 성취된 실상'이다. 따라서 '예언'에 대해 신천지의 이해 혹은 적용에 대한 성경적 고찰이 필요하고, 결과가 성경적이지 않다면, 신천지의 주장 전부가 거짓이 된다.

> **신천지의 주장**
> 예언(약속)은 예언해 놓은 것이 응할 때, 그것을 보고 믿게 하기 위해 미리 알려주신 내용이므로 예언의 내용과 성취의 시기와 실상을 안다는 것이 중요하다.[73]

반증 예언의 내용은 하나님의 약속이고, 예언에는 하나님의 의지가 담겨있다. 이는 반드시 이루어진다. 이러한 예언을 통하여 전달하고자 하시는 하나님의 의도에 대해 신천지에 의하면 "구원은 새 하늘과 새 땅으로 들어가는 것이다. 구원을 얻으려면 새 하늘과 새 땅이 이뤄지는 곳이 어디인지 알아야만 한다. 이것을 위해 예언을 하셨고, 예언된 대로 이뤄진 것을 보고 실상과 말씀을 전하는 사람이 있는 새 하늘과 새 땅을 갖게 하는 것"[74]이라고 한다.

이러한 신천지의 설명대로라면 예언을 주신 목적은 마지막 때에 생존하고 있는 사람들이 새 하늘과 새 땅을 확인하고, 찾게 하고자 하심이고 예언이 주는 유익을 얻는 사람들은 예언이 성취되는 때에 생존하는 사람들만이 된다. 그렇다면 신천지가 말하는 예언이 성취되기 전의 사람들은 어떻게도 구원을 받을 수 없다. 이러한 모순 때문에 신천지는 구원과 부활 그리고 영생 등의 개념까지 성경의 뜻하고는 다르게 새롭게 정립을 해야만 하였고, 결국은 부메랑이 되어 신천지의 교리가 조작된 반성경적 주장임이 드러나고 있다.

07
삼위일체

Q 질문 **신천지가 삼위일체를 다루는 이유는 무엇인가?**

A 설명 신천지가 '삼위일체'를 포교의 소재로 적극 사용하는 이유는 다수의 기독교인이 삼위일체를 기독교의 중요한 핵심 교리로 알고 있으면서도 삼위일체의 개념을 정확하게 정립하고 있지 않기 때문이다. 삼위일체 개념이 정확히 정립되어 있지 않으면 삼위일체와 관련된 질문을 받았을 때 정확한 답변을 하지 못하거나, 잘못된 답을 제시하기도 하고, 아예 답변을 못하게 된다. 신천지에 미혹된 다수의 사람이 삼위일체와 관련하여 속수무책으로 당하였다는 것은, 삼위일체에 대해 몰랐다기 보다는 신천지가 기독교의 삼위일체론이라고 언급하고 있는 삼위일체론(정통 기독교의 삼위일체론이 아닌것)을 올바른 것으로 알고 있었다고 보는 것이 정확하다. 일단 믿었던 삼위일체론이 무너지는 상황이 만들어지면 자신의 신앙에 대해 부정하는 심리가 발동되는 반면, 삼위일체에 대해 바른 지적을 해줬다고 생각되는 상대에 대해서는 신뢰

가 일어나면서 자연스럽게 포섭당하게 된다.

이단은 포교를 위해 접촉자에게 기독교를 부정하게 만들어야 한다. 이때 교인들이 기독교에 대해 습득하고 있는 지식을 부정당하면 교회와 목회자에 대한 불신과 배신감이 생기면서 동시에 잘못된 지식을 바르게 깨우쳐 주었다고 생각하는 대상에 대해선 무한한 신뢰가 생긴다. 이와 같은 틈을 활용하는 것을 최대 전략화한 신천지는 물론이고, 그 외의 이단들도 같은 이유로 삼위일체론을 미혹을 위한 최적의 소재로 활용한다.

Q 질문 삼위일체란 무엇인가?

신천지의 주장

삼위일체론은 사람들이 성부, 성자, 성령을 합하여 일체라고 주장한 말이라 여겨진다. 성부와 성령이 예수님(성자)의 한 육체 안에 있을 때는 삼위일체라 할 수 있다. 그러나 성부와 성자와 성령이 각각 영으로 있을 때는 같은 성령이로되, 그 위는 각각 다르고 그 영체도 각각 개체로 있는 것이다.[75] 예수의 육체에 성령이 임했고(마3:16) 하나님이 예수 안에 계심으로(14:10) 성부, 성자, 성령의 삼위가 한 몸에 있으므로 일체라고 한다.[76] 초림 때와 같이 성부와 성령이 예수님 안에 있을 때는 삼위일체라고 할 수 있으나, 예수님 승천 후에는 각각 개체임을 알 것이다. 재림의 역사인 계시록 성취 때에는 하나님과 예수님과 하나님의 성령은 다 성령이로되 그 영체가 삼위일체라고 할 수 없다.[77]

A 반증 신천지의 삼위일체에 대한 개념은 처음부터 잘못되었다. '사람들이 주장한 말'이라는 전제 하에 자신들의 생각을 주입시키고 있다. 여기서 '사람들'이란 누구일까? 일반적인 사람들일까? 아니면 삼위일체론을 정립한 성도들을 의미하는 것일까?

일반적인 사람들이든, 성도들이든 신천지의 주장은 허위이다. 일반 사람들은 '삼위일체'라는 개념을 갖고 있지 않을 뿐만 아니라 용어 자체에 대해 무관심하다. 당연히 삼위일체라는 용어를 만들지도 않았고, 개념을 활용하지도 않는다. 일반 사람들을 두고 한 말이라면 신천지의 무지를 보여주는 것이다.

아니면 '삼위일체' 개념을 정리한 성도들을 의미하는 것일까? 그렇다면 신천지의 주장은 더욱 심각한 문제를 갖는다. 삼위일체라는 용어를 정하고 개념을 부여한 것은 교회이다. 교회가 삼위일체라는 용어를 사용하기 전에는 없던 용어이다.

혹 교회에서 사용하기 전에 쓰인 용어라면 용어 사용이 틀렸다고 할 수 있으나, 이미 교회가 만들어 사용하였는데 교회가 잘못된 개념으로 사용하였다고 하면 되겠는가? 그런데도 신천지가 삼위일체의 개념을 자신들의 교재에서 슬쩍 바꿔치기한 것은 신천지에 빠진 사람들을 속이기 위한 의도가 깔려 있음을 부인할 수 없다.

성경은 성부, 성자, 성령을 합하여 일체라고 한 적이 없다. 성경은 삼위가 일체로 있었을 때도 있었고, 개체로 있었던 때도 있었다는 개념을 아예 갖고 있지 않다. 삼위일체에서 일체라는 말은 몸이 하나라는 뜻이 아니다. 여기서 '체'는 근본이나 형상을 뜻하는 것으로 삼위로 계시지만 근본이 한 하나님이시라는 뜻, 또는 삼위가 하나님이시라는, 한 형상이시라는 것을 뜻하는 것이다. 기독교는 영원부터 영원까지 이러하신 삼위일체 하나님을 믿는다.

신천지는 이만희 예수가 하나님이 아니라고 하면서 이 부분에 관해 설명하기를 하나님의 영이 예수에게 임하였기 때문에 하나님이라고 불러준 것이지 하나님은 아니라고 한다. 당연히 이만희 자신이 예수님과 같은 반열에서 행세하려고 만든 해석이다. 신천지는 이만희 교주 안에 하나님의 영과 예수님의 영이 임하여 삼위일체를 이루고 있다고 주장하였다. 신천지 논리대로라면 이만희는 하나님이고 예수님이다. 하지만 이러한 상황이 무엇을 의미하는지 너무 잘 알기 때문에 이만희를 하나님 혹은 예수님이라고 부르는 것에 대해선 거칠게 부정한다. 스스로의 모순에 빠져 있다.

질문 **신천지는 기독교 삼위일체를 어떻게 비판하고 있는가?**

> **신천지의 주장**
> 성경에 있는 말인가? 성경에는 삼위일체라는 말이 없다.(78) '삼위일체'란 말이 성
> 경에 없는데 왜 쓰냐? 성부, 성자, 성령을 같은 한 분이 아닌데, 왜 같은 한 분 하나
> 님이라고 하냐?[78] (미주78; Ibid.,164)

변증 성경에 없어도, 성경의 의도에 맞는 것이라면 얼마든지 사용할 수 있다. 사도신경 역시 성경에 없지만, 성경의 가르침을 잘 알려주고 있어 모든 교회가 신경으로 받아들여 사용하는 것처럼, 삼위일체라는 용어를 통해서 성경의 의도를 잘 설명하고, 표현할 수 있다면 얼마든지 사용할 수 있다.

신천지 사람들을 만나면 "기독교가 삼위일체라는 단어를 사용하는 것에 대해 성경에 없는 용어를 왜 만들어 쓰냐?"고 비판하는데, 이는 신천지 사람들의 무지와 무식함을 고스란히 보여주는 사례이다. 기독교가 삼위일체라는 표현에 담아 전달하는 개념이 아닌 그들만의 개념을 담아서 신천지 역시 '삼위일체'란 단어를 사용하고 있기 때문이다.[79]

신천지 사람들은 이만희를 성경에 통달한 자라고 믿고 추종하면서 사실은 이만희가 언급한 말조차도 제대로 알지 못하고 말하고 있는 것을 상담자로서 그들을 만날 때마다 느낀다. 이만희가 쓴 책을 앞에 놓아도 자신은 모른다는 식이다. '삼위일체'는 삼위일체라는 말이 이미 가지고 있는 개념을 바꾸어 자신들이 원하는 대로 바꾸어 사용할 수 있는 것이 아니다. 다른 개념으로 이미 사용하고 있는 것을 자신들만의 개념을 담아 동일 명칭을 사용하는 것은 옳지

않다. 이러한 행위를 서슴없이 신천지가 하고 있다.

그리고 기독교의 삼위일체에 대해 비난하려면 기독교의 삼위일체를 제대로 알고 비난하여야 한다. 신천지가 알고 있다는 기독교의 삼위일체론은 기독교의 것이 아니고, 또 다른 이단의 삼위일체론이다. 신천지는 삼위일체라는 명칭을 도용했을 뿐만 아니라 양심없는 행위이자 범법행위를 저지르고 있다. 기독교는 성부, 성자, 성령을 같은 한 분이라고 한 적이 없기 때문이다. 신천지가 말하는 개념의 삼위일체론을 주장한 곳은 안상홍증인회이다.

Q 질문 성부와 성자와 성령은 하나님이신가?

신천지 사람들의 말을 들어보면, '성부는 하나님이시고, 하나님은 오직 한 분이다. 그러므로 성자는 하나님이 아니다. 하나님의 아들일 뿐이다. 예수는 평범한 한 사람이었는데, 하나님의 영이 예수에게로 들어감으로 하나님의 아들이 되었다'[80](역동적 단일신론[81])고 한다. 한편 성령에 대해선 다음과 같이 주장한다.

> **신천지의 주장**
> 하나님의 소속 천사와 마귀가 된 천사에 대해 그 호칭을 무엇이라 구분해야 하는가? 하나님의 소속을 성신, 또는 성령이라 칭하고 마귀 소속을 악신, 악령이라 칭한다. 성령과 성신은 거룩한 신이라는 말이요, 악령과 악신은 악한 영이라는 뜻이다.[82]

A 반증 성부, 성자, 성령은 모두 하나님이시다. 성부 하나님은 물론이고 성자와 성령께서도 하나님이시다. 그러나 신천지는 하나님이 한 분이라는 것

에 집착한 나머지, 성부가 하나님이시므로 성자와 성령은 하나님일 수 없다고 한다.

성경은 예수께서 하나님이심을 분명히 말씀하고 있는 것에 대해서도 신천지는 하나님인 것과 하나님으로 불리는 것을 나눠 예수님께 적용해 설명한다. 신천지는 예수께서 하나님 자체가 아니고, 하나님의 영이 함께 하고 있어서, 하나님의 대언자의 역할을 하고 있어서 하나님이라고 기록되거나, 칭함을 받은 것이지 하나님은 아니라는 것이다. 이런 가운데 예수께서 스스로 당신이 하나님이라고 한 곳이 있냐고 물으면서 자신들의 주장을 고집한다.

하지만 신천지의 주장과 같이 하나님을 대언하는 일을 하고 있거나, 하나님께서 예수와 함께하신다고 하여 예수께서 하나님이 되시는 것이 아니다. 예수께선 하나님께서 하실 수 있는 일을 하시지 못하는 것이 단 하나도 없으시다. 예수께서 하나님이시기 때문이다. 신천지의 말에 의하면 예수께서 하나님이 아니신데, 하나님께서 함께하시고, 하나님께서 하실 일을 대신 함으로 그를 하나님이라고 했다고 한다. 이 말에는 하나님께서 하실 수 있는 모든 일을 예수께서 하실 수 있는 것은 아니라는 것이 깔려 있다.

'하나님'이란 표현은 오직 한 분이신 하나님을 지칭하는 고유 명사이다. 예수님을 하나님이라고 한다면 예수께서 하나님이시기 때문에 하는 표현이지, 다른 이유로 부를 수 있는 이름이 아니다.

하나님에게는 비공유적 속성과 공유적 속성이 있다. 하나님만이 홀로 가지고 계시고, 다른 창조물에게는 없는 특별한 속성을 비공유적 속성이라고 한다. 만일 누군가가 이 비공유적 속성을 동일하게 갖고 있다면 그가 하나님이심을 증거하는 요소가 된다. 이러한 면에 있어서 예수께서도 성령께서도 하나님의 비공유적 속성을 하나도 다름없이 가지고 있는 것을 통해, 본래 하나님이신 것을 알 수 있다. 신천지의 '하나님이라는 이름이 붙여졌다', '하나님이 되었다'는 표현은 절대 불가한 주장이다.

성령 역시 오직 성령 한 분께 붙여진 이름이다. 거룩한 천사, 선한 천사를 통칭하는 용어가 아니다. 신천지가 단순히 한자적 풀이를 통해 성령을 선한 천사로 만든 것은 성경에 대해, 성경해석에 대해 얼마만큼 무지한가를 잘 보여준다.

Q 질문 성부와 성자 그리고 성령은 같은 한 분이신가?

> **신천지의 주장**
> 같은 한 분이 아니다. 하나님은 한 분이시고, 성부가 하나님이심이 틀림없으니, 성자와 성령은 하나님일 수 없다.[83]

A 보충 성경은 성부와 성자 그리고 성령께서 하나님이심을 분명하게 선언하면서 같은 한 분이 아니심을 명확하게 선언하고 있다. 같은 한 분이 아니라는 것은 신천지의 주장과 같다. 물론 신천지는 기독교를 비판할 때 이러한 사실을 숙지하지 못해 기독교가 같은 한 분이라고 한다는 얼토당토않은 주장을 하는데, 이는 그들의 무지와 의도적인 왜곡을 하고 있음을 보이는 사례이다.

성부, 성자, 성령께서 같은 한 분이 아니라고 한다면, 세 분이라고 해야 함이 마땅하다. 그렇지 않으면 신천지가 택한 방법처럼 세 분 중에 한 분은 하나님이고, 다른 두 분은 하나님이 아니라고 해야 한다. 하지만 성경은 성부, 성자, 성령 모두를 하나님이라고 한다. 그렇다면 하나님이 세 분이신가? 성경은 하나님이 한 분이시라고 선언하고 있고, 기독교도 성경의 가르침대로 하나님은 한 분이시라고 명확하게 선언하고 있다.

성부, 성자, 성령께서 하나님이시고, 하나님은 한 분이라는 설명이 논리적으로 맞으려면, 성자와 성령이 하나님이 아니시든지, 혹은 성부, 성자, 성령이 같은 한 분이면 된다. 그러나 성경은 하나님은 한 본체이시고 한 분이시라고 말씀하고 있다. 어떻게 하여야 할까? 하나님은 세 분이라고 할까? 성부와 성자 그리고 성령께서 같은 한 분이시라고 할까? 성자와 성령은 하나님이 아니라고 할까?

성경은 하나님이 한 분이신 것과 성자와 성령께서 하나님이심을 또한 분명히 하고 있고, 성부, 성자, 성령께서 같은 한 분이 아니신 것 역시 분명히 알리고 있다. 그러면 어떻게 하여야 하나?

신천지나 안상홍증인회는 성경대로 한다고 말하면서도 하나님에 대해선 성경이 가리키는 대로 하지 않고, 사람들이 이해할 수 있는 범위로 끌어내려 삼위일체를 설명한다.

성경에 있는 하나님에 대한 설명을 세상의 논리로 표현할 방법은 없다. 사람들을 이해시키기 위해 성경의 의도하고는 다르게 바꾸어서 설명하는 것은 옳지 않다. 이해가 되지 않아도 성경대로 따라야 한다. 이러한 까닭에 교회가 성경에서 가르치는 내용을 그대로 받아들여 하나님은 한 분이시며, 성부, 성자, 성령 모두 하나님이시라고 하는 가르침을 '삼위일체'라는 용어를 만들어 표현하였다. 삼위일체라는 표현과 담긴 내용은 성경대로 가르치고자 하는 교회의 결정이다.

질문 신천지는 삼위일체와 연관하여 기독교를 어떻게 비판하는가?

신천지의 주장
성부, 성자, 성령을 왜 같은 한 분이라고 하는가?[84]

A 반증 기독교는 성부, 성자, 성령을 같은 한 분이라고 한 적이 없다. 신천지는 기독교의 교리를 제대로 파악하지도 않은 채 기독교의 삼위일체 교리가 틀렸다고 엉뚱한 주장을 하고 있다.

신천지가 지적한 내용은 기독교의 삼위일체론이 아니고, 안상홍증인회(하나님의교회 세계복음선교회)의 삼위일체교리로서 양태론이다. 간혹 충분히 살피지 못한 목회자들에 의해 성도들에게 삼위일체를 쉽게 설명하고자 문제의 내용이 일부 목회자들을 통해 표현될 수는 있다. 하지만 기독교 신학에서는 신천지의 주장과 같이 삼위일체를 설명한 적이 없다.

신천지가 기독교의 삼위일체론이라고 언급한 내용은 안상홍증인회의 삼위일체론으로서[85] 신천지가 기독교의 삼위일체를 충분히 살피지를 않고 비난으로 일관하며 사람들을 미혹해 왔다는 증거이다. 그러한 신천지를 어떻게 표현해야 옳을까? 만일 기독교의 삼위일체의 개념을 알고도 거짓으로 속인 것이라면 신천지는 거짓된 집단이라 할 것이다.

Q 질문 **삼위일체론에 있어서 기독교와 신천지 중에 어느 쪽이 성경적인가?**

신천지의 주장
기독교의 삼위일체론은 오류이다.[86]

A 반증 신천지는 기독교의 삼위일체론을 제대로 알지 못하면서 기독교의 삼위일체론이 반성경적이라고 비난해왔다. 그것은 의도적으로 속여 온 것으로서 사악한 집단이나 할 수 있는 행동이다. 이러한 형편에서 기독교의 삼위일체론을 오류라고 비난한 것은 상식 이하의 행동이다.

기독교는 오직 성경이 가리키는 대로 주장하고 설명할 뿐이다. 하나님은 한 분이시다. 성부, 성자, 성령은 같은 한 분이 아니다. 성부, 성자, 성령 모두 하나님이시다. 그렇다면 하나님은 세 분인가? 그렇지 않다. 성경은 하나님께서 한 본체를 가지신 한 분이라고 한다.

그렇다면 성부, 성자, 성령의 관계를 어떻게 설명해야 하는가? 성경의 의도와 상관없이 신천지식으로 사람 편에서 이해할 수 있도록 바꾸어 표현하여야 하는가, 기독교와 같이 성경에 있는 그대로 동의해야 하는가? 당연히 기독교의 입장과 같이 성경에 있는 그대로 동의해야 한다. 그러므로 기독교는 성경적이고 신천지는 반성경적이다.

질문 **삼위일체론과 관련하여 신천지와 기독교 중 어느 쪽이 이단인가?**

신천지의 주장
기독교는 성경에 없는 단어인 삼위일체라는 용어를 쓰고, 각각 다른 분들을, 같은 한 분으로 가르치고 있으므로 이단이다(양태론적 단일신론[87]).

반증 신천지는 기독교가 성경에 없는 삼위일체라는 용어를 사용하니 이단이라고 주장하였다. 이러한 신천지의 주장대로라면 신천지가 이단이다. 신천지의 이만희는 삼위일체를 믿는 것이 참 기독교라고 하면서 자신과 신천지도 삼위일체를 믿는다고 하고 있기 때문이다.

이러한 비판을 하면 신천지가 삼위일체라는 의미를 바르게 사용하기 때문에 문제가 없다는 궁색한 답변을 하는데 삼위일체 용어를 사용하는 것과 관련하여 성경에 없는 것을 사용하니 이단이라고 한 것은 신천지이다.

신천지 자신들은 바른 의미를 찾아 용어를 새롭게 쓴다고 하였는데, 이미 분명한 개념을 담아 쓰고 있는 용어를 누가 어떻게 바꿀 수 있단 말인가? 필요하다면 다른 용어를 만들어야지 이미 일반적으로 사용하고 있는 용어를 새로운 개념으로 사용하겠다는 것이 바람직한가? 노란색을 어느 날부터 누군가가 원한다고 빨간색이라고 하겠다고 하면 되겠는가?

신천지는 기독교가 성부 · 성자 · 성령을 같은 한 분이라 한 적이 없는데도 성부 · 성자 · 성령을 같은 한 분이라고 가르쳤다고 거짓을 말하여 기독교를 훼손하였을 뿐만 아니라, 무엇보다도 성경대로 가르치지 않고 거짓 내용을 가르치고 있으니 신천지의 논리에 의하면 신천지가 마귀 소속이고 이단인 셈이다.

신천지는 성부만 하나님이시고, 성자는 하나님의 아들일 뿐이고, 성령은 거룩한 천사라고 한다. 진정한 삼위일체는 하나님의 영과 성령이 예수의 몸에 임하였을 때의 상태로서 예수께서 승천하신 뒤에는 다시 삼위일체가 아니었으며 지금은 하나님과 예수의 영이 이만희에게로 임하였기에 다시 삼위일체를 이뤘다고 주장한다. 이 얼마나 비성경적인가?

결론
신천지의 삼위일체 비판 정리 및 부탁

신천지는 삼위일체라는 용어가 성경에 없다는 이유로 '삼위일체'라는 용어를 쓰면 안 된다고 하면서 기독교가 삼위일체라는 용어를 쓰고 있으니 이단이라고 하였다. 그러한 논리라면 기독교만 이단이 아니고, 신천지도 이단이다. 신천지의 이만희가 "삼위일체를 믿습니다."라고 하였기 때문이다.

기독교는 성부와 성자와 성령을 같은 한 분이라고 하지 않는다. 삼위일체에 대한 충분한 이해가 돼 있지 않은 설교자들에 의해 성부와 성자 그리고 성령이 같은 한 분으로 설명되는 경우는 혹 있을 수 있다. 하지만 기독교가 기독교의 신앙을 설명하면서 신천지의 주장과 같은 내용으로 주장하거나, 가르치진 않는다. 몇몇 설교자들의 예를 들어 그것이 기독교의 전부인 것처럼 평가하려고 한다면, 신천지 강사 중에 신천지 총회와 다른 주장을 하였다고 하여 그의 발언을 근거로 신천지 총회를 부정하여도 되겠는가?

신천지는 기독교를 비판하면서, 미혹 대상자들에게 사실과 다른 거짓 내용으로 기독교가 틀렸다는 인식을 하도록 하는 방안의 하나로 기독교의 삼위일체를 다루고 있으니 거짓말을 일삼는 이단임을 알 수 있다. 이만희가 거짓말을 하는 자는 저주를 받는다고 하였으니, 신천지야말로 저주받을 곳이다.

또한 신천지가 삼위일체라는 용어를 자신들만의 개념으로 쓰는 것 자체가 오류이다. '삼위일체'는 기독교가 초대교회의 신앙 전승을 따라 1800여 년 동안 사용해온 용어이다. 신천지가 '삼위일체'에 자신들이 만들어 낸 개념을 도입하여 '삼위일체'라는 용어를 쓰는 것은 파렴치한 행태이다.

삼위일체라는 용어가 본래 다른 의미로 쓰이는 중에 기독교가 임의로 의미를 바꾸어 사용하였다면 신천지의 논리가 맞다. 하지만 삼위일체는 처음부터 기독교가 만들어 사용한 용어이다. 신천지의 행동은 세상의 상식에도 맞지 않는 모습이다.

더군다나 기독교가 어떠한 개념으로 '삼위일체'를 사용하고 있는지 확인도 하지 않고, 그게 아니면 의도적으로 비판하는 것인데 어느 쪽이든 비난받을 행동이다.

기독교의 '삼위일체'는 성경에 기록되어 있는 '성부', '성자', '성령'에 대한 기록대로 주장하고 있고, 가르치고 있다. '삼위일체'라는 용어는 성경에 없다. 성경에는 없지만, 그렇다고 하여 '성부', '성자', '성령'에 대한 설명을 사람이 이해할 수 있도록 재해석 혹은 재편집을 하는 행위는 바른 것이 아니기에 '삼위일체'라는 용어를 만들어 성경에서 가르치는 대로 알리고 있다.

무엇보다도 특히 신천지가 기독교의 삼위일체론이라고 가르치는 내용은 안상홍증인회(하나님의교회)의 삼위일체론으로서 신천지 사람들은 자신들이 추종하는 이만희와 신천지가 사악한 거짓 집단임을 알아야 한다.

안타까운 것은 신천지의 잘못된 주장임에도 성도들이 미혹되는 것이다. 이는 '삼위일체'에 대해 정확히 학습되어 있지 않거나, 혹은 간혹 목사들의 정확하지 않은 가르침(억지로 이해시키려고 사용한 예들을 통해 잘못된 삼위일체관을 갖게 되었다.) 때문이다.

성도들은 '삼위일체'에 대해 개념정리를 명확히 하여야 한다. 이때 충분한 실력을 갖추었는지 확인하는 방법은 다른 사람에게 설명을 할 수 있는지 살피면 된다. 설명을 할 수 있다는 것은 충분한 지식을 갖추었다는 증거이다. 목회자들도 성도들을 이해시킨다고 엉뚱한 예를 들어 설명하는 일을 삼가야 하며, 성경에 있는 그대로 인지시키고, 기억하게 하여야 한다.

08

사도신경

Q 질문 신천지가 사도신경을 다루는 이유는 무엇인가?

신천지의 주장

참으로 사도들이 신앙고백을 '사도신경'과 같이 했는지 성경을 기준으로 하여 알아보자. '사도신경'이 진짜 사도들의 고백이라면 성경에 맞아야 한다. 만일 맞지 않으면 위의 6개 법(성도가 지켜야 할 경고의 말씀)이 말씀하는 것과 같은 행위에 해당하는 것이 된다. 성경은 폐할 수도 가감할 수도 없다. 성경에 없거나(갈1:8참고) 성경과 맞지 않는 것을 하는 것은 불법이요 가라지 씨라 할 것이다. 만일 누구든지 가감하면 거룩한 성 천국에 못 들어가고 재앙을 더한다 하였다(계22:18-19). 거짓말 하면 마귀이다(요8:44). 없는 것을 더하면 거짓말하는 마귀이다.[88]

A 반증 사도신경은 모든 개신교회가 암송하는 신앙고백으로서 교회는 사도신경의 내용을 절대적으로 신뢰하고 있다. 기독교 대부분의 교회가 사도신경을 예배에 함께 암송하고 있다. 그런데 누군가가 교회가 이같이 중요하게 여기고 있는 사도신경이 만약 교회로서 절대로 믿을 수 없는 내용을 포함하고 있고, 결코 동의할 수 없는 형성 배경을 가지고 있다면서 조작된 자료 제시를

통해 확인해 주는 과정을 거치면 성도들을 자신의 신앙과 교회 그리고 목회자를 부정하게 만들 수 있다. 성도들이 사도신경에 포함된 내용의 배경과 의미를 정확히 알고 있으면 없을 문제이다. 그러나 만일의 경우, 그렇지 못하면 심각한 의문과 의심이 일어나고, 결국은 기독교와 교회의 가르침을 부정하게 된다.

현실적으로 사도신경이 중요하게 여겨지는 비중에 비하여 사도신경의 배경이나, 역사 그리고 내용이 갖는 의미에 대해 충분히 숙지하고 있는 성도는 많지 않다. 이러한 상황인데도 예배 때마다 암송하는 관계로 나름 충분히 알고 있다는 착각을 하고 있어 이단들의 사도신경을 소재로 하는 공격에 속수무책으로 당한다. 당연히 알고 있다고 생각한 사도신경에 대해 몇 개의 질문을 받고 답을 하지 못하는 상황이 만들어지면, 사도신경에 대해 바르게, 자세히 알려고 하지 않았던 자신을 탓하기보다는 교회가 잘못 가르쳤다는 생각을 함과 동시에 교회를 부정하는 경향을 보인다. 따라서 그것은 성도들을 미혹하고 싶어 하는 이단에겐 딱 맞는 소재이다.

Q 질문 **성경에도 없고, 2세기 로마가톨릭의 작품인 사도신경을 왜 암송하는가?**

신천지의 주장

주기도는 성경에 있으니 교회가 함이 마땅하지만, 사도신경은 성경에 없는데 왜 성경에 없는 고백을 하게 하는가?[89] 사도신경에는 '사도'라는 말이 붙었으나 사실은 사도들이 정하거나, 만든 것이 아니다. 사도들이 가르치지도 않은 고백서를 '사도신경'이라는 말을 붙여서 암송하게 하는 이유가 무엇인가?[90] 사도신경은 로마가톨릭의 산물이다. 2세기에 로마가톨릭이 만들었다.[91]

A **반증** 사도신경은 성경에 없는데 왜 성경에 없는 고백을 하게 하는가? 라고 신천지는 묻는데 이 어리석은 질문에 성도들이 맥없이 무너진다. 주기도문은 예수께서 기도를 어떻게 하여야 하는지 묻는 제자들에게 알려주신 것으로 성경 어느 한 곳에 기록되어 있는 것이 마땅하다. 하지만 사도신경은 신앙고백서로서 이미 기록된 성경의 가르침대로 신앙을 하여야 하는 성도들이 성경 전체의 내용 중에서 날마다 고백함으로 영적인 유익을 도모할 수 있는 내용을 뽑아서 만들어 놓은 것이다. 당연히 성경이 완성된 뒤에야 만들어질 수밖에 없는 것이 신앙고백서이다. 이런 신앙고백서인 사도신경이 성경에 있다면 그것이 이상한 일이다. 도대체 이런 내용으로 사람들을 꾀는 신천지는 어떤 곳인가? 이러한 속임에 넘어가는 신천지에 빠진 사람들은 또 어떤 사람들인가?

특히 신천지는 2세기에 로마가톨릭이 사도신경을 만들었다고 하였다. 하지만 사도신경은 로마가톨릭에서 처음으로 만들어 사용한 것이 아니다. 2세기엔 로마가톨릭 자체가 존재하지 않았던 시기이다. 더군다나 사도신경이 수리아 안디옥교회에서 성례 때 활용되었고, 2세기의 교회에서 정리된 성례 때의 믿음 고백 형식이 3세기 이래로 발전하여 현재의 형태로 틀이 마련되었다는 사실은 역사 자료를 통해 충분히 알려져 있다.

사도신경이 로마가톨릭에 의해 만들어졌다고 왜곡시킨 것과 사실과 다른 '2세기'라는 시기까지 구체적으로 언급한 것은 카톨릭을 이교로 생각하는 기독교인들을 사도신경과 사도신경을 가르쳐온 교회에 대해 불신하게 하여, 자신들이 원하는 대로 이끌어 가고자 하는 목적에서 만들어낸 신천지의 날조된 주장이다.

사도신경을 로마가톨릭에서 만들었다는 말은 사실이 아니며 예루살렘에서 흩어진 성도들에 의해 세워진 안디옥교회에 의해 성례 때 활용되었다는 것을 역사 자료를 통해 살펴보자.

> "사도신경은 안디옥 교회에서 공예배 시 신앙으로 고백하기 시작한 이래 주후 100년 경부터는 널리 인정되어 왔다."[92]

> "초대교회 시대의 가장 위대한 변증가들 중 한 사람인 저스틴 말티어는 그의 책 변증론(Apology)에서 초대 안디옥 교회는 공예배 시 사도신경을 신앙으로 고백하였다(Apology, p.61)고 하였다. 특히 성례를 거행할 때 사도신경을 고백하게 하였다."[93]

위의 자료에 의지해 신천지가 사도신경을 로마가톨릭의 작품이라고 단정하여 소개한 것은 신천지에 의해 날조된 주장인 것이 분명해졌다. 조영업 박사는 사도신경에 관한 기독교와 카톨릭의 활용에 대해 다음과 같이 기록하고 있다.

> 공인된 사도신경이란 서방교회에서 공인한 사도신경을 말한다. 공인된 사도신경 형에는 "천지를 만드신", "잉태하여", "고난을 받으사", "죽으시고", "음부에 내려가셨으며", "전능하신", "나는 믿기를", "공", "성도가 교통하는 것", "몸", "영생" 등이 추가되었다. 그러나 이 추가된 사도신경에는 "음부에 내려가셨으며" 외에는 모두 성경의 교훈과 일치한다. 그러므로 우리 (개신교)는 "음부에 내려가시고"를 삭제한 사도신경을 신앙으로 고백한다. 6세기 이후에는 사도신경의 변천이나 변형을 찾아볼 수 없다."[94]

이상으로 볼 때, 사도신경이 로마가톨릭의 작품이라는 것은 사실이 아니다. 신천지가 어떻게 해서라도 사도신경을 로마가톨릭의 작품이라고 속인 것은 기존 교인들을 미혹하기 위한 전략일 뿐이다.

신천지의 주장

사도신경에는 틀린 내용들이 있다. 거짓말하면 마귀이다(요8:44) 없는 것을 더하면 거짓말하는 마귀이다.[95] 사도신경이 진짜 사도들의 고백이라면 성경에 맞아야 한다. 만일 맞지 않으면 위의 6개 법(성도가 지켜야 할 경고의 말씀)이 말씀하는 것과 같은 행위에 해당하는 것이 된다. 성경은 폐할 수도 가할 수도 없다. 성경에 없거나(갈 1:8참고) 성경에 맞지 않는 것을 하는 것은 불법이요 가라지 씨라 할 것이다. 만일 누구든지 가감하면 거룩한 성 천국에 못 들어가고 재앙을 더한다(계22:18-19).[96]

A **반증** 사도신경 내용 중에 성경과 맞지 않는 내용이 있다면 당연히 교회의 고백서로 사용할 수 없다. 교회가 사도신경을 공예배에 신앙고백서로 사용하는 것은 성경의 가르침에 합당하기 때문이다. 그런데 신천지는 사도신경에 있는 내용이 성경적이지 않다고 하였고, 성경적이지 않은 내용이 무엇인지 발표했다. 그러므로 신천지의 주장과는 달리 사도신경이 성경의 가르침과 다르지 않다면 스스로 자신들을 이단이라 하여야 한다.

Q **질문** **빌라도는 예수님을 살리려 했지 죽이려 하였는가?**

신천지의 주장

이상에서 예수님이 빌라도에게 고난을 받아 십자가에 못 박혀 죽으셨다고 한 사도신경의 내용이 정말 성경에서 말한 바와 같은지 살펴보았다. 예수님을 죽인 자가 진정 누구인가? 빌라도인가? 성경대로 말하면 빌라도가 아니고 유대인들의 제사장들과 장로들이었다. '빌라도에게 고난을 받으사 십자가에 못 박혀 죽으시고'라 했는데, 유대인들이 예수를 죽인 후 모든 죄를 빌라도에게 떠넘긴 거짓말이다(행 3:13-15). 이 거짓된 말을 시인하는 자도 같은 죄를 짓는 것이다.[97]

빌라도와 관련한 신천지의 주장은 기독교를 훼손하려는 목표만을 생각한 나머지 사도신경에 대한 원문연구도 없이 비판함으로 신천지의 무식함을 만천하에 보여주고 있다. "빌라도에 의해 고난을 받으사"라는 표현을 정확히 옮기자면 '빌라도의 치세 아래에서 고난을 받으사'이다. 즉 빌라도가 다스리는 때에 예수께서 고난을 받으셨다는 의미이다. 그러므로 빌라도와 관련한 사도신경 고백은 아무런 문제가 없다.

그럼에도 신천지는 단순히 한글로 번역된 '사도신경'에만 집착하여 "빌라도에 의해 고난을 받으사" 부분에 대해 이의를 제기한다. 신천지는 '빌라도가 총독으로서 예수께서 죄가 없음을 알고 놓아주려고 하였지 언제 빌라도가 예수께 고난을 받게 했냐? 예수께서 빌라도에 의해 고난을 받았다는 표현은 성경적이지 않다. 이런 사도신경을 가르치는 교회와 목사는 "가짜"이며, "마귀"라고 하였다. 이것은 사도신경을 제대로 살피지 않은 신천지의 무식함만을 드러낼 뿐이다.

뿐만 아니라 혹 빌라도가 예수님을 고난 당하게 하였다고 한 표현이라해도 틀리지 않다. 성경이 빌라도를 평가하면서 예수님을 죽도록 하는 일에 동참한 인물이라고 분명히 하고 있기 때문이다. 사도행전 4장 27절을 보자. "동시에 헤롯과 본디오 빌라도가 이방인과 이스라엘과 합세하여 하나님께서 기름을 부은 거룩한 종 예수를 거슬려 행하였다"고 말씀하고 있다. 예수님을 죽이는 일에 헤롯과 함께하였다고 성경이 증언을 하고 있다.

더불어 빌라도는 모든 공적 결정에 대해 법적 대표이다. 빌라도는 예수로부터 죽일 만한 죄를 찾지 못했다. 어떠한 경우에라도 석방을 하는게 마땅하다. 그럼에도 민란이 날까 두려워 결국은 예수를 죽음의 자리에 내주었다. 예수를 죽이는 일에 직접적인 주동자는 유대인들이지만, 당시 국민의 생사권을 쥐고 있었던 것은 총독인 빌라도인 만큼 성경이 빌라도의 행위에 대해 예수의 죽음에 동참하였다고 선언하는 것 역시 전혀 문제가 되지 않는다. 더군다나 성경은 빌라도가 부득불 예수님을 죽이는 일에 동참하게 되었다고 하지 않고, 스스로 한 선택임을 분명히 하고 있다. 예수를 죽도록 하는 일에 대표자요, 책임자일 뿐만 아니라 성경의 증언 속에서 예수님의 죽음에 동참한 빌라도와 관련 "빌라도에 의해 고난을 받으사"라는 사도신경의 고백은 한글 번역을 그대로 받는다고 하여도 전혀 문제가 되지 않는다.

빌라도에 대한 언급 부분은 예수께서 죄가 없음에도 불구하고 죽으셨다는 분명한 사실을 사도신경을 암송하는 모든 사람이 알게 하는 중요한 역할도 하고 있다. 빌라도가 아니면 예수께서 무엇 때문에 죽었는지 모호하게 전달이 되어 또 다른 논쟁의 불씨가 될 수도 있었던 매우 중요한 사항임을 알 수 있다.

Q 질문 예수님과 제자를 능욕한 공회를 믿으라는 것인가?

신천지의 주장

중세 암흑 시대의 산헤드린 공회는 그리스도인을 5천 명 이상 죽였다. 이 공회는 절대 공회의 역할을 하지 못했다. 이 공회가 거룩한 일을 했는지, 공회에 대하여 성경을 통해 알아보자…마태복음 27장 1절을 본 바, 그들이 하나님의 나라와 의를 위해서 기도한 것이 아니라 새벽부터 대제사장, 장로들, 서기관들 곧 온 공회가 예수님을 결박하여 총독에게 끌고 가려고 의논한 곳이다. 또 사도행전 5장 12-27절에도 사도들을 능욕하고 잡아들인 곳이 바로 이 공회이다.[98]

A 반증 신천지에서 속임과 거짓을 빼면 남는 것이 무엇일까? 신천지는 '진실'을 떠들어 대지만 자신들이 진실한가를 밝히는 데는 전혀 관심이 없다. 사도신경에 대한 질의에 답을 하는 신천지 사람을 본 경험이 없으며, 답을 한 사람은 모두 신천지에서 탈퇴하였다. 사도신경에 대한 신천지의 주장이 거짓과

속임으로 가득 차 있어 다루는 것만으로도 신천지의 거짓에 속았다는 것을 확인할 수 있어서이다.

신천지는 교회가 사도신경을 예배에 고백서로 활용하고 있어 사도신경이 오류라는 것을 보이는 것만으로도 성도들의 마음을 흔들어 놓을 수 있다는 계산에 거짓임을 알면서도 거짓 내용을 동원하여 속이고 있다. 만일 거짓이라는 것을 몰라서 사도신경을 활용하는 것이라면 그것은 신천지가 역사와 성경해석에 있어서 얼마만큼 무지하고 무식한 지를 잘 드러내 주는 증표라 하겠다.

신천지는 중세 암흑시대 산헤드린 공회가 그리스도인 5,000명을 죽였고, 예수를 죽이려고 하였으며, 제자들을 능욕했다고 하였다. 이 내용이 사실이라면 의도적인 거짓말이거나 아니면 무지와 무식의 결과라고 할 수 있을 것이다. 거짓이면 신천지의 절대적인 가르침대로 신천지와 신천지에 빠진 사람들은 마귀의 자식이 되는 것이고, 무지와 무식의 결과라면 진리를 갖고 있지 않으면서 진리를 가지고 있다고 하는 곳으로서 신천지가 주장해온 바에 따라 신천지는 이단이다.

먼저, 중세 암흑시대와 산헤드린 공회와의 관계를 살펴보자. 신천지는 '중세 암흑시대에 산헤드린 공회'라고 알렸다. 중세 암흑시대는 AD 500년부터 1500년 사이를 가리키고, 산헤드린 공회는 유대 공동체 최고 의결기관이었다. 신천지는 무엇에 근거하여 둘을 연결시킨 것일까? 그리스도인 5,000명을 죽였다고 한 내용으로 봐서 종교개혁시대 이후를 두고 한 표현인 듯한데, 그러면 유대인 최고 의결기관과 중세 시대의 공회와는 무슨 연관이 있는 것인가? 아무런 연관이 없는 둘을 같은 기관으로 설명하여, 사람들을 착각에 빠트리고 있다. 둘째, 마태복음 27장 1절과 사도행전 5장 27절에 근거하여 공회가 예수를 죽이고, 제자들을 능욕하였다고 하였다. 이때의 공회와 중세 암흑시대하고는 무슨 상관이 있는가? 역시 전혀 상관이 없다. 아무런 상관이 없는 기관을 마치 같은 동일 기관으로 교육하는 이유는 오직 속이기 위해서다. 셋째, 무엇보다도 사도신경에 등장하고 있는 거룩한 공회는 유대인 공회를 두고 한 말이 아니다. 사도신경에 기록된 '거룩한 공회'는 'The holy universal church'이다. 즉 창세 이후부터 세상 끝날까지 하나님께서 택하신 선민을 부르셔서 세우시는 교회를 두고 한 표현이다. 사도들이 사도신경에 담긴 말씀과 교훈을 가르치면서 예수를 죽이고, 제자들을 능욕한 공회를 믿으라 하였겠는가?

이같이 무지하고, 거짓된 내용임에도 불구하고 사람들이 사도신경과 관련해서 기존 교회와 자신의 신앙을 부정하는 것은 안타까운 일이다.

Q 질문 죽었다 사는 부활이 성경적인가?

> **신천지의 주장**
> 몸이 다시 사는 것과 영원히 사는 것을 믿는다고 하는데, 죽은 몸이 다시 살 수 없는 것이며, 또 신천지에서 영생을 증거하니 이단이라고 핍박한다.[99] 이같이 고백하면서 '영생'이라는 말만 하면 무조건 이단이라고 한다. 그리고 안 믿는다.[100]

A 변증 성경은 예수께서 부활하셨다고 즉 다시 사셨다고 증언하고 있다.[101] 동시에 예수의 부활은 모든 죽은 자들의 부활을 보여주는 첫 열매라고 증언한다.[102] 예수께서는 다시 살아나셨고, 육체를 친히 보이시고, 만지도록 하셨다.[103] 부활하신 예수님의 상태를 신령체(spiritual body)라고 하였는데, 이것은 죽기 전의 육체와는 달라진 특성에 대한 표현이다. 즉, 다시 사신 예수의 상태에 대한 표현으로서 신령체라고 하고 있다(고전15:35~49). 제자들에게 나타나신 예수님은 돌아가시기 전 상태의 육체를 그대로 가지고 계셨고 제자들에게

만져 보도록 허락하셨다. 이것으로 육체를 가지고 살아나셨음이 확인되었다.

한편 제자들은 예수님을 보고 유령(ghost)이라고도 하였는데 예수께서 다른 사람의 얼굴을 가지고 나타나셨다면 가능치 않은 반응이다. 예수께서 엠마오로 내려가는 두 제자에게 나타나셨을 때 두 제자가 알아보지 못한 이유는 "예수께서 다른 모습으로 저들에게 나타나셨기 때문이었다."라고 하고 있다. 다른 모습으로 나타나셨다는 것은 부활 후의 모습 역시 죽기 전 모습이었음을 전제하고 있다.

예수께서는 죽기 전 몸을 그대로 가지셨고, 그 몸을 가지시고 승천하셨으며, 그 몸 그대로 재림하신다(행1:9). 그리고 이 모든 사실을 고린도전서 15장에서 언급하는 이유는 죽은 자가 살아나는 부활을 확증해 주시고자 함이었다. 신천지는 죽은 자는 절대로 살아날 수 없다고 한다. 신천지가 성경에 있는 예수님의 부활과 죽은 자의 부활에 대한 증언을 부정하는 것을 볼 때 이단이 아닐 수 없다.

❓ 질문 사도신경은 사도들의 가르침인가?

신천지의 주장

사도신경은 사도들이 말하지 아니한 것을 사도들의 신앙고백으로 속여, 부패한 카톨릭 우월주의 유대인들이 마태복음 27장에서 말한 바 자기들이 져야 할 예수님의 피의 책임을 회피하기 위해 빌라도에게 떠넘기기 위해 만든 것을 개신교가 의심도 없이 받아 지켜 온 것이다.[104]

🅰 반증 사도신경과 사도들과의 관계성을 볼 때 사도신경은 예수님의 제자들인 열 두 사도들에 의해 작성된 것은 아니다. 그러나 사도들이 가르치신 내용을 초대교회가 모아서 만든 고백서인 것은 확실하다. 윌리엄 퍼키슨(William

Perkins, 1558~1602)은 다음과 같이 증언하고 있다.

> 그것은 '사도신경(the creed of the apostles)'이라고 불리는데, 이는 그들이 신경을 작성한 사람들이기 때문이 아니라, 사도신경의 내용과 문체와 단어들이 사도들의 것이기 때문이다.[105] '사도신경'의 내용은 사도들이 가르치고 설명한 기독교 신앙의 핵심적인 내용들을 요약해 포함하고 있을 뿐 아니라, 그것의 내용들이 사도들의 가르침과 일치하기 때문이다.[106]

사도들이 세상을 떠나게 되면서 사도들을 이어 교회의 지도자로 사역하였던 속사도 혹은 교부들에게 숙제가 남아 있었다. 교회 안에 다른 주장을 하는 사람과 세력들이 등장함으로 교회의 정통성을 지켜야만 했다. 교회의 정통성이란 사도들의 가르침을 따르는 것이었다. 당연히 어느 것이 사도들의 가르침인지 교육을 해야 했다. 이러한 필요 속에서 사도들이 가르친 내용을 가르치고, 고백하게 하여 교회의 정통성을 지키도록 하였다. 이것을 위해 사도들이 가르쳐준 것을 체계적으로 만들어 고백하게 한 것이 사도신경이다.

결론
신천지의 사도신경 비판 정리 및 부탁

사도신경은 모든 교회가 암송하는 신앙고백서로 교회는 그 내용에 대해 절대적으로 신뢰하고 있다. 그런데 만약 신뢰하고 있는 내용을 의심하게 할 수만 있다면, 교회와 목회자와 기독교 전체를 불신하게 하고, 부정하게 하여 자신들의 입맛대로 조종하기가 쉽다. 성도들이 사도신경을 암송하는 것만큼 사도신경에 담겨있는 내용과 관련된 배경이나, 의미를 자세하게 알고 있지 못한데, 신천지에 의해 알고 있는 것과 다른 내용을 듣게 되면, 신천지 사람들이 하는 말이 혹 거짓이어도 거짓 여부를 확인하는 것 자체가 어렵다. 이런 약점을 틈타 왜곡시킨 자료로 집중적으로 질문해 오면 의문이 일어나고, 이제까지 확신하였던 생각과 지식에 대해 의심을 하게 되며, 함께 했던 교회와 교회의 가르침에 대해 속았다는 생각과 분한 마음을 품게 되고, 결국은 기독교를 버리고, 이단을 품게 된다.

사도신경의 역사, 사도신경의 내용에 담긴 의미에 대해 상식만큼의 지식만 가지고 있어도 자신의 신앙에 대해 의심을 하면서 흔들릴 리가 없는 일인데 많은 사람이 신천지를 찾고, 이단을 찾는 것은, 이런 지식을 갖지 못했기 때문이다. 따라서 신앙과 관련한 지식을 습득하는 일에 소홀하지 말아야 한다. 신앙 지식을 잘 갖춤으로 이단들의 미혹으로부터 우리의 신앙을 지킬 수 있다.

사도신경은 내용에 있어서 성경의 가르침에 어긋남이 없다. 신천지가 지적하는 모든 내용은 기성교회 교인들을 미혹하기 위해 의도적이고, 치우친 시각에서 하는 주장들이다. 실제로는 자신들의 연구 결과도 아닌 누군가의 주장과 의견들에 근거한 조잡한 내용이다. 당연히 로마가톨릭에 의해 처음 만들어진 작품이 아니며, 초대교회가 사도들의 가르침에 근거한 교회의 정통성을 지키기 위해 가르치고 고백하게 한 내용이다. 로마가톨릭 시대에 현대의 고백서 형식으로 만들어졌다고 하여 사도신경에 흠집을 내려는 것 자체가 불순한 시도이다. 교회는 사도신경을 통해서 성경 위에 신앙의 정통성을 유지하기 위해 사도신경을 받아들여 고백하고 있다. 사도신경 내용을 부정하는 사람, 혹은 단체는 당연히 이단이라 하지만, 다른 이유로 사도신경을 암송하지 않는다고 하여 이단이라 하지는 않는다. 사도신경을 하지 않으면 이단이라고 한다는 주장 또한 악의적인 의도가 담겨있음을 확인할 수 있다.

09

이중 아담론:
아담과 하와가 첫 번째 사람인가?

Q 질론 **지구연대기와 성경 연대기가 다르지 않은가?**

신천지의 주장

아담을 하나님께서 가장 먼저 만드신 사람이라고 간주하고 성경에 기록된 계보로 연대를 계산하면, 인류 역사는 고작 6천 년밖에 되지 않는다. 그러나 지질학자들과 생물학자들은 각종 화석과 유물을 근거로 추정하기를, 지구 위에 생물이 존재한 지가 수억만 년이 넘는다고 한다. 일부 학자들의 말에 따르면, 최초로 생명체가 탄생한 것은 약 38억 년 전이며 원시 인류의 기원은 대략 5백만 년 전이라고 한다. 창세기 2~3장을 문자 그대로 보고 인류의 시작을 아담으로 잡는다면, 학자들의 이러한 연구와 고증(考證)은 엄청난 거짓이 되고 만다…그러면 과학과 성경 사이에 크게 차이 나는 이 시간은 어떻게 해명해야 하는가? 그것은 아담이 최초의 사람이 아니라는 것을 밝힘으로 해결된다…사람도 물론 하나님께서 창조하셨다. 사람을 언제 만드셨는지는 성경에 기록되어 있지 않으므로 알 수 없으나, 아담이 최초의 사람이 아닌 것은 확실하다.[107]

A 논증 창세기 1장의 창조 기록은 우주 창조를 기록한 것이다. 반면에 신천지는 창세기 1장은 우주 창조가 아니고, 시대마다 있는 구원자를 중심으로

한 장막의 창조라고 하면서 우주 창조의 모양으로 비유적으로 기록한 것이라고 하면서, 기록된 용어들을 비유로 해석한다. 이러한 입장에서 천지창조에 등장하는 빛은 빛이 아니고, 나무는 나무가 아니며, 바다도 바다가 아니라고 하면서 빛은 말씀이고, 나무는 사람이고, 바다는 교회 밖 세상이라고 한다. 과연 그러한가? 시편 104편은 창세기 1장의 하나님의 우주 창조를 장엄하게 묘사하고 있다. 창세기 1장을 비유로 해석해야 한다고 하면 시편 104편도 역시 비유로 해석해야 한다. 그런데 시편 104편은 비유로 해석할 수 없는 본문이다. 만일 비유로 해석하면 창세기 1장 창조를 중심으로 한 해석에 심각한 모순이 발생하게 된다.

우주와 지구의 연령과 관련하여 과학과 성경 해석학에서의 연령의 차이를 설명할 수 있는 완벽한 해석은 없다. 진화론도 하나의 학설일뿐이다. 진화론을 뒷받침할 근거가 아직 발견되지 않았으며, 기독교 안에서도 여전히 논쟁 중에 있다.

Q 질문 아담이 첫 번째 사람이라면 가인이 만난 사람들과 아내는 누구인가?

신천지의 주장

아담이 인류의 조상이라면 그의 첫째 아들 가인은 세 번째 사람이고 둘째 아들 아벨은 네 번째 사람이다…하나님께서는 불안해하는 가인에게 어떠한 사람도, 그를 죽이지 못하도록 표를 주셨다. 덕분에 가인은 무사히 에덴 동편 놋 땅에 가서 아내를 얻고 자식을 낳았다. 만약, 아담이 최초의 사람이라면 가인이 쫓겨나던 당시 이 땅에는 아벨이 죽고 세 사람밖에 없었을 텐데, 가인이 자신을 죽일지도 모른다고 한 그 사람들은 누구인가? 그리고 가인과 결혼한 아내는 누구인가?[108]

A 반증 성경에 아담과 하와 그리고 가인, 아벨, 셋에 대한 탄생 기록은 있

으나 다른 사람들의 탄생에 대한 기록이 없는 것은 성경의 기록과 관련하여 아무런 문제가 없다.

성경은 하나님에 대한 모든 것을 다루고 있지 않다.

> "예수께서 행하신 일이 이 외에도 많으니 만일 낱낱이 기록된다면 이 세상이라도 이 기록된 책을 두기에 부족할 줄 아노라(요 21:25)"

> "예수께서 제자들 앞에서 이 책에 기록되지 아니한 다른 표적도 많이 행하셨으나 오직 이것을 기록함은 너희로 예수께서 하나님의 아들 그리스도이심을 믿게 하려 함이요 또 너희로 믿고 그 이름을 힘입어 생명을 얻게 하려 함이니라(요 20:30~31)"

> "또 어려서부터 성경을 알았나니 성경은 능히 너로 하여금 그리스도 예수 안에 있는 믿음으로 말미암아 구원에 이르는 지혜가 있게 하느니라 모든 성경은 하나님의 감동으로 된 것으로 교훈과 책망과 바르게 함과 의로 교육하기에 유익하니(딤후 3:15~16)"

성경은 한 사람이 구원을 가짐에 필요한 지식과 구원받은 사람으로서 사는 데 필요한 지식을 기록하고 있다.

성경은 구약과 신약으로 구성되어 있다. 구약은 오실 예수님에 대한 기록이고, 신약은 오신 예수님(오신 예수님의 사역 속엔 다시 오실 예수님에 관한 것까지 포함)에 대한 기록이다. 구약에는 구원자이신 예수님이 오셔야 하는 배경이 기록되어 있고, 신약에는 오신 예수님과 사역, 그리고 재림해 오실 내용들이 기록되어 있다. 구약은 구원자로서 예수님이 왜 이 땅에 오셔야 하는지에 대한 배경을 중심으로 다루고 있다.

구원자의 오심은 구원받을 대상이 있기 때문이며, 구원의 대상이 처음부터 구원을 받아야 하는 상태였는지, 혹 처음부터 구원을 받아야 하는 상태가 아니었다면 어떻게 구원을 받아야 하는 상태가 되었는지, 구원을 받아야 하는 상태가 되기 전에는 어떠한 상태였는지를 다루고 있다.

구원의 대상으로서 사람을 살펴야 하는 상황에서 결국은 사람의 창조 목적을 다루게 되고, 사람의 창조 관련 내용을 다루면서, 하나님의 전체 창조를 간략하게 소개하며 하나님의 의도하심이 무엇인지 알리고 있다. 이러한 이유로 구약은 우주 창조를 다루고, 인류의 창조를 다루며, 그 목적을 다룬다. 창조된 인류의 처음 모습과 타락을 다루고, 인류의 타락 결과를 다루며, 타락한 인류를 구원하시기 위한 하나님의 섭리와 계획을 다룬다.

또한, 디모데후서 3장 16~19절에서 성경이 어떠한 내용을 담고 있는지 간략하게 알려주고 있다. 성경은 구원을 받음에 필요한 부분, 구원받은 성도가 성도로서 어떻게 살아야 하는가를 다루고 있다. 당연히 가인의 아내나, 가인을 죽일 수 있는 사람들에 대한 배경 설명이 없는 것은 위의 목적과 관련하여 필요성이 없기 때문이다.

Q 질문 아담에게 부모가 있었나?

신천지의 주장

둘째, 아담에게는 부모가 있었다. 하나님께서는 아담에게 그를 낳은 부모를 떠나 아내와 한 몸을 이루라고 하셨다(창2:24). 만약 아담이 하나님께서 창조하신 최초의 인간이라면 어찌 그 부모가 있을 수 있겠는가? 이것은 아담이 최초의 사람이 아니라는 것을 증명하는 결정적인 단서이다.[109] 이런 시각에서 볼 때 아담은 영이 산 사람으로, 하나님께서 인정하신 최초의 '사람'이다. 아담 전에도 많은 육체가 있었으나 그들은 하나님을 아는 영도, 하나님의 말씀도 없었으므로 짐승과 다를 게 없었다.[110]

A 본증 창세기 2장 24절의 "이러므로 남자가 부모를 떠나"에서 남자는 아

담이 아니다. 성도들에게 물으면 어렵지 않게 '남자'를 '아담'이라고 하는 것을 본다. '아담'이라고 하면 '남자' 대신 '아담'을 대치시키는 즉시로 아담에게 부모가 있다가 된다. 그런데 본문의 '남자'는 '아담'이 아니다. 본문은 하나님께서 남자와 여자를 만드신 사건을 근거로 해서 출애굽한 이스라엘 사람들에게 결혼에 대해 모세가 선포하고 있는 내용이다. 즉 '남자'는 이스라엘의 '남자'들을 말하는 것이다. 창세기 2장 24절 말씀을 가지고 이중아담론을 주장하는 이단들이 많다. 본문에 대한 정확한 이해를 하고 있어야 한다.

Q 질문 아담은 처음으로 영이 산 사람이다?

> **신천지의 주장**
> 이런 시각에서 볼 때 아담은 영이 산 사람으로, 하나님께서 인정하신 최초의 '사람' 이다. 아담 전에도 많은 육체가 있었으나 그들은 하나님을 아는 영도, 하나님의 말씀도 없었으므로 짐승과 다를 게 없었다.[111]

A 반증 사도행전 17장 26절이다. "인류의 모든 족속을 한 혈통으로 만드사 온 땅에 살게 하시고 그들의 연대를 정하시며 거주의 경계를 한정하셨으니" 즉 세상에 존재하였던, 존재하고 있는, 앞으로 존재할 모든 인류를 한 혈통으로 만드셨다고 하고 있다.

고린도전서 15장 45절 "기록된바 첫 사람 아담은 생령이 되었다"의 본문을 많은 사람이 존재했었는데 그 중에서 아담이 생령을 가진 첫 번째 사람이라는 의미로 해석해서는 안된다.

본문은 생명을 주시는 그리스도 예수를 소개하기 위해 대비하여 설명하고 있는 구절이다. 즉 세상에는 생명을 부여받는 대상이 있고, 생명을 주시는 분이 있다. 예수께서는 생명을 주시는 분이시고, 모든 사람은 생명을 부여받는 존재라는 것을 말하고자 하고 있다. 모든 사람이 생명을 부여받아야 하는 존재임을 인류 대표인 첫 번째 사람 아담이 생명을 부여받았다는 것으로 설명하고 있다.

그러므로 본문을 생명을 부여받은 첫 번째 사람이라고 해석하면 안 되며, 첫 번째 사람 아담이 생명을 부여받았다고 해석해야 한다. 아담 전에 사람들이 존재했었다는 주장을 하는 신천지나 이단 집단에서 본문을 해석하면서 생령을 받은 첫 번째 사람이라는 억지 주장을 하는 것은 아담을 한 시대의 구원자로 만들어 놓아야 현재의 자신을 이 시대의 구원자로 만들 수 있기 때문이다. 그러나 결코 본문에는 생령을 가진 첫 번째 사람으로 해석할 수 있는 여지가 전혀 없다.

디모데전서 2장 13절 "이는 아담이 먼저 지음을 받고 하와가 그 후며"의 본문은 여자와 남자 간에 각각 어떠한 모습으로, 어떠한 역할을 하면서 살아야 하는가를 설명하는 가운데 기록된 구절이다. 세상에 존재하는 모든 남자와 여자의 대표로 아담과 하와를 지목하고 있다.

이상으로 볼 때 성경은 아담과 하와가 하나님에 의해 창조된 첫 번째 사람들인 것을 분명히 하고 있다.

Q 질문 아담을 찾은 후 창조를 하신 것인가?

> **신천지의 주장**
> 하나님께서는 어느 시대나 먼저 빛의 역할을 하는 한 목자를 세우신 다음에 그를 중심으로 창조의 역사를 이루어 가셨다. 창세기 때에는 아담을 지으신 후에 에덴 동산을 만드시고 그에게 만물을 주어 다스리게 하셨다.[112]

신천지에서 이만희는 마지막 시대에 구원을 주는 목자이다. 평범한 사람이 구원자가 되어야 하기 때문에 그 방법을 선배 이단으로부터 배워 활용하였다. 첫째는 백만봉의 재창조교리이고, 둘째는 예수께서 영으로 부활하시고, 영으로 승천하시고, 영으로 재림하신다는 교리이다.

먼저 재창조교리는 하나님께서 시대마다 구원자로서 목자들을 보낸다는 교리이다. 이렇게 되면 구원자는 예수님에게만 적용되지 않고, 일반 사람에게도 자연스럽게도 적용이 된다. 조건만 맞으면 누구라도 구원자가 되는 것이다. 어떠한 조건일까?

둘째는 영으로 재림하신다는 교리이다. 신천지에서 예수님은 볼품없는 평범한 사람이다. 이러한 예수께서 어떻게 구원자가 되었고, 하나님의 아들이 되었고, 하나님이라 불렸을까? 답은 단순하다. 하나님의 영이 예수께 임재하였기 때문이다. 이렇게 되면 그 다음에는 어떠한 일이 일어날까?

자연스럽게 예수님과 같은 목자를 만들 수가 있다. 이렇게 해서 만들어진 첫 번째 사람이 아담이고, 마지막이 이만희다. 창세기 1장과 2장의 창조 기록은 우주적인 창조가 아니라, 첫 번째 목자인 아담을 찾아 목자로 세우고 하나님을 믿는 선민을 모아 하나님이 함께하는 장막을 만드는 내용이라고 한다. 그리고 그 마지막 선민의 장막과 나라에 대해 요한계시록에 기록해 놓았고, 마침내 하나님께서 마지막 목자를 찾았는데 그 사람이 이만희라는 것이다. 이러한 주장을 근거로 해서 신천지 사람들은 이만희를 당연하게 구원자로 받아들이고 있다.

창세기 1장과 2장의 창조 기록이 우주적인 창조 기록인 것은 이미 변론하였다. 신천지의 주장 중 웃지 못할 주장은 하나님께서 아담을 찾으셨다는 것이다. 하나님께서 아담을 찾으셨는가? 창세기 1장 3절의 빛을 아담이라고 하였다. 빛을 만드셨지, 빛을 찾으셨는가? 창세기의 창조 기록은 에덴을 만드신 후 아담을 만드셨지, 아담을 만드신 후 에덴을 만들지 않으셨다.

Q 질문 신천지가 이중아담론을 다루는 이유는 무엇인가?

신천지의 주장

2절의 빛과 14절의 태양의 창조 기록에서, 하나님께서 태양을 둘을 창조하셨을 리가 없다. 그러면 2절의 빛은 무엇인가? 이것을 볼 때 창세기1장의 내용이 우리가 알고 있는 우주적 창조를 말하지 않는 것을 알 수 있다. 때문에 단순히 문자적으로 풀 것이 아니라 성경에서 가르치고 있는 대로 비유로 해석하여야 한다. 그렇기에 창세기 1장의 창조에 대한 기록은 우주적인 창조에 대한 기록이 아니고, 타락한 사람들을 구원하기 위해 보내시는 목자의 출현을 기록한 것임을 알 수 있다. 아담은 처음으로 지음을 받은 사람이 아니라, 이미 생명의 말씀이 없이 있던 사람들을 구원하시려고 하나님께서 세상을 구원하실 목자로 말씀을 부으심으로 세우신 그 시대의 목자이다.[113]

A 반증 성경은 아담과 하와 그리고 가인, 아벨, 셋의 출현에 대해서 기록하고 있다. 다른 사람에 대한 설명이 없다. 그래서 누구든지 성경을 읽으면서 처음으로 지음을 받은 사람으로 아담과 하와를 기억하고 있는데 다른 어떤 설명도 없이 등장하는 가인의 아내와 가인을 죽이고자 하는 사람들 정체에 대해 의문을 갖지 않을 수 없다. 믿는다고 하면서 의문을 품고 있다. 또한 과학에서 말하는 지구의 나이와 인류 출현의 역사와 성경에서 말하고 있는 인류의 출현 기록 연대 사이에는 엄청난 간격이 있는데 이 괴리감에 대해 의문을 품고 있다. 이러한 인류의 창조 기록에 대한 의문이 있는 중에, 가지고 있는 지식의 문제점을 논리적으로 지적당하면 신앙의 신뢰와 무장을 해제시킬 수 있다. 신앙 지식에 대한 무장이 해제되고 방어벽이 무너지면 자연스럽게 새로운 논리를 주입하기에 수월하게 되고, 실제로 쉽게 받아들인다. 이것이 신천지를 포함한 이단들의 수법이다. 신천지 혹은 이단들의 논리는 단순하다. 이러한 방식으로 포교 대상들의 심리 상태를 심하게 흔들어 놓는다.

10

영생 교리

Q 질문 **영생이란 무엇인가?**

> **신천지의 주장**
> '영의 영생'과 '육의 영생'이 있다. 재림 이전의 예수님의 피와 살(말씀)을 먹은 자들
> 은 그날에 영으로 산다(요6:51-57, 63, 살전4:13-18, 계20:4, 고전15:51-52).[114] 주 안에
> 서 육이 죽은 자는 그 영만이 살게 되고 주님 오실 때 우리 살아남은 자는 아담 범죄
> 이전 사람같이 예수님과 함께 장수하게 된다. 이를 믿는 것이 신앙이다. 육의 몸이
> 있은즉 또 신령한 몸(영)이 있다(요 8:51-55; 계 21:1-4; 롬 8:11; 고전 15:44).[115]

A 반증 '영의 영생'과 '육의 영생'이 있다는 성경 구절이 없고 신천지만의
주장이다. 신천지가 근거로 제시한 요한복음 6장 51~57절, 63절, 데살로니
가전서 4장 13~18절, 요한계시록 20장 4절, 고린도전서 15장 51~52절의 어
떠한 구절에서도 영의 영생과 육의 영생을 말하고 있지 않다. 요한복음 6장
51절부터 57절까지의 내용은 예수 그리스도의 죽어주심과 그로 말미암는 구
원을 설명하는 내용으로, 구원받은 성도가 영생할 것이라는 내용이다.

데살로니가전서 4장 13절부터 18절까지의 내용, 당시 시대에는 성도들이 죽기 전에 예수 그리스도께서 강림하실 것이라고 알고 있는 사람들이 있었다. 이러한 사고들을 하고 있는데 죽는 성도들이 있어 의문이 일어나고 있어서 주 안에서 죽은 사람들이 반드시 부활할 것을, 한다는 표현과 함께 죽은 성도들이 먼저 일어날 것과 그들과 함께 강림하시는 예수님을 영접하게 될 것을 알려주는 내용이다.

요한계시록 20장 4절 역시 마지막 때의 주 안에서 죽은 사람들의 부활과 영원한 삶을 말씀해주고 있다(천년왕국과 첫째 부활 교리 참고). 악의적으로 의도된 성경 오역과 적용이다.

신천지가 영의 영생에 근거로 제시한 고린도전서 15장 44절에서 '육의 몸'과 '신령한 몸'은 부활 뒤에 사람의 두 상태에 대해서 언급한 것이 아니다. '육의 몸'은 죽기 전의 사람에 대한 표현이고, '신령한 몸'은 부활 이후에 가지고 있는 몸에 대해, 죽기 전 육체의 특성과 달라진 부활 후의 몸에 대한 표현이다. 영생이란 개체로서 존재했던 바로 그 사람(The person), 죽기 전 그 사람이, 죽기 전의 모습을 갖고 부활하는데, 단지 부활한 사람의 상태가 죽기 전의 상태 하고는 완전히 다른 특성을 가졌음을 나타내주는 것이다. 이 달라진 몸의 상태를 '신령한 몸'이라고 부른 것이다.

예수님은 부활하셨다. 십자가에 돌아가신 그때 그 모습 그대로 부활하셨다. 제자들이 보게 하셨고, 만지게 하셨다. 그럴 뿐만 아니라 제자들과 함께 식사도 하셨다. 예수님께서 승천하실 때 승천하시는 모습을 제자들이 보았다. 영으로 부활하였다면 이 모든 것이 가능하지 않다. 신천지의 부활에 관한 주장은 비성경적이고, 거짓된 주장이다.

11
부활 교리

Q 질문 부활이란 무엇인가?

신천지의 주장

부활은 '다시 사는 것'을 말한 것이며, 부활은 세 가지가 있으니, 하나는 살아있는 사람 속에 있는 영이 죽었으나 그 영이 다시 사는 것을 말한 것이며, 또 하나는 육신과 영이 죽은 사람 안에 있는 영이 다시 사는 것을 말한 것이며, 다른 하나는 육이 죽은 사람이 다시 사는 것을 말한다.[116]

A 반증 신천지는 세 가지의 부활을 설명한다. 첫째 예수께서 재림하시기 전 죽은 사람이 영으로 살아나는 부활, 둘째 예수 재림 때 살아있다가 믿어 죽지 않는 상태로 되는 부활, 셋째 육이 죽었다가 육체를 갖고 다시 사는 부활. 그러나 실제로는 하나의 부활을 주장하고 있다. 신천지에는 육체가 죽었다가 육체를 가지고 다시 살아난다는 성경에서 말하는 부활의 개념은 없다.

우선 신천지가 소개한 첫 번째와 두 번째의 부활은 실제로는 하나의 불활이다. 신천지가 전하는 말씀을 받아 믿는 사람들의 몸이 이미 죽은 순교한 영들과 연합되어 영원히 죽지 않는 몸이 되는데, 이것이 신천지가 말하는 부활이다.

신천지는 자신들의 부활론을 설명하고자 성경에 있지 않은 말을 하고 있다. 그러나 성경은 확고하게 땅에서 살다가 죽은 후 다시 사는 것을 부활이라고 한다. 예수 재림 때 죽은 자가 먼저 자신의 육체를 갖고 부활하며, 예수 재림 때 죽지 않고 살아있던 사람은 육체의 죽음을 맛보지 않고 신령한 몸으로 변하여 영원히 살게 되는데 이것이 성경이 말하는 부활이다.

Q 질문 신천지 사람들에게 부활이란?

> **신천지의 주장**
>
> 부활이란 죄에서 해방되어 아담 범죄 이전 세계로 돌아가는 것이다.[117] 죽은 사람이(육체가) 다시 살 수 없다. 한 번 죽은 사람의 육체는 다시 살 수 없다.[118] 영이 죽은 자들이(육체는 살아 있는) 모인 교회가 공동묘지 곧 무덤이다. 무덤 즉 교회에 있는 것이 사망이다. 무덤 즉 교회에 있는 자들이 아들 예수님의 음성을 듣고 깨달아 예수님께로 나오는 자가 생명의 부활로 나오는 것이다[119].

A 반증 신천지는 천국이 신천지이고, 구원이 신천지에 들어가는 것이니, 신천지에 들어가 인침을 받은 상태가 부활이라고 설명한다.

신천지로 옮기기 전 기성교회에 있는 사람들을 죽은 사람들로, 죽은 사람들이 있는 곳을 '무덤'이라고 한다. 교회를 무덤이라 한 이유는 그래야 교회에 있던 사람들이 신천지로 옮기는 것을 부활이라고 할 수 있기 때문이다. 이러한 배경에서 신천지는 기존 교회에 있는 성도들을 죽었다고 하고, 죽었다는 증거로 성경을 조작하여 제시함으로 세뇌를 시킨다.

이러한 신천지의 주장대로라면 죽은 몸이 살아나는 경우는 절대 발생해선 안 된다. 죽은 몸은 절대 살아날 수 없다고 강조하는 이유이다. 그러다 보니 죽은 몸이 살아났다는 고린도전서 15장과 같은 성경의 기록들에 대해, 몸이 다시 살아나는 것에 대한 설명이 아니고, 영이 다시 살아나는 것을 알리는 구절들이라는 억지 주장을 할 수밖에 없다. 육체를 가지시고 부활하신 예수님에 대한 기록을 성경의 의도하고는 전혀 다르게 해석하는 이유이다.

생명의 말씀을 듣고 믿음으로 새 하늘과 새 땅으로 옮기는 것이 부활이라는 신천지의 해괴망측한 주장이 과연 옳은가?

성경은 죽은 사람이 다시 살아나는 것을 부활이라 하고, 부활이 무엇인지를 부활의 첫 열매이신 예수님을 통해 확실히 알려준다. 고린도전서 15장 35절을 보면 초대교회에도 죽은 사람이 살아나는 것에 대해 동의하지 않는 사람들이 있었음을 알 수 있다. 이성적으로 판단할 때 몸을 가지고 다시 살아나는 것에 대해 인정할 수 없는 사람들이 있었던 것이다.

고린도전서 15장 35절부터의 말씀은 이러한 사람들에게 몸을 가지고 죽은 사람이 다시 살아날 것을 강력하게 설명하고 있다. 그런데도 신천지는 고린도전서 15장 42절의 "죽은 자의 부활도 그와 같으니 썩을 것으로 심고 썩지 아니할 것으로 다시 살아나며"에서 '썩지 아니할 것으로 다시 살아나며' 부분만을 떼어다가 육은 썩고, 영은 썩지 않으니, 썩지 아니할 것으로 부활한 예수님은 반드시 영이어야 한다는 주장을 한다.

신천지는 본문을 제대로 읽어내지 못하고 있다. 본문은 영과 육의 차이를 비교하는 글이 아니다. 죽기 전의 몸과 죽은 후의 몸의 차이를 설명해 주고 있는 본문이다. 누가 읽어도 후자인 것을 알 수 있는 본문을 가지고 억지 주장을 한다.

Q 질문 예수님의 부활은 어떠한 부활인가?

신천지의 주장

결론은 육이 죽은 자의 부활은 신령한 몸(영)으로 부활하고, 육신 속의 죽은 영은 죄 사함 받고 계시의 생명의 말씀을 받아 죽은 영이 다시 사는 것(부활)이다. 예수님의 부활은 '영의 부활'이다. 예수님의 부활이 영의 부활인 것을 알 수 있는 것은 부활하신 예수께서는 썩을 것으로 심고 썩지 아니할 것으로 다시 살아남을 것을 알 수 있다. '신령한 몸'으로 부활하였다는 말은 '영의 부활'이라는 의미이다.[120]

A 반증 바울은 육체의 부활을 설명하면서 예수님을 예로 들었다. 육체의 부활이 없다면 예수께서도 다시 살지 못하셨을 것이라고 선언한다.[121] 예수님의 부활은 영과 육이 분리된 상태로의 부활이 아니다. 죽기 전 바로 그 예수이시다. 당연히 죽으셔서 묻히셨던 육체의 부활이다.

예수께서 썩지 아니할 것으로 다시 나셨다는 표현인 '신령한 몸'에 대한 표현 방식을 두고 영의 부활이라고 하는 주장은 성경을 심각하게 곡해하는 것이다. 신령한 몸이란 다시 사신 예수 그리스도의 몸의 특성에 대한 표현이다. 같은 육체를 갖고 계시지만, 죽기 전의 육체의 특성과 다시 사신 후 가지고 계신 육체의 특성이 달라서 한 표현이다.

신천지는 특히 부활 후 예수님의 신령한 몸이 육이 아닌 영임이라고 주장하기 위해 고린도전서 15장의 말씀을 왜곡하고 있다. 육은 썩고, 영은 썩지 않는다는 단순한 법칙을 정하여 놓고는 부활하신 예수께서 썩지 않는다고 하였으니 영으로 부활한 것이라고 주장한다.

죽기 전 육체는 썩었지만, 부활 후에 가지신 육체는 썩지 않는 특성을 설명하고 있는 구절을 의도적이든, 무지하고 무식해서든 신천지는 성경의 뜻을 완전하게 왜곡하였다. 예수께서는 제자들에게 영이 아닌 육체의 부활임을 명확하게 말씀해 주셨다.[122]

12

천년왕국과 첫째 부활 교리

Q 질문 **천년왕국과 첫째 부활에 대해서 무엇이라 하는가?**

신천지의 주장[123]

첫째 부활이란 '하나님의 말씀과 예수님의 증거를 인하여 목 베임을 당한 영혼들과 짐승과 그의 우상에게 경배하지도 표를 받지도 아니한 자들이 살아서 하나님과 그리스도의 제사장이 되어 그리스도와 더불어 천 년 동안 왕 노릇 하는 것'을 말한다(4-5절). 첫째 부활에 참예하는 자들은 누구이며, 왕 노릇 한다는 말은 무슨 뜻인가? 하나님의 말씀과 예수님의 증거 때문에 목 베임을 당한 영혼들은 계시록 6장 9절에서 본 순교한 영들이다. 그리고 짐승과 그의 우상에 경배하지 아니하고 표 받지 아니한 자들은, 13장의 짐승과 싸워 이기고 15장의 증거장막성전으로 나온 승리자들이요, 14장 16절과 같이 추수한 알곡 성도들이며, 예수님의 말씀을 듣고 귀신의 나라 바벨론에서 나온 자들이다.[124] 육체가 없는 순교한 영들은 육체가 있는 이긴 자들을 덧입고 이긴 자들은 순교한 영들을 덧입어, 신랑과 신부처럼 하나가 되어 산다. 이것이 바로 영과 육이 한 몸을 이루는 결혼이요 부활이다. 이들은 하나님과 그리스도의 제사장 곧 목자가 되어 천 년 동안 주와 함께 말씀을 가르치며 성도를 다스리는 왕 노릇을 한다. 십사만 사천 명의 제사장이 완성된 이후에 셀 수 없이 몰려오는 흰옷 입은 무리들은(계7:9-14) 백성으로서 첫째 부활에 참여하여 천년 성에서 함께 살게 된다. 그리고 이들 첫째 부활 자들은 둘째 사망의 해를 받지 아니한다고 한다. 그럼 첫째 부활에 참여하지 못하는 그 나머지 죽은 자들은 어떻게 되는가? 첫째 부활 자들이 왕 노릇 하는 천 년이 차기까지 살지 못한다고 하였으니(5

🅐 **반증** 신천지는 요한계시록 20장 4절, 6절에서 '첫째 부활'의 의미를 설명하면서, 이미 죽은 순교자의 영과 아직 땅에 살아있는 중에 말씀을 받아 믿은 사람들이 합일하는 방식으로 제사장이 되어 천 년 동안 죽지않고 왕 노릇 하게 되는 것이 '첫째 부활'이라고 하였다. 내용의 옳고 그름을 떠나 이런 신천지의 주장 속에는 모순이 있다.

첫째 부활에 포함된 사람들은 1,000년 동안 제사장이 되어 왕 노릇을 하게 된다고 하였으니 제사장이 될 사람들(계시록 7장의 144,000명) 전 수는 반드시 천년왕국이 시작되기 이전에 이미 부활이 되어 있어야만 한다. 신천지의 요한계시록 20장 4절에서 6절 해석이 어떠한 문제가 있는지 보자.

신천지는 첫째 부활이 예수를 증언함과 하나님의 말씀 때문에 목 베임을 당한 자들의 영혼들과(순교한 144,000명의 영) 짐승과 그의 우상에게 경배하지 아니하고 그들의 이마와 손에 그의 표를 받지 아니한 자들(신천지인 144,000명)이 합일함으로 이뤄진다고 하였다. 신천지의 말대로라면 천년왕국이 시작되었으니 이미 첫째 부활이 완성돼 있어야 한다. 즉 144,000명의 영혼 합일이 마쳐졌어야만 한다.

그런데 신천지는 천년왕국은 시작되었다고 하면서도, 첫째 부활은 아직 완성되지 않았다고 하고 있으니 논리가 안 맞다. 천년왕국이 시작되었다고 '신천기'를 사용하면서도 144,000명의 인침, 즉 부활은 아직 완성되지 않았다고 하고 있고, 인침을 받아가는 중이라고 한다. 그렇다면 천년왕국은 시작될 수 없고, 천년왕국이 시작된 것이 아니면 천년기를 사용하지 말아야 한다.

예전에 상담소를 찾았던 신천지 사람들 중 자신이 인침을 받았다고 당당하게 소리치다가 망신을 당하고, 덕분에 빠르게 신천지를 이탈하는 경우가 자주 있었다. 인침을 받았다고 주장하려면 적어도 인침을 받은 사람에게 확실하게 나타나야 하는 신천지가 주장하는 표식이 있어야 한다. 인침을 받은 사람임을 확인시켜 주는 대표적인 표식은 성경통달이다. 신천지는 인침 받은 사람은 성경에 통달한 자라고 말한다.[127] 그렇다면 상담소를 찾는 사람 중에 성경에 통달한 사람이 있었을까?

혹 성경에 통달한 사람이 있다고 하여도, 소위 자칭 이긴 자라고 하는 이만희는 해당이 없다. 다른 사람의 해석과 이만희의 해석이 달라서 하는 말이 아니라 이만희의 성경해석에 모순과 충돌이 나타나기 때문이다. 말씀을 받아먹은 사람의 해석에 충돌과 모순이 일어날 수 있는가? 성경통달은 사람에게 해당하는 사항이 아니다. 성령께서 하나님의 깊은 것까지 모두 아시기에 하나님의 모든 것을 성도들에게 알리신다는 의미에서 성령 하나님을 두고 하신 말씀이다.

지금 신천지에는 자신들의 말대로 단지 인침을 받아가고 있다는 사람들만 있다. 물론 인침을 받았다고 확신하면서도 상담을 피하고자 하는 소리라고 할 수도 있다. 그러면 신천지는 더욱 참담한 집단이다. 성경에 통달한 사람이 성경을 제대로 알지 못하는 어둠에 있는 목사를 피한다는 것이 말이 되는가? 인침을 받은 사람이 없나? 즉 부활한 사람이 없나? 그러면 천년왕국은 시작될 수 없다. 그런데도 천년왕국이 시작되었다고 신천기를 쓰면서, 인침을 받은 144,000명이 없다는 것은 스스로 사기 집단인 것을 증명하는 것이다.

13
천국 교리

Q 질문 **천국이 둘인가?**

> **신천지의 주장**
> '하늘의 천국(영계의 천국)과 이 땅에서 이루어지는 천국(육계의 천국)이 있다.' 이 땅에 있는 사람들이 들어갈 곳은 땅에서 이루어지는 천국이다.[128]

A 반증 신천지의 허무맹랑한 주장이다. 성경은 천국을 지상의 천국과 하늘의 천국으로 나누어 가르치고 있지 않다. 종말론적 천국과 현세적 천국을 구별하여 가르치고는 있으나, 천국을 둘이라 한 것은 아니다. 이 땅에서 사는 동안 하나님의 백성이 되어 하나님의 다스림을 받고 있음을 두고 현세적 천국이라고 말한 것이며, 궁극적으로 이뤄질 천국을 종말론적 천국이라 하였다. 천국은 하나님의 영화로 가득 차 있고, 하나님의 백성들이 신령체가 되어 영생하는 곳이다.

신천지의 주장

하나님의 나라가 천국이고, 하나님이 계신 곳이 천국이다. 하나님은 말씀이고 생명과 빛이다(요1:1-4). 하나님의 아들 예수님도 말씀이고 생명과 빛이다(요8:12, 요일 1:1-2). 또 하나님의 말씀은 하나님의 아들이 되는 씨이다(마13:38, 눅8:11). 하나님은 말씀이고, 이 말씀이 빛과 생명이며 하나님의 씨이다.[129]

(A) 반증 하나님이 계신 곳이 천국이 맞다. 하지만 신천지가 이 말을 왜 하는지 살펴야 한다. 결론은 '이만희에게 말씀이 있다. 말씀은 하나님이시다. 하나님이 계신 곳이 천국이다. 그러므로 이만희가 천국이다'는 주장을 하고 싶어서이다. 이 논리가 맞을까? 사실 뜬금없이 "이만희가 있는 곳이 천국이다."라는 말을 하여서는 사람들을 속일 수 없어서 찾아낸 연결 고리로서 당연히 말도 안 되는 허접한 논리인데도 신천지 사람들은 그대로 받아들인다.

사람들 생각 속에 A가 B이고, B가 C이면 A가 C일 것이라는 방정식이 있기 때문에 착시 효과로 일어나는 현상이다. 사실은 위의 방정식이 맞으려면 A와 B 사이에 다루는 내용과, B와 C 사이에 다루는 내용이 같은 것이라는 전제가 있어야 한다. 만일 다루는 내용이 다르면(예로 A와 B는 같은 색이고, B와 C는 같은 모양이다) 성립되지 않는 방정식이다. 그러나 사람들에게는 이런 추적을 할 만큼의 여유도, 실력도 없기에 이단의 마수에 걸려들고 만다.

신천지가 "하나님이 있는 곳이 천국이다."로 시작하여 "이만희가 있는 곳이 천국이다."라고 마무리를 하고 싶어서 중간에 말씀과 생명과 빛이라는 연결 고리를 찾아냈다. 하지만 말씀·생명·빛 어떤 것도 이만희가 갖고 있지 않지만 혹 갖고 있다고 하여도 이만희가 하나님이 되는 것이 아니다.

이렇게 반박하면 신천지 사람들은 더 황당한 주장을 한다. 예수께서도 위와 동일한 논리로 '하나님'이라는 말을 들었다는 것이다. 예수께서는 없던 말씀 · 생명 · 빛을 가져 하나님이 되신 것이 아니고, 본질상 하나님이시기 때문에 말씀과 생명과 빛이신 것인데도 말이다.

의아한 것은 신천지 주장대로 이만희가 하나님인가? 하고 물으면 강하게 부정한다. 이만희가 하나님이라는 말을 하는 즉시 신천지의 포교 문이 막히는 것은 물론이며, 내부적인 저항을 받을 것이기 때문이다. 신기한 것은 신천지 사람들은 이만희를 하나님의 위치로 올려놓고 있으면서도 이만희가 하나님이라는 것은 극구 부정한다. 비겁한 집단이다.

Q 질문 **요한계시록과 실상을 증언하는 사람이 천국인가?**

> **신천지의 주장**
>
> 말씀을 가진 자가 천국이다. 마지막 시대임을 알리고, 천국을 찾게 하도록 주신 예언서인 요한계시록 해석과 요한계시록에 기록된 예언대로 성취된 실상이 마지막 때에 성도들이 듣고 믿어야 하는 생명의 말씀이다. 요한계시록 해석과 실상을 증언하는 사람이 천국이고, 그가 있는 곳이 천국이다.[130]

A 반증 신천지는 요한계시록 해석과 실상을 증언하는 사람이 천국이라고 주장함으로 결국 이만희가 있는 곳이 천국이라고 말하고 있다.

신천지 주장의 옳고 그름을 판단하는 것은 매우 쉽다. 신천지의 주장을 부정하지 않고, 그대로 다 받아들인 후에 신천지 말대로 이만희를 통해서 증거된다는 요한계시록 해석과 실상이 거짓인지 참인지 살펴보면 된다. 신천지의 요한계시록 해석은 조작된 작품이요,[131] 실상은 거짓이니[132] 이만희의 말대로 그는 사악한 마귀의 자식일 뿐이다.

신천지의 주장

구약 시대같이, 예수님 초림 때같이, 오늘날도 계시를 받지 못하면 하나님도 예수님도 알지 못하고 구원도 없다. 이러므로 오늘날 신앙인들은 자신과 지금의 '때'를 알아야 하며(시대 분별), 계시 말씀이 나오는 곳으로 찾아가야 한다. 생명이요 빛인 계시가 없는 그곳은 밤과 같다. 신천지 예수교(약칭 '신천지')의 신앙과 세상 교회의 신앙과의 차이는 하늘과 땅 차이이다. 신천지는 계시 말씀이 있고, 계시록을 통달하였으며, 신천지 성도는 추수밭(교회)에서 알곡만 추수되어 왔기 때문이다.[133] 말씀이 있는 자가 하나님이 함께하는 자이며(요1:1) 말씀이 있는 자가 생명이 있는 자요 빛의 아들이다(요1:4, 살전5:4-6), 또 말씀을 믿고 마음에 새긴 자가 말씀으로 인 맞은 자이다(요3:31-34) 생명의 말씀이 있느냐 없느냐를 알아보려면 말씀으로 시험을 쳐 보면 알게 된다.[134]

A 반증 **성경적인 구원의 방법** | 구원은 죄의 결과로부터 벗어나는 것이다. 죄인은 자신의 죄에 대한 책임을 스스로 져야 한다. 죄의 결과는 죽음이다. 이러한 상황에서 구원을 받기 위해서는 죄의 책임에 대한 면책 만이 길이다.

면책과 관련하여 인간이 할 수 있는 것은 없다. 인간이 할 수 있는 것이 없음을 알게 하시고자 주신 것이 율법이다. 일단 율법은 구원의 수단으로 주셨다. 율법으로 구원받는 방법은 율법을 온전히 지켜내는 것이다. 그런데 사람 중에 율법을 온전히 지켜낼 수 있는 사람은 없다. 율법을 통해서 알게 되는 것은 자신이 품고 있는 죄의 성품과 죄의 결국으로 말미암는 피할 수 없는 영원한 형벌이다.

그러므로 율법을 주신 하나님의 목적은 율법을 통하여 구원케 하시려는 것이 아니고, 인간의 형편을 깨닫게 하는 데 있다. 이후로 이와 같은 차원에서 구원을 제시하는 것은 하나님의 뜻에 반하는 것이다.

인간이 구원을 가질 수 있는 길은 인간이 가지고 있는 죄의 책임에 대한 면책뿐이며, 면책의 권한은 하나님만이 갖고 계신다. 그러나 하나님의 면책하심에 심각한 장애요소가 있었다. 그것은 하나님의 성품과 관련되어 있는데, 하나님의 사랑과 공의의 두 성품의 충돌이다. 사랑은 인간의 형편을 떠나서 사랑하심으로 구원하시고자 하시는 속성이고, 공의는 불의한 자를 반드시 벌하여야만 하시는 속성이다.

하나님께서는 사랑과 공의 사이에 충돌을 해결하고 사랑과 공의 모두를 만족시키기 위해 예수를 세상에 보내시고, 죽게 하시어, 죄인들이 져야 할 죄의 책임을 지게 하셨다. 이렇게 하여 하나님의 공의는 충족되었고, 영적으로 죽은 사람들에게 사랑을 베푸셨다. 사람들을 구원하시어, 하나님의 자녀로 삼으시고, 의롭다 불러주신 것이다.

신천지는 사람들이 구원받지 못한 이유를 무지와 순종하지 않음에서 찾는다. 말씀을 알지 못해서, 말씀을 듣지 않아서, 듣고 믿지 않아서 구원받지 못한 것이라고 하는 신천지의 구원관은 성경의 구원에 대한 가르침을 전면 거스르는 것이다.

🅐 변증 알곡과 가라지 │ 신천지는 교회를 추수밭이라고 하고, 추수밭인 교회에서 알곡만을 추수한 곳이 신천지라고 하였다. 신천지는 이 말에 대해 책임져야 하는데, 신천지에는 알곡만 있지 않고 쭉정이가 있다고 스스로 시인하였으니 알곡만 추수하였다는 것은 거짓이다. 이것도 문제이지만 알곡과 쭉정이를 구별하여 알곡을 추수하였다고 하더라도, 알곡은 어디에서 만들어지는 것인가?

신천지 말에 의하면 교회는 진리가 없고 말씀이 없는 곳이다. 바른 요한계시록 해석이 없고, 실상이 없다. 그런 곳에서 알곡이 만들어질 수 있는 것인가? 알곡이 신천지에서 만들어진다고 가정할 수도 있다. 그렇다면 알곡도, 쭉정이도 아닌 것을 추수하는 것이 되니 알곡을 추수한다는 신천지의 주장 역시 거짓이 된다.

혹 신천지가 전하는 말을 듣고 받아들이고 믿는 사람이 알곡이라는 주장을 하고 싶어 하지 않을까? 그러면 어떤 사람이 신천지가 전하는 말씀을 받아들일 수 있는 것인가? 하나님께서 그렇게 하셨다고 하고 싶은가? 그러면 신천지가 그렇게 부정하는 짐승의 표라고 하는 예정론을 인정하는 것인데, 인정할 수 없다.

또 하나님께서 추수밭에 씨를 뿌리셨고, 때가 되어 추수하신다고 하였다. 도대체 어떻게 자랐다는 말인가? 알곡이 됐어야 정상적인 것이 아닌가? 앞도 뒤도 맞지 않는 신천지의 구원관이다.

🄰 반증 생명의 말씀을 가진 자들의 비겁함 | 신천지는 자신들이 전하는 계시의 말을 듣지 못하면, 듣지 않으면, 믿지 못하면 구원이 없다고 단정을 짓는다. 또 자신들이 전하는 말씀이 생명이고, 빛이라 하였다. 생명의 말씀을 전하는 것이니 열어놓고 전해야 하는데, 열어놓고 전하지 못하고, 숨기고 전한다. 그러면서 엉뚱하게 예수께서 도둑 같이 임하신다는 말에 근거하여 자신들을 숨기고 포교하는 것을 정당화 한다.

생명의 말씀이 맞는지 확인해 보겠다고 찾아가면, 하나님께서 구원하시고자 하는 사람이 못 된다고 하면서 거절한다. 일례로 신천지에 빠진 청년이 엄마와 타협을 했다. 청년은 상담을 받고, 엄마는 신천지에 가서 말을 들어보기로 하였다. 엄마가 신천지에 가서 먼저 말을 듣고, 후에 엄마가 아들에게 상담을 받자고 요청을 했다. 그런데 아들이 하는 말이 '엄마의 태도를 볼 때 엄마에게 전도할 필요가 없겠다, 구원받을 사람이 아닌 것 같다'고 말하면서 자신은 상담소에 오지 않겠다고 했다는 것이다.

상담소 찾는 것을 피하고자 했다 하더라도 이게 엄마에게 할 소리인가? 신천지의 가르치는 내용이 맞으면 신천지로 가겠다는 엄마에게, 신천지에서 공부할 자격이 되지 않는다고 하며, 약속한 상담실에 오지 않는 것이 진리를 가진 자들의 자세인가? 이렇게 시키는 곳이 신천지다.

공개적으로 말씀을 가지고 대화를 하자고 하면서 일방적으로 테스트를 하겠다고 하고, 자신들의 주장과 다른 주장에 대해선 옳고 그름을 판단할 수 있는 자리를 만들기는 커녕, 자격이 없다면서 피하는 것이 신천지다. 한 번은 그들이 마련한 공개토론에 응하려 갔더니 경찰들까지 동원하여 막아서기에 공개토론장을 찾은 취재원들에게 상황을 설명하는 시간을 가졌다. 그랬더니 기자회견을 하는 것으로 보아 공개토론을 방해할 목적으로 찾아온 것이라며 거짓 홍보하는 곳이 신천지다. 이것이 신천지의 실체다.

이런 거짓에 속으며 사는 사람들이 신천지에 빠진 사람들이다. 자신들이 가지고 있는 말씀이 빛이고 진리이면, 어둠을 피할 리 없다. 어둠이 빛을 피하는 것이다.

🄰 반증 **구원과 말씀** | 말씀을 듣는 것으로 구원받는 것이 아니고, 구원받은 자가 말씀을 받아들이고 믿는 것이다.

말씀을 듣는 것으로 구원을 받은 자임을 알 수 있다고 하면서 신천지가 전하는 말씀을 받아들이는 것으로 구원받은 사람임을 알 수 있다고 한다면 이것 역시 신천지가 주장하는 교리에 맞지 않는다. 구원받은 사람이기에 말씀을 받아들이는 것이라는 내용은 신천지가 짐승의 표라고 하는 장로교의 예정론이고, 칼빈의 주장이기 때문이다. 역설하면, 신천지의 주장에 근거해서 신천지는 짐승의 표로 인치는 집단이 되는 것이다.

🄰 반증 **'오직 믿음'을 왜곡시키는 신천지** | 신천지는 말하기를 기독교가 믿기

만 하면 구원받는다는 주장을 한다고 비판하면서 믿기만 하면 되는 것이 아니라, 말씀을 듣고 알아야 한다고 주장하였다.

그러나 기독교는 오직 믿음으로 구원받는다고 하였지, 믿기만 하면 구원받는다고 하지 않았다. 이렇게 비판하는 것은 믿음으로 구원받는다는 기독교의 주장을 왜곡시켜서 자신들의 주장을 받아들이게 하고자 하는 사람들에게서 볼 수 있다. 믿음으로 구원받은 사람은, 하나님의 말씀에 순종하고, 순종하되 순종하지 못하는 것을 아파하고, 그런 가운데 하나님의 구원의 은혜의 크기를 알아가며 더욱 뜨겁게 믿음 생활을 해나가는 사람들이다. 거짓을 일삼으면서, 자신들의 거짓을 정당화하는 신천지는 모든 것을 잃고 죽은 사람들이 어떠한 모습인지 잘 보여준다.

Q 질문 신천지는 천국을 어떻게 구별하는가?

신천지의 주장

계시록 4장과 21장에서 본 천국은 영계의 천국이다. 모세가 만든 장막은 하늘의 것을 보고 이 땅에 만든 장막이었다(히8:5) 이 장막 안에 하나님이 계셨다(출25:22). 예수님은 아버지를 모신 자신을 성전이라 하고 천국이라 하셨다(마13:24, 37). 작은 씨로 된 나무에 앉은 것이 천국이다(마13:31-32). 해·달·별이 있는 선민 장막을 하늘이라 하였고(계12장) 이스라엘을 해·달·별이라 하였으니(창37:9-11), 영계의 하나님이 함께하는 선민(해·달·별)장막이 하늘이다(계13:6). 이 땅의 성도들이 모인 장소가 천국이다(마8:11).[135]

A 반증 하늘의 천국과 땅의 천국이 있나? | 성경 어느 곳에서도 실존하는 하늘의 천국과 실존하는 땅의 천국을 구분하여 설명하는 것을 찾아볼 수 없다. 신천지는 모세를 통하여 만들어진 장막에 하나님이 계셨다고 하면서, 예수께

서 아버지를 모신 자신을 성전이라 하고 천국이라 하였다고 하면서, 세우신 장막에 하나님이 계신다는 내용의 말씀에 근거하여 땅에 만들어진 장막을 '땅의 천국'이라고 하고, 성경이 이러한 곳을 '하늘'이라 하였다고 주장한다.

이렇게 되면 계시록에 '하늘'이라고 표현된 곳에서 일어난 모든 사건은 이 땅의 특정된 어느 곳에서 일어나는 일이 된다. 그리고 계시록에 기록된 내용은 어느 특정한 곳에서 일어날 일들에 대한 예언이 된다. 즉 소위 신천지가 말하는 실상이다.

그러므로 여기서 중요한 것은 천국이 어떠한 곳인지 설명하기 위해 신천지가 제시한 근거들과 성경 구절들의 해석이 옳은가를 봐야 한다.

🅐 반증 **마태복음 13장 24절, 37절에 대해** | 신천지는 예수께서 아버지를 모신 자신을 성전이라 하고, 천국이라 하였다고 하면서 마태복음 13장 24절과 37절에서 그 근거를 찾았다. "천국은 좋은 씨를 제 밭에 뿌린 사람과 같으니"의 말씀에 근거하여 '천국'이 '사람'이라는 결코 용납될 수 없는 해석을 내놓고 그 근거로 예수께서도 아버지를 모신 자신을 천국이라고 하였다고 주장한다.

마태복음 13장 24절은 천국이 가지고 있는 다양한 속성의 한 부분에 대한 설명이다. 밭에 씨를 뿌린 사람을 비유로 들어 천국의 어떠한 특성을 설명하고 있지 천국이 곧 어떠한 사람을 가리키고 있음을 말하고 있지 않다.

예수가 곧 천국이라는 내용 역시 의도를 왜곡하고 있다. 마태복음 13장 24절, 37절이 예수께서 곧 천국임을 가리키는 본문인가? 이러한 해석이 가능한가? 신천지가 말하는 말씀을 가지고 있는 사람이 곧 천국이라는 주장의 근거로 삼을 수 있는 구절이 아니다.

창세기 37장 9절의 해석이 억지다. 신천지는 "이스라엘을 해 · 달 · 별이라고 하였으니"라고 단정 짓고, 자신들의 논리를 만들어 가고 있다. 창세기 37장 9절에서 해 · 달 · 별이 어떻게 이스라엘 민족을 의미하는가? 요셉의 꿈에서 해 · 달 · 별은 요셉의 부모와 형제들을 의미하고 있을 뿐이다. 그러나 신천지에게 있어서 창세기 37장 9절의 해 · 달 · 별은 반드시 이스라엘이어야 한다. 그래야 요한계시록 12장에 대하여 신천지의 입맛대로 논리를 펼 수 있기 때문이다.

요한계시록 12장은 신천지에게 대단히 중요한 구절이다. 신천지의 핵심 교리인 마지막 배도 · 멸망 · 구원이 이뤄지는 곳이라고 주장하는 소위 유재열의 장막성전에 대한 근거로 삼는 성경 구절이기 때문이다. 신천지의 존립이 정당하려면 요한계시록 12장에 등장하는 '하늘'이 반드시 자신들이 말하는 '장막성전'이어야 한다. 장막성전이라는 곳에서 일어난 일들과 요한계시록 12장에 '하늘'로 표시된 곳에서 일어난 일들이 같다는 전제가 있어야 신천지 존립의 핵심인 실상 교리가 만들어지기 때문이다. 이러한 까닭에 신천지는 '하늘'이 '장막성전'이라는 구조를 반드시 증명해야 한다. 그렇다면 '하늘'이 곧 '장막성전'인가?

요한계시록 12장의 '하늘'에 한 여인이 있었고, 그녀가 해를 옷 입고, 발아래에는 달이 있고, 머리에는 열두 별의 관을 썼더라는 내용에서, 해 · 달 · 별에 착안하여 이곳에 등장하는 '하늘'을 장막이라고 하였다. 이러한 신천지의 논리가 합당하려면 해 · 달 · 별이 있는 곳을 성경이 장막이라고 하고 있다는 것을 보여줘야만 한다. 이러한 이유로 활용되는 구절이 창세기 37장이다.

요한계시록 12장과 창세기 37장에는 공통으로 해 · 달 · 별이 등장한다. 신천지는 해 · 달 · 별을 근거로 요한계시록 12장의 내용이, 창세기 37장을 근거해서 살필 때 선민 장막을 다루고 있다고 주장한다.

그렇다면 창세기 37장이 선민 장막을 다루고 있는가가 핵심이 될 것이다. 창세기 37장은 실제로 선민 장막을 다루고 있는 것인가? 이 부분은 이미 앞에서 살펴보았다. 창세기 37장의 해·달·별은 야곱의 가족을 두고 한 표현이지, 이스라엘 민족을 두고 한 얘기가 아니다.

🅰 반증 겨자씨 나무 비유 | 신천지는 마태복음 13장 31~32절의 말씀에 근거하여 작은 씨로 된 나무에 새가 앉는 것이 천국이라고 하였다. 이것 또한 신천지의 심각한 성경 왜곡 사례이다.

본문은 어떠한 일이 일어나는 곳이 천국인가를 알려줌으로 천국이 어느 곳인지 알려주는 내용이 아니다. 당시 소개되고 있는 천국이 이후로 어떻게 이뤄져 갈는지를 설명해주는 내용이다. 천국의 시작은 작아 보이는데, 때가 되면 약속된 천국이 완성될 것임을 말씀하고 있다.

신천지의 마태복음 13장 31, 32절의 해석이 맞으려면 본문에 등장하는 '겨자씨'는 반드시 말씀이어야 한다. 겨자씨 비유에서 "씨"가 말씀이라는 근거는 성경 어디에도 없다. 신천지가 본문의 '씨'를 '말씀'으로 해석할 때마다 누가복음 8장 11절의 "씨는 하나님의 말씀이요"라는 말씀을 근거로 삼는다. 씨 뿌리는 비유에서 '씨'를 '말씀'이라고 하였으니, 겨자씨 비유에서 '씨'도 말씀이라는 것이다. 과연 그러할까?

마태복음 13장에서 각각의 비유 곳곳에는 '씨'가 등장한다. 특히 씨 뿌리는 비유와 가라지 비유 그리고 겨자씨 비유를 신천지는 중요하게 다루는데, 예수께서 씨 뿌리는 비유와 가라지 비유에 등장하는 '씨'에 대해 어떤 의미로 쓰셨는지를 설명해 주셨다.

각각의 '씨'에 대해 예수께서 해석을 해주셨다는 것은 각각 비유에서 '씨'를 같은 의미에서 사용하시지 않았음을 보여주는 것이다. 이러한 성경의 안내를 부정하고, '씨 곧 말씀'이라고 적용하게 되면 심각한 오역을 낳을 수밖에 없다.

마테복음 13장 31, 32절의 씨는 '말씀'이 아니다. '말씀'이 아니면 신천지의 천국론은 뿌리가 무너진다. 결국 신천지의 천국론 역시 조작되고 왜곡된 주장이다.

14
구원 교리

Q 질문 **구원이란 무엇인가?**

> **신천지의 주장**
>
> 생명의 말씀이 선포되는 곳이 천국이다(마13:31,32). 생명의 말씀은 계시록 해석과 실상이다. 생명의 말씀 곧 계시록 해석과 실상을 전하려면, 말씀을 받아먹은 자여야 하고, 실상을 목격한 자라야 한다. 생명의 말씀이 선포되는 곳으로 옮겨지는 것이 구원이다.[136]

A 반증 신천지에 의하면 신천지예수교증거장막성전(신천지)이 천국이다. 신천지가 천국이고, 신천지에 들어가는 것이 구원이다. 우선 신천지의 주장이 합당하려면, 마태복음 13장 31, 32절에 대한 신천지의 해석이 맞아야만 한다. 신천지는 본문을 천국을 묘사하는 것으로 해석하여, 본문에 기록된 내용대로 일어나는 곳이 천국이라고 하고 있다. 이러다 보니 본문에 등장하는 단어들이 비유로 되어 있으니 무엇을 비유한 것인지 알면, 천국이 어디인지 알 수 있다는 것이다. 그러므로 본문에 대한 신천지의 해석이 잘못된 것이면 신

천지의 천국에 대한 주장 전체가 틀린 것이다.

본문은 예수 그리스도께서 오심으로 선포와 함께 천국이 시작되었는데 이 것을 바라보는 사람들에게는 생각과 소망 속에 가졌던 수준에 미치지 못하게 보임으로 실망과 의심을 하게 되는 상황이 되었는데 이것을 배경으로 하고 있 다. 이런 상황에서 예수님께서 결국 천국이 이뤄진 것임을 소개하는 비유이 다. 그러므로 본문에 사용된 단어마다 무엇인가를 비유하는 것이 아니고, 전 체 내용을 비유로 하여 천국이 확장될 것임을 말씀하고 있다.

당연히 본문은 어디가 천국인지를 가리키는 내용이 아니고, 하나님께서 시 작하시고, 이루시는 천국이 어떠한 결국을 보일는지를 알리는 내용으로서 신 천지의 주장과 신천지에 가는 것이 구원이라고 하는 말 자체가 허위임을 알 수 있다.

구원이란 아담의 범죄로 인하여 시작된 죄의 상태와 죄의 결과로부터 해방 되어 영원한 형벌의 장소인 지옥에 빠진 상태에서 건짐을 받아, 하나님의 영 광으로 가득 찬 천국으로의 옮김을 의미한다.

ℚ 질문 구원을 얻는 방법은 무엇인가?

신천지의 주장

보냄을 받은 사자를 통해, 이룬 계시록의 성취된 실상 곧 실체들을 보고 믿어야 구원받을 수 있다. 이를 가감하면 천국에 가지 못하고 저주를 받는다고 하셨다(계 22:18-19). 성취된 실상의 복음을 들은 성도는 확인하고 믿어야 하고, 기록된 말씀 과 실상을 믿고 지키는 자가 복이 있다. 구원자 곧 보냄을 받은 사자의 말을 듣고 믿어야 구원이 있다.[137] 계시록에 예언한 말씀이 이루어질 때는 계시록에 약속한 구원의 처소와 구원의 목자를 찾아야만 구원받을 수 있다. 그 구원의 목자는 니골 라당과 싸워 이긴 자이며 구원의 처소는 그가 인도하는 장막이다.[138]

A **논증** 성경은 모든 인간은 죄의 값으로 지옥에 떨어졌고(롬3:23), 지옥에 떨어진 인간이 자력으로 지옥에서 벗어날 수 있는 길은 없으며(롬8:3) 이런 사람의 상태를 가리켜서 죽었다(롬6:23)고 하고 있다. 죄를 범한 인간은 지옥으로 갈 수도 있고, 천국으로 갈 수도 있는 상황에 놓여있지 않고 지옥에 떨어져 있는 상태이다. 사람이 구원의 길도, 구원에 이를 능력도, 갖지 않은 상태인 것을 고려할 때 구원에 있어서 죽은 사람의 역할은 있을 수 없다. 오로지 하나님께서만이 하실 수 있는 것임을 알 수 있다. 이러한 까닭에 구원을 하나님의 선물이라고 한다(엡2:8).

문제는 하나님께서 지옥에 떨어진 사람들에게 구원을 선물로 주실 수 없다는 데 있다. 하나님의 공의의 성품 때문이다. 구원은 선물로만 가능한데, 죄의 값을 치러야 하는 상태에 있는 사람들에게 구원을 선물로 줄 수 없는 것이다. 하나님께서는 이 문제를 어떻게 해결 하셨는가?

이것을 해결하기 위해 예수님을 세상에 보내셔서 죄 없으신 몸으로 십자가에 못 박혀 죽게 하심으로 대신 갚도록 하셨다. 예수님의 대속 사역으로 죄의 책임을 면하게 된 상태에 있는 사람들을 하나님께서는 사랑으로 살려주시고, 의인이라 불러주심으로 구원을 주셨다. 이것이 예수께서 구원자이신 이유이다.

이러하신 예수 외에 구원자임을 주장하는 존재가 있다면 그는 그리스도를 부인하는 적그리스도가 되는 것이다. 혹 자신을 예수께 비교하는 식으로 자신이 이 시대에 구원의 길을 제공하는 자라고 한다면, 그는 하나님께서 어떻게 구원을 주셨는지조차 알지 못하는 무지한 자이며, 예수를 빙자하여 구원자 행세를 하려는 마귀의 종이 되는 것이다.

이만희는 말로는 구원자가 아니라 하면서, 초림 때의 구원자와 재림 때의 구원자를 구별하여 놓고, 재림 때 구원자의 역할을 할 자로 자신을 내세운다. 평범한 인간 이만희 자신을 재림 시대의 구원자로 만들어야 하는 까닭에, 예수님을 평범한 인간으로까지 만들어 놓고, 평범한 예수가 어떻게 구원자가 되었는지를 설명하면서, 자신 역시 같은 방법으로 재림 시대의 구원자가 되었다는 주장을 한다.

신천지는 이만희가 전하는 내용을 듣고 믿는 것이 구원을 받는 방법이라고 하였다. 이러한 주장을 뒷받침하기 위해 초림 때에도 구원의 방법이 예수께서 전하시는 것을 듣고 믿는 것이었다는 무지하고 무식한 주장을 하고 있다. 신천지와 이만희는 구원이 무엇인지, 구원이 어떻게 죄인들에게 주어지는지 알지 못하면서, 구원의 길을 제공하는 짓을 하고 있으므로 이런 사람들에 대한 이만희의 표현에 의하면 이단이 아니고 무엇인가?

Q 질문 신천지는 자신들의 구원론에 입각하여 어떠한 문제적 주장들을 하고 있는가?

> **신천지의 주장**
> 이만희 출현 전에 죽은 사람은 육체를 갖고 다시 살아날 수 없다. 요한계시록에 기록돼있는 구원을 받을 수 없다. 사람이 다시 살 수 없는데 예수께서 다시 사신다는 고백의 내용을 담고 있는 사도신경은 잘못된 고백이다. 초림 시대와 재림 시대 모두 구원의 방식은 같다. 초림 때에도 말씀을 듣고 구원받은 것처럼 재림 때에도 말씀을 듣고 구원받는다.[139]

A 반증 **이만희 등장 전의 사람들의 구원** │ 신천지가 구원과 관련한 엉뚱한 주장들을 하는 것은 하나도 이상한 일이 아니다. 기초부터 잘못된 구원론을 가지고 있으므로 성경에 입각한 바른 구원관을 가질 수 없기 때문이다. 당연히 신천지의 구원론은 반성경적이다. 신천지의 구원 방식대로, 이만희의 입으로 전달되는 말씀을 들어서 구원받을 수 있다면, 그 이전에 살았던 사람들

은 어떻게 구원을 받는가? 이러한 이유로 신천지 이전 사람들에게는 부활도, 구원도 없다고 단정한다. 즉 구원받을 수 없다고 확신한다.

예수께서 전하신 말씀을 들어야만 구원을 받을 수 있다면 예수께서 죽으신 후에 성경에 기록된 구원받은 사람들은 어떻게 된 것인가? 만일 예수께서 죽은 이후에도 예수께서 죽기 전에 하신 말씀을 듣고 믿어서 구원을 받을 수 있는 것이었다면, 이 시대에도 구태여 이만희가 전하는 말씀을 들어야 하는 이유가 없다.

혹 시대마다 들어야 하는 말씀이 따로 있다고 한다면 구원의 방법이 하나가 아니고 여럿이 되니, 역시 반성경적인 주장이다. 이만희는 성경에 없는 구원론을 교묘하게 만들어 사람들을 미혹하여 지옥 사람으로 만들고 있는 것이다.

(A 반증) **영의 구원과 육의 구원** | 신천지는 이만희의 입을 통해 전달되는 내용을 믿어야만 구원을 받는다고 해야만 하기에, 이만희 출현 전에 죽은 사람들은 절대 구원받을 수 없다고 해야한다.

이러한 이유로 신천지는 구원을 '영의 구원'과 '육의 구원'으로 나눠 놓았다. 성경이 예수께서 다시 사셨다고 증언하고 있음에도 불구하고 예수께서 영으로 부활하였다고 고집을 부린다. 예수님의 부활이 영의 부활인 것이냐고 물으면 고린도전서 15장 44절의 '신령한 몸'이라는 단어를 가져다 '영의 부활'이라고 어정쩡한 답변을 하거나, 요한계시록 1장 13절부터 기록된 예수님에 대한 비유적 표현을 가져다 육을 가졌는데 눈이 불꽃 같을 수 없다며 육체를 갖고 있지 않은 증표라고 한다.

'신령체'란 예수께서 죽기 전 가지고 계셨던 몸과 동일한 몸을 가지고 다시 살아나셨지만, 달라진 몸의 특성에 맞춰 표현한 용어이다. 잘못된 구원론으로 예수님의 부활까지 왜곡시키고 있는 것이 신천지이다. 요한계시록 1장 13

절부터 기록된 내용은 예수님의 어떠하심을 비유적으로 표현하고 있는 것으로 예수께서 '영'이시라는 것의 증거로 삼을 수 있는 내용이 아니다. 상담으로 돌아오는 사람 중 다수가 하는 질문이 있다. '이만희 출현 전 사람들에 구원이 있습니까?' 신천지의 답변에 갈증을 풀지 못하다가 상담의 기회를 통해 묻는 것이다.

A 반증 초림과 재림의 차이 | 신천지는 예수님의 초림과 재림에 대한 이해가 잘못돼 있다. 현재 이만희가 전하는 실상과 계시록 해석을 들어야 구원받을 수 있다고 주장을 하면서 근거로 초림 때는 예수께서 전하시는 말씀을 들어야 구원을 받을 수 있었다고 한다. 과연 그러한가? 초림과 재림의 차이를 알지 못하는 처사이고, 초림과 재림에 대한 개념정리조차 되어 있지 않음을 보여준다.

예수께서는 초림 때는 구원하실 분으로 오시고(마1:21),[140] 재림 때에는 심판주로 오신다(약5:9).[141] 초림 때는 구원의 길을 마련해 주시고자 하심이고, 재림 때에는 초림으로 오셔서 마련해 주신 구원을 가진 자와 갖지 않은 자를 구분하여 천국과 지옥으로 보내시는 일을 하신다. 지금 이만희가 재림 예수 혹은 재림 예수의 영이 임한 자로 역할을 하려면 구원의 길을 제시하거나 알려주는 사역 혹은 구원받았는지 구원받지 못하였는지 확인하는 사역이 아닌, 이미 구원받은 자와 구원받지 않은 자를 심판하여 천국과 지옥으로 나누어서 보냈어야만 하고, 과정이 아니라 결과로 보여야 한다.

15
비유 교리

Q 질문 예수께서 비유로 말씀하신 이유

신천지의 주장

제자들아' 어찌하여 저희에게 비유로 말씀하시나이까?" 하고 묻자, 예수님께서는 천국 비밀을 깨달아야 할 사람들과 깨달아서는 안 될 자들이 있음을 지적하시고, 그 두 존재를 '너희'와 '저희'라는 말로 구분하셨다.[142] 천국 비밀을 비유로 말한 첫째 이유는 천국 비밀을 깨달아서는 안 되는 자들에게 감추기 위해서이다. 하나님의 뜻이 이루어지는 것을 방해하는 자들 즉 천국의 적군에게 하나님 나라의 비밀을 가르쳐 줄 수는 없다. 만일 천국 비밀을 아무에게나 가르쳐준다면 하나님 나라는 우리 안에 실현되지 못할 것이다. 비유는 천국 비밀을 깨달아서는 안 되는 자들의 눈과 귀를 막는 일종의 잠금 장치이다.[143]

A 변증 '너희', '저희'와 관련한 신천지 주장 비판 │ 신천지는 구원을 받을 자(너희)와 구원을 받지 못할 자(저희)가 있다고 하면서, '너희'와 '저희'를 구분하기 위해서라고 하였다. 비유로 설명하면 '너희'는 깨달아 받고, '저희'는 깨닫지 못하여 받지 못한다는 것이다. 과연 그러한가?

신천지의 말대로라면 예수께서 비유를 말씀하시는 즉시 '너희'는 깨달아야 하고, '저희'는 알아듣지 못해야 한다. 하지만 성경에 따르면 제자들도 예수께서 비유로 말씀하실 때 예수님의 뜻을 알아듣지 못하였고, 다른 장소에서 비유에 담긴 뜻이 무엇인지 묻고서야 알 수 있었다.

물론 신천지 측에서는 이러한 답변에 대해 제자들이 당장에는 알아듣지 못하였는데 예수께 물어 비유의 뜻을 알게 된 것이, 예수께서 의도하신 것이었다는 의견을 낼 수도 있다. 하지만 이런 의견을 낸다면 신천지에는 더욱 심각한 문제가 나타난다.

'너희'에 해당이 되는 제자들이 비유에 담긴 예수님의 뜻을 알게 된 것은 따로 질문을 드리고 답변을 받았기 때문이다. 마태복음 13장에는 여러 비유가 기록되어 있는데, 그 중에 씨뿌리는 비유와 가라지 비유에 대해서는 해석을 기록해 놓으셨다. '너희'에 속한 제자들이 예수께 물어 들은 해석이 고스란히 성경에 기록되어 있고, 기록 내용은 성경을 보는 모든 사람이 볼 수 있게 되었다. 즉 '너희'에 해당이 되는 제자들만 비유를 듣고, 비유의 해석을 가진 것이 아니라, 모든 성도가 비유 내용을 알고, 비유에 담긴 뜻을 알고 있다. 자신들만 비유풀이를 가졌다는 생각 자체가 틀렸다.

혹 비유의 내용과 해석을 알고 있다는 것이 중요한 것이 아니라 받아들이는가 하는 여부가 중요하다고 말을 할 수 있다. 기독교 모든 성도는 예수님의 비유에 대한 가르침을 그대로 받아 믿고 있다. 이것보다 더 중요한 것은 예수께서 알려주신 비유 해석의 내용을 바르게 알고 있는가이다. 이 부분에 있어 신천지는 심각한 오류를 갖고 있는데, '씨'를 다루는 장에서 다시 살펴볼 것이다. 당연한 결과로 이것은 이단으로서의 신천지의 한계이며, 실제 모습이다.

⒜ 변증 '너희'와 '저희'에 대한 성경의 의도 | '너희'와 '저희'는 비유를 들으면

서 결정되는 것이 아니다. 비유를 듣기 전 이미 결정되어 있다. '너희'는 택자이고, '저희'는 불신자이다. '너희'는 구원을 받은 하나님의 자녀들이고, '저희'는 유기된 세상 사람이다. 신천지의 말에 의하면 비유를 들음으로 구원이 결정되는 것이니 신천지의 주장에 모순이 일어난다.

신천지는 "천국 비밀을 비유로 말한 첫째 이유는 천국 비밀을 깨달아서는 안 되는 자들에게 감추기 위해서이다."라고 하였다. 신천지의 말은 비유가 아닌 것으로 가르치면 누구라도 천국 비밀을 알 수 있다는 의미인지, 아니면 비유로 말하는 현장에서는 알아듣지 못하게 하고, 천국 비밀을 알아야 하는 사람들에게만 따로 설명하여 알도록 하셨다는 의미인지 명확히 해야한다. 어느 쪽이든 이러한 해석이 신천지의 의도라면 신천지의 주장은 더욱 심각한 모순을 갖게 된다.

전자가 신천지의 의도라면, 누구라도 들으면 알 수 있는 내용인지라 비유로 감추었다가 제자들에게 따로 가르치셨다는 것인데, 그 내용이 성경에 고스란히 해석되어 기록되어 있으므로 신천지가 말하는 천국 비밀을 알아야 하는 사람들만 안 것이 아니라 모든 사람이 알게 되었다는 것이다. 이것이 첫째 모순이고, 둘째로 하나님께서 정하신 천국비밀을 알아야 하는 사람들만 알도록 따로 해석을 해주신 것이라면 이들은 이미 천국 비밀을 알아야 하는 사람들로서 이전에 정하여졌다는 의미가 되니 비유를 들어 천국에 갈 수 있게 된다는 신천지의 말에 오류가 있는 것이다.

그러므로 비유를 듣는 것으로 '너희'인지 아니면 '저희'인지 구분하고자 하였다는 주장을 계속 고집하려면 성경에 기록된 해석을 깨닫고 받아들인 모든 기존 성도들은 구원받은 사람들인지 아닌지 설명해야 하며, 만일 이미 정하여져서 따로 설명을 해주고자 한 것이라면 '비유'를 들어 확인할 수 있기 전 '너희'가 어떻게 결정되는 것인지 설명하여야 한다.

이 단계에서 상담을 받는 신천지에 빠져 있는 상태에 있는 피상담자들은 하나님께서 하신 일이라는 말을 순간 내뱉는다. 이것은 신천지 사람들에게는 큰 걸림돌이 되는 발언이다. 결국은 하나님의 선택을 말하는 것이고, 선택을 주장하는 순간 신천지에서 사단의 표라고 정의한 예정론을 인정하는 것이기 때문이다. 이것이 신천지의 한계이다.

Q 질문 **신천지는 비유를 어떻게 활용하는가?**

A 설명 '너희'와 '저희'는 신천지가 가장 중요하게 여기는 용어들이다. 예수께서 가르치신 비유의 뜻을 알고 있는가, 모르고 있는가의 문제는 첫째는 신천지가 기존 교회의 성경해석을 부정하게 하고, 신천지의 성경해석이 우월하다고 생각하게 하는 소재이다.

신천지로부터 미혹을 받은 사람들의 다수가 신천지의 비유 해석, 특히 '씨'에 대한 해석에서 신천지의 마수에 걸려들었다고 확인해 주고 있다. '씨'가 가지고 있는 의미가 대단히 중요하다는 교육을 받고, 기존 교회에서 가르치는 '씨'에 대한 해석과 신천지가 조작한 바탕 위에 제시한 해석을 비교하여 줌으로써 기존 교회를 부정하게 하고 신천지를 따르게 한다. 순간 신천지의 해석을 받아들인 사람들은 '너희'가 되고, 그렇지 않은 사람은 '저희'가 된다. 이렇게 되면 신천지의 교육대로 받아들인 사람은 비로소 진리를 품게 되었다는 심리적 확신을 하게 되면서 신천지를 좇아가게 되는 것이다. 이것이 신천지의 목표다.

둘째는 예수께서 비유를 활용하시는 방식을 그대로 받아들여 자신에게 적용하여 활용하는 것이다. 예수님의 비유 전개를 신천지에 그대로 도입하면 신천지의 자의적 비유 해석을 받아들이지 않는 사람들은 '저희'가 되고, 받아들이는 사람들은 '너희'가 되는 꼴이다. 이미 신천지의 교육을 받는 중이고, 예수님의 비유 내용 전개를 통해 비유를 받아들이는 것과 받아들이지 않는 것의 차이가 교육되었기 때문에 '너희'에 속하기 위해 신천지의 비유 해석을 받아들어야만 한다. 또 받아들일 뿐만 아니라 받아들이는 자신에 대해 자부심까지 품게 되는 것이다. 이것이 신천지의 비유 활용방법이다.

Q 질문 비유는 계시의 방편인가 숨기기 위한 방편인가?

신천지의 주장
그렇다고 예수님께서 본장을 포함한 신약성경에 알려주신 '천국 비밀의 실체'까지도 제자들이 다 보고 들었다는 말은 아니다. 초림 예수님께서는 천국 비밀을 드러내시되 '비유로만' 드러내셨기 때문이다. 천국 비밀이 비유 속에 감추어진 채로 전해진 지 어언 이천 년, 그러나 이 비유는 언제까지나 그대로 존재하지는 않는다.[144]

A 반증 성경 자체가 계시이다. 계시란 하나님에 대해, 하나님의 뜻을 세상에 밝히 드러내 주시는 것이다. 심지어 봉함하라는 표현 역시 하나님의 어떠하신 의도를 보여주고 있는 계시적 용어이지 숨긴다는 개념을 갖고 있지 않다. 다니엘 12장 4절과 9절에 '봉함'이라는 단어가 등장한다. 이것 역시 감추라는 개념이 아닌 잘 보관할 것을 표현한 말씀이다.

제자들이 예수께 비유로 말씀하시는 이유를 물었을 때, 예수께서 답변하시면서 인용하신 성경 구절이 있다.

"여호와께서 이르시되 가서 이 백성에게 이르기를 너희가 듣기는 들어도 깨닫지 못할 것이요 보기는 보아도 알지 못하리라 하여 이 백성의 마음을

둔하게 하며 그들의 귀가 막히고 그들의 눈이 감기게 하라 염려하건대 그
들이 눈으로 보고 귀로 듣고 마음으로 깨닫고 다시 돌아와 고침을 받을까
하노라 하시기로(사 6:9~10)"

그러므로 마태복음 13장에서 '너희'와 '저희'를 구분하여 말씀하신 의도를
알기 위해서는 이사야 6장 9절, 10절의 기록 의도를 아는 것이 필요하다. 이
사야 6장 9절과 10절 말씀은 이사야를 파송하여 하나님의 메시지를 전하도록
하시는 장면으로 말씀을 들어야 하는 이스라엘 사람들이 이사야를 통해 선포
되는 말씀을 듣지 않을 것이라는 상황을 설명하고 있다.

즉 하나님의 뜻을 숨기시는 것이 아니고, 하나님의 뜻을 선명하게 전달하
고 있음에도 하나님의 말씀을 받아들이지 못하는 사람들의 상태를 표현하고
있다. 하나님의 말씀을 선명하게 전하는데도 받아들이지 못할 만큼 타락한
영적 상태를 보여주는 것이 10절 말씀이다.

"이 백성의 마음을 둔하게 하며 그들의 귀가 막히고 그들의 눈이 감기게 하
라 염려하건대 그들이 눈으로 보고 귀로 듣고 마음으로 깨닫고 다시 돌아
와 고침을 받을까 하노라"

이 본문 역시 숨기셨다는 것을 말하고자 하심이 아니고 알아듣지를 못하는
사람들의 상태를 강조하고 있다.

요한계시록 5장과 10장에 등장하는 두루마리와 관련해서 10장 4절에 '인
봉'이라는 용어가 등장한다. 우선 요한계시록 5장과 10장에 등장하는 책이 요
한계시록을 두고 말하고 있지 않다는 것은 분명하다. 5장과 10장의 책의 내용
은 요한이 본 환상 중의 한 부분이기 때문이다. 만일 5장의 책이 요한계시록
전문이라면 어떠한 부분에 대해 따로 설명하시거나 보이실 필요가 없다. 특
히 10장의 두루마리와 관련해서는 요한이 모든 내용을 습득한 이후에 봉함하

여 기록하지 말도록 하고 계신다. 계시록이 드러내 알리시는 계시로서, 봉함하여 기록을 말라고 하신 것이라면 계시록은 기록으로 남아 있지 말아야 한다.

10장 4절에서 '봉함'이 표현상 무엇인가를 숨기는 것이지만, 후에 봉함을 열어 알려야 한다는 명령이 없다는 것에 주의를 기울여야 한다. 열어 알려야 하는 내용으로 이해할 수 있는 본문을 찾는다면 요한계시록 22장 10절인데, 이곳에서 인봉을 말아야 하는 대상으로 지목된 책은 요한계시록 10장의 책이 아니라, 요한계시록 혹은 성경 전체를 지칭하는 것으로 전혀 무관하다. 신천지의 말대로 하나님의 계시를 봉함하라고 한 곳은 성경에는 없다. 계시하시면서 봉함하라는 말 자체가 합당하지 않다.

Q 질문 마태복음 13장 11절의 '천국의 비밀'의 의미는 무엇인가?

신천지의 주장

구약시대의 선지자들과 의인들은 정한 때를 만나지 못한 까닭에, 하나님의 말씀을 기록만 하고 갔을 뿐 천국 비밀이 무엇인지, 어떻게 이루어지는지 보지 못했다. 구약성경에 감추어진 천국 비밀은 바로 예수님이시다. 그러나 예수님의 제자들은 때를 잘 만난 덕분에, 선지자들과 악인들이 그토록 소망하던 그리스도를 직접 보고 만났으니 참으로 복 받은 사람들이다. 그렇다고 예수님께서 본장을 포함한 신약성경에 알려주신 '천국 비밀의 실체'까지도 제자들이 다 보고 들었다는 말은 아니다. 초림 예수님께서는 천국 비밀을 드러내시되 '비유로만' 드러내셨기 때문이다. 천국 비밀이 비유 속에 감추어진 채로 전해진 지 어언 이천 년, 그러나 이 비유는 언제까지나 그대로 존재하지는 않는다. 때가 되면 반드시 비사(比辭)가 아닌 실상으로 이루어져 그 짝인 실상과 함께 증거된다(요16:25). 그 실상은 성경에 기록된 모든 예언이 성취되는 오늘날 우리 시대에 나타난다. 그러므로 예수님께서 말씀하신 천국 비밀을 실상과 함께 설명 듣는 우리는 구약의 어떤 선지자들보다, 예수님의 어떤 제자들보다 더욱 복된 자들이라 할 수 있다.[145]

A 반증 마태복음 13장 10절에서 제자들이 비유로 말씀하시는 이유를 물었다. 예수께서 11절에서 답변해 주셨다. "대답하여 이르시되 천국의 비밀을 아는 것이 너희에게는 허락되었으나 그들에게는 아니되었나니" 신천지를 비롯하여 이단들은 이 말씀을 근거로 하여 천국에 가려면 천국 가는 비밀을 알아야 하는데, 천국 비밀이 비유에 담겨 있다는 식으로 주장한다. 즉 천국에 가려면 천국에 들어갈 수 있는 비밀을 알아야 하고, 그 비밀은 비유에 담겨 있으므로, 비유를 바르게 해석해 주는 곳에 가야 천국에 갈 수 있고 구원을 받을 수 있다는 억지를 부린다.

신천지의 주장 전체의 비논리적인 부분은 차치하고 심각한 오류 세 가지를 살펴보자. 첫째는 '천국의 비밀'에 대한 이해가 틀렸다. '천국의 비밀'은 사람들에게 아직 전하거나 알리지 않은 천국에 관한 내용이지 천국에 들어가는 길에 대한 표현이 아니다.[146] 천국에 들어가는 길이나 방법이 비유를 아는 것이라면 성경 전체에서 가리키는 구원의 길과 충돌이 일어나는 상황이 벌어진다.

둘째는 이만희의 역할 부분이다. 이만희는 비유로 예언된 실상이 성취된 것을 설명해주는 사람이라고 소개하고 있다. 그러면서 예수님의 비유와 비유 설명에는 천국의 비밀이 담겨 있을 뿐이라고 주장한다. 그런데 이것은 천국에 가는 비밀이 아닌 것은 물론, 예수께서 천국 가는 비밀을 알려주신 것이 아닌데, 천국의 비밀을 비유에 숨겨 놓았다고 하는 심각한 오류를 범한다. 이 까닭에 신천지에 빠진 사람들은 구원이 자신들에게만 있고, 신천지 발생 전 죽은 사람들에게는 구원이 없다고 알고 있다.

셋째는 혹 앞에서 언급한 내용과 관련해서 신천지의 주장이 옳다고 가정을 해도 심각한 문제인데, 바로 실상 문제이다. 이만희가 보고 증언하였다는 실상이 틀린 것이 전혀 없어야 하고, 신천지는 다른 무엇보다도 '실상'이라고 하는 내용을 당당하게 내놓고 강설함이 마땅하다. 그런데 신천지 사람 그 누구도 실상에 대해 당당하게 드러내놓고 토론하는 사람이 없다. 자신들 스스로 실상이라는 내용이 맞지 않는 것을 알기 때문이다. 이런 상황에서 신천지 안에서 의구심을 보이자 내부적으로는 지파장이라는 사람이 심지어는 실상이 틀릴 수 있고, 틀려도 아무런 문제가 없다는 도발을 하고 있다.[147] 신천지 사람에게 묻고싶다. 실상이 틀려도 되는가? 앞에서 천국의 비밀이 비유에 감추어져 있고, 때가 되면 실상으로 이루어진 현장을 보고, 비유에 기록된 내용과 내용대로 이루어져 짝을 이루는 실상을 증거한다고 하였는데, 실상이 틀렸다는 것은 신천지와 이만희의 말 소위 증언한 말들이 거짓이든지, 아예 신천지의 주장이 허무맹랑한 비성경적인 주장이든지 둘 중 하나이다. 결론적으로 말하면 신천지의 주장은 조작된 허무맹랑한 주장이고, 신천지와 이만희는 거짓과 속임의 사단에 종속된 자들이라고 볼 수밖에 없다.

❓ 질문 성경에서는 비유가 어떠한 상황에 사용되었는가?

🅐 설명 성경이 비유를 활용한 예들을 보면 가시적이지 않은 것을 설명할 때, 비교하여 설명하는 것이 효과적일 때, 상황과 환경에 의해 직설적으로 표현하는 것이 어려울 때 활용하였다는 것을 알 수 있다.

첫째의 경우는 천국에 대한 설명에서 확인할 수 있다. 천국은 가시적이지 않으므로 마태복음 13장에서와 같이 천국에 대하여 설명을 할 때 비유를 들어 사용하였다.

두 번째의 경우는 누가복음 10장 25절 이하의 내용에서 '선한 사마리아인의 이야기'를 통해 이웃에 대하여 비유를 사용하여 설명함으로 이웃에 대한 정의를 분명히 해주고 있다.

세 번째의 경우는 요한계시록에서 살펴볼 수 있다. 요한계시록이 기록되는 시기에는 교회가 세속정부로부터 핍박과 박해를 받는 시대이므로 당시의 상황과 현존하는 인물 등에 대한 묘사를 직접 함으로 닥칠 위협으로부터의 안전을 위하여 비유를 사용하여 표현하고 알려야 했다. 성경에선 어떠한 내용을 숨기려고 비유를 사용한 적이 없다.

Q 질문 **신천지를 비롯한 사이비 이단들이 비유를 버리지 못하는 이유는 무엇인가?**

A 설명 미혹한 사람들에게 신천지가 구원의 길을 가지고 있는 유일한 곳임을 동의시켜야 하는데, 성경을 기준으로 삼고 있는 사람들이기에 성경으로 확인해 주지 않으면 불가능하다. 상황적으로는 필요하지만 실제로는 성경을 통하여 신천지가 진리를 가지고 있는 유일한 집단이라는 것을 확인시켜 주는 일은 가능한 일이 아니다. 성경이 신천지를 두둔하고 있지 않기 때문이다.

방법은 성경이 신천지와 신천지의 주장을 두둔하고 있는 것처럼 보이면 된다. 이를 위해 성경이 가지고 있는 의도들이 신천지의 주장과 같음을 보여줘야만 한다. 문제는 신천지의 주장은 처음부터 조작된 것이고, 거짓으로 만들어진 것이어서 신천지의 주장과 성경의 의도가 같을 수 없다는 것이다.

결국은 성경이 가지고 있는 의도를 바꾸는 수밖에는 길이 없다. 이것을 가능하게 하는 것이 비유풀이다. 성경 몇몇 구절을 찾아 성경이 비유로 돼 있다고 믿게 만들고(시편78편), 성경 전체를 자신들이 조작해 놓은 논리에 맞추어 풀어주면 눈 뜬 맹인을 만들 수 있다. 즉 비유풀이라는 도구는 신천지를 비롯한 사이비 및 이단에게는 생명과 같은 소재이다.

16
씨 교리

Q 질문 신천지를 비롯한 이단이 '씨'를 중요하게 다루는 이유는 무엇인가?

A 설명 신천지는 '씨'를 다루지 않으면 존재할 수 없다. '씨'는 신천지의 성경해석이 탁월하다는 것을 알리는 시발점이고, 신천지의 구원론을 뒷받침하는 핵심 소재이기 때문이다.

Q 질문 신천지의 '씨' 활용법은?

A 설명 '씨'가 두드러지게 나타나는 곳은 마태복음 13장에 등장하는 천국에 대한 비유들이다. 이 비유들은 기존 교인들에게는 매우 익숙한 내용이다. 내용이 익숙하다는 것은, 실제와 상관없이 내용이 담고 있는 의미나 뜻을 잘 알고 있다고 생각하기 쉽다는 것이다.

이런 상황에서 '씨'에 대해 잘 알고 있는 것이 구원과 관련하여 신앙에 있어 어느 만큼 중요한 것인지 확인시켜 준 뒤 '씨'에 대한 바른 뜻을 모르고 있었음을 확인시켜 주면 어떠한 일이 벌어질까?

교인 자신의 기존 신앙에 대한 의문을 갖게 되면서 자신을 지도한 목회자에 대한 배신감이 일어나고, 반면에 자신의 무지를 일깨워준 상대에게는 신뢰의 마음을 갖게 된다. 이것이 상담 사례를 통하여 확인한 이단들이 만들어 낸 강력한 무기인 '씨'의 위력이다. 물론 '씨'에 대한 교육이 바르게 돼 있다면 전혀 염려할 필요가 없을 뿐만 아니라 오히려 신천지 혹은 이단에 빠져 자신을 포교하려던 사람을 변화시켜 바른 신앙을 갖게 할 수도 있다.

질문 신천지에게 '씨'는 무엇인가?

신천지의 주장

이제부터 씨 뿌리는 비유의 내용을 구체적으로 알아보자. 천국은 본래 영계에 있는 하나님 나라를 말한다. 그러나 이 나라가 사람에게 임하면 그도 천국이 된다. 초림 때는 영계의 천국이 예수님께 임하였으므로 예수님께서 천국이 되셨다(마4:17). 본문 비유 속의 '좋은 씨를 뿌린 사람'은 인자(人子) '예수님'이시다. 그가 뿌린 '좋은 씨'는 '하나님 말씀'이며 나아가 그 말씀으로 거듭난 '천국의 아들들'을 가리킨다. 그리고 예수님께서 '천국의 씨를 뿌리신 밭'은 천국 복음이 전해진 '예수 교회'를 가리킨다.[148] 예수께서 천국의 좋은 씨를 자기 밭에 뿌리셨다. 이 밭에 마귀가 자기의 씨(가라지)를 덧뿌렸다. 그래서 이 두 가지 씨로 인해 두 가지 나무가 한 밭에서 함께 자랐다. 밭은 세상(마13:38) 곧 예수교회요, 씨는 말씀이다(눅8:11)[149] 이 두 가지 씨를 뿌리게 될 것에 대하여는, 지금으로부터 약 2,600년 전, 하나님께서 예레미야를 통해 '두 가지 씨 곧 사람의 씨와 짐승의 씨를 이스라엘 집과 유다 집에 뿌릴 날이 있을 것이라'고 예언하셨다(렘31:27), 이후 약 600년이 지나 예수님과 바리새인이 와서 각각 자기의 씨를 뿌리게 되었다. 사람의 씨는 인자 예수님이 오시어 뿌린 것이며, 짐승의 씨(마귀의 씨)는 짐승 곧 뱀인 바리새인이(마23:29,33) 뿌린 것이다.[150]

A 변증 **접근 방향** | 신천지에 있어서 '씨'는 주로 '말씀'이다. 신천지는 마태복음 13장의 가라지 비유, 씨뿌리는 비유, 예레미야 31장 27절 세 곳에 등장하는 '씨' 모두를 '말씀'으로 단정 짓고 신천지의 교리를 세웠다. 신천지의 '씨' 교리는, 앞에서 언급한 대로 신천지를 구축하고, 사람들을 포교할 때 쓰이는 핵심 소재였다. 만일 신천지가 제시한 세 곳의 구절에 기록된 '씨'가 '말씀'이 아니면 신천지 교리는 거짓이다.

A 변증 **누가복음 8장 11절의 '씨'의 의미는 무엇인가?** | 누가복음 8장 11절은 씨에 대해 다음과 같이 말하고 있다. "이 비유는 이러하니라 씨는 하나님의 말씀이요" 누가복음 8장 11절은 씨뿌리는 비유에 대한 해석 부분이다. 씨뿌리는 비유를 말씀하시고, 뜻을 묻는 제자들에게 답변으로 주신 말씀이다. 즉 예수님의 해석이다.

예수께서는 해당 문장에서 '씨'가 '말씀'이라고 해석해 주셨는데, 문장에서 중요하게 다뤄야 할 단어가 있다. "이 비유는"에서 '이'이다. '이'는 '이'가 가리키는 비유에 한하여 '씨'가 '말씀'의 의미로 쓰이고 있음을 명확히 해주고 있다.

즉 예수께서는 씨뿌리는 비유에서 '씨'를 '말씀'의 의미로 사용하셨다는 것을 분명히 하고 계신 것이다. 그렇다면 다른 본문에서의 '씨'는 무엇일까?

A 변증 **마태복음 13장 24절의 '씨'는 무엇인가?** | 신천지는 마태복음 13장 24절의 가라지 비유를 해석하면서 좋은 씨를 뿌린 사람은 인자(人子) '예수님'으로, 그가 뿌린 '좋은 씨'는 '하나님 말씀'이라고 하면서 가라지 비유에 등장하는 '씨'도 '말씀'이라고 선언하였다. 그리고 그 근거로 누가복음 8장 11절의 씨뿌리는 비유에 있는 '씨는 말씀이요'를 들었다. 즉 가라지 비유에서의 '씨'에 대한 해석을 하면서 씨뿌리는 비유에서 예수께서 알려주신 해석을 근거로 삼

고 있다. 이것이 옳은 해석인가?

우선 누가복음 8장 11절 씨뿌리는 비유에서 '씨'는 왜 '말씀'이 되었는가? 예수께서는 여러 비유를 말씀하셨고, 많은 비유에서 '씨'라는 용어를 반복하여 사용하셨다. 만일 '씨'라는 용어를 모든 비유에서 같은 의미로 사용하신 것이라면 구태여 누가복음 8장 11절에서 '씨'에 대해 해석을 해주실 필요가 없다. 다른 의미로 '씨'를 사용하셨고, 예수께서 어떤 의미로 쓰신 것인지를 정확하게 말씀하시지 않으면 해석에 오류가 발생할 수밖에 없기에 해석을 해주신 것이다. 이런 관점에서 씨뿌리는 비유에서 '씨'는 '말씀'이라는 의미로 쓰셨음을 정확히 알리시고 특별히 '이 비유는'이라는 표현으로 특정하여 '말씀'의 의미로 쓰셨음을 분명히 해주셨다.

신천지 입장에서는 혹 다음과 같은 질문을 할 수 있지 않을까? 다른 비유에서도 동일하게 '말씀'이라는 의미로 사용하신 것이기 때문에 비유의 대표격인 '씨뿌리는 비유'에서 '씨'가 무엇인지 말씀하심으로 다른 비유의 '씨'도 말씀으로 해석하도록 하신 것 아닌가?

위의 질문과 같은 입장에서 예수께서 '씨'에 대해 해석해주신 것이라 생각하면 더욱 심각한 문제가 발생한다. 예수께서는 마태복음 13장에 등장하는 비유 중에서 두 개의 비유에 대해 해석을 해주셨다. 씨뿌리는 비유가 하나이고, 다른 하나는 가라지 비유이다.

가라지 비유에서 '씨'는 '사람'이라고 분명히 해석해 주고 계신다(마13:38). '좋은 씨'는 '천국의 아들들'임을 확실하게 말씀해 주셨다. 씨뿌리는 비유에서 '씨'는 왜 '말씀'인가? '말씀'인 것을 어떻게 알게 되었는가? 예수께서 해석해 주셨기 때문이다. 다른 의미로도 사용할 수 있는 것이라면 구태여 해석을 해주실 리가 없다. 가라지 비유도 마찬가지다. 가라지 비유에서 '씨'는 '사람', '좋은 씨'는 '천국의 아들들'이라는 의미에서만 사용하신 것이기 때문에 '사람'

외에 다른 의미로 해석하면 안 되는 것이다. 신천지는 '좋은 씨'를 천국의 아들이라고 하면서도 은근슬쩍 '말씀'이라는 의미를 부여하여 본문의 뜻을 왜곡하고 있다.

신천지의 논리대로 한다면 가라지 비유에서 '씨'는 '사람'이라 하였으니, 씨 뿌리는 비유에서 '씨'도 '사람'이라 할 수도 있다. 이렇게 하면 씨뿌리는 비유에서 '씨'를 '밭'인 마음에 뿌린다고 하였으니 결국은 사람을 사람의 마음에 뿌린다는 해석이 가능하다. 가능한 일인가? 왜 이러한 모순이 발생하는가? 신천지의 '씨'에 대한 잘못된 해석 때문이다. 이렇게 되면 '씨'를 '말씀'으로 해석하여 구축한 신천지의 모든 것이 무너진다. 이것이 신천지의 실상이다.

A 반증 **예레미야 31장 27절의 '씨'는 '말씀'인가?** | 신천지는 예레미야 31장 27절에서 선포된 예언이 마태복음 13장 24절 이하의 가라지 비유에서 성취되었다고 주장한다. 다음은 예레미야 31장 27절과 마태복음 13장 24, 25절 말씀이다. "여호와의 말씀이니라 보라 내가 사람의 씨와 짐승의 씨를 이스라엘 집과 유다 집에 뿌릴 날이 이르리니" "예수께서 그들 앞에 또 비유를 들어 이르시되 천국은 좋은 씨를 제 밭에 뿌린 사람과 같으니 사람들이 잘 때에 그 원수가 와서 곡식 가운데 가라지를 덧뿌리고 갔더니"

신천지는 예레미야 31장과 마태복음 13장의 가라지 비유에 함께 나타나는 '씨'와 '뿌린다'라는 표현에 근거해서 두 말씀이 예언과 성취를 보여주는 짝이라고 주장한다. 이미 앞에서 가라지 비유에 나타나는 '씨'가 '말씀'이 아닌 것을 확인하였다. 신천지의 말대로 가라지 비유에 '씨'가 '말씀'이라고 하더라도 신천지의 주장은 거짓이다. 예레미야 31장 27절 말씀에 나타나는 '씨'가 '말씀'이 아니기 때문이다.

예레미야 31장 27절의 상황이 만들어진 배경을 28절에서 설명하고 있다.

"깨어서 그들을 뿌리 뽑으며 무너뜨리며 전복하며 멸망시키며 괴롭게 하던 것과 같이 내가 깨어서 그들을 세우며 심으리라 여호와의 말씀이니라" 즉 이스라엘의 불신앙에 대한 심판 차원에서 하나님께서 뿌리를 뽑으시고, 무너뜨리고 전복하며, 멸망시키고, 괴롭게 하였기 때문이었다. 이러한 까닭에 이스라엘에 사람이 없고, 짐승이 없었다.

이러한 상황에서 하나님의 은혜 속에 다시 회복시키실 계획에 대해 28절 하반부에서 보여주시고 어떻게 회복시키실 것인지에 대한 구체적인 안을 27절에서 말씀해 주시고 계신 것이다. 그리고 이러한 계획에 대해 다음과 같이 분명히 말씀해 주고 계신다.

> "너희가 말하기를 황폐하여 사람이나 짐승이 없으며 갈대아인의 손에 넘긴 바 되었다 하는 이 땅에서 사람들이 밭을 사되"(렘32:43)

> "여호와께서 이와 같이 말씀하시니라 너희가 가리켜 말하기를 황폐하여 사람도 없고 짐승도 없다 하던 여기 곧 황폐하여 사람도 없고 주민도 없고 짐승도 없던 유다 성읍들과 예루살렘 거리에서 즐거워하는 소리, 기뻐하는 소리, 신랑의 소리, 신부의 소리와 및 만군의 여호와께 감사하라, 여호와는 선하시니 그 인자하심이 영원하다 하는 소리와 여호와의 성전에 감사제를 드리는 자들의 소리가 다시 들리리니 이는 내가 이 땅의 포로를 돌려보내어 지난 날처럼 되게 할 것임이라 여호와의 말씀이니라 만군의 여호와께서 이와 같이 말씀하시니라 황폐하여 사람도 없고 짐승도 없던 이 곳과 그 모든 성읍에 다시 목자가 살 곳이 있으리니 그의 양 떼를 눕게 할 것이라."(렘33:10,12)

사람이 무엇이고, 짐승이 무엇인가? '사람의 씨'는 무엇이며, '짐승의 씨'는 무엇인가? 예레미야 31장 27절에서 '씨'는 '말씀'이 아니고, '사람의 자식' '짐승의 새끼들'이다. 신천지의 '씨'에 대한 해석은 속임과 거짓이며, 영적 사기이다.

17
추수 교리

Q 질문 추수란 무엇인가?

신천지의 주장

지금으로부터 약 2,600년 전, 하나님께서 예레미야를 통해 '두 가지 씨 곧 사람의 씨와 짐승의 씨를 이스라엘 집과 유다 집에 뿌릴 날이 있을 것이라'고 예언하셨다 (렘31:27), 이후 약 600년이 지나 예수님과 바리새인이 와서 각각 자기의 씨를 뿌리게 되었다. 사람의 씨는 인자 예수님이 오시어 뿌린 것이며, 짐승의 씨(마귀의 씨)는 짐승 곧 뱀인 바리새인이(마23:29, 33) 뿌린 것이다. 이 두가지 씨로 된 나무가 추수 때까지 같이 자란다(마13:30). 추수 때는 멸망자에 의해 영적 이스라엘 해달별이 어두워지고 떨어져 밤이 되었을 때요(마24장, 계6장, 13장), 이때 예수님과 천사들이 손에 낫을 들고(계14:14) 씨 뿌리는 밭 곧 예수교회로 간다. 예수님과 천사들은 영이요, 손에 든 낫은 말씀을 가진 성도이다. 추수는 이와 같이 밤에 몰래(도적같이) 가서 (살전5:2; 벧후3:10) 하나씩 추수해서 하나님이 계시는 곳간으로 가져와서 새 노래로 (계14:3) 양육하고 인쳐 거듭나게 한다. 이때 추수되어 오는 자는 말씀을 믿고 말씀 곧 하나님을(요1:1) 따라오는 것이다. 말씀을 믿지 않는 가라지는 말씀을 따라 오지 않는다. 추수되어 가는 곳간은 하나님이 계시는 영적 시온산이며[151]

A 반증 '추수'에 대한 성경 왜곡과 적용 | 신천지는 추수와 관련하여서는 예

레미야 31장 27절에서 예수께서 '씨'를 뿌릴 것을 예언하였고, 마태복음 13장 24절에서 예수께서는 오셔서 예언대로 '씨'를 뿌렸으며, 현재는 마태복음 13장 30절에 예언된 대로 추수를 하는 때라는 논리를 갖고 있다.

여기에 기존 교회를 추수밭, 신천지 사람들을 추수꾼이라고 하고는 데살로니가전서 5장 2절 "주의 날이 밤에 도둑같이 이를 줄을 너희 자신이 자세히 알기 때문이라"는 말씀에 근거를 두어 추수꾼으로 만든 신천지 사람들을 교회에 몰래 보내 기존 교회 성도들을 빼내 신천지로 옮기는 것을 추수라고 하였다.

'씨' 비유 해석에서 관련 성구에 대한 신천지의 해석이 틀렸음을 확인하였다. 여기서는 마13장 30절에 나타나는 '추수'에 대한 해석 역시 왜곡되었음을 확인하려고 한다. '추수'에 대한 해석을 위해 마태복음 9장을 먼저 살펴볼 필요가 있다.

"예수께서 모든 도시와 마을에 두루 다니사 그들의 회당에서 가르치시며 천국 복음을 전파하시며 모든 병과 모든 약한 것을 고치시니라 무리를 보시고 불쌍히 여기시니 이는 그들이 목자 없는 양과 같이 고생하며 기진함이라 이에 제자들에게 이르시되 추수할 것은 많되 일꾼이 적으니 그러므로 추수하는 주인에게 청하여 추수할 일꾼들을 보내 주소서 하라 하시니라"(마9:35-38)

예수께서는 제자들에게 추수할 일꾼들을 보내 주실 것을 청하라 하신다. 추수 대상은 유리하는 무리였다. 즉 추수 대상은 현재의 교회에 있는 것이 아니라, 예수님을 알지 못하는 세상에 있는 사람들이었다. 신천지의 말대로라면 예수께서 말씀하고 계시는 추수 대상자들을 향해 신천지 사람들은 추수할 곡식이 아니라고 해야 한다. 그러면 예수님 말씀에 순종하지 않는 것이다. 예수님의 말씀에 의하면, 추수 대상은 하나님을 알지 못하고 사는 세상에 있는 사람들이다. 하나님을 알지 못하는 세상 사람들을 전도하는 것을 추수라 하셨다. 추수를 해야 하는 사람들, 즉 전도인은 제자들이었고, 성도들이다. 성도들이 복음을 들고 전도를 하면, 복음 전파를 통해 세상에 있는 사람 중에 하나님의 나라로 인도되어 온다. 이것이 추수이다. 그렇다면 마태복음 13장 30절에 언급된 '추수'는 무엇일까?

예수께서 재림하실 때에 이미 추수된 사람들 즉 전도되어 하나님의 자녀로 산 사람들과 복음을 듣고도 끝까지 복음을 거부한 사람들을 한자리에 모아, 믿는 자는 천국에, 불신자는 지옥에 넣는 상황을 추수로 표현하였다.

마태복음 9장의 추수는 복음을 전하는 일과 복음을 듣는 일과 복음을 받아들이는 일이고, 마태복음 13장은 이미 확정된 상태에서 모아 나누는 일만을 말한다. 마태복음 9장에서는 표면적으로는 사람들의 동의가 필요하지만, 마태복음 13장의 추수 때에는 사람들의 동의나 반응은 요구되지 않는다. 하나님의 선포 속에 자동적으로 나누어져 천국과 지옥에 간다.

신천지가 마태복음 13장 30절의 추수에, 마태복음 9장의 추수 개념을 적용해 포교하는 것 자체가 성경을 심각하게 훼손하고 있는 것이다.

무엇보다도 신천지는 신천지 사람들을 추수꾼으로 만들어 교회에 숨겨 들여보내 포교를 하게 하는데, 이러한 반도덕적이고, 반윤리적인 포교방식의 근거로 데살로니가전서 5장 2절 말씀을 들어 정상적인 방식인 양 인식하도록 세뇌를 시키고 있다. 그렇다면 데살로니가전서 5장 2절의 신천지 해석은 옳은가?

데살로니가전서 5장 2절 "주의 날이 밤에 도둑같이 이를 줄을 너희 자신이 자세히 알기 때문이라"는 말씀은 예수께서 오셨는지, 오시지 않으셨는지 알 수 없게 오신다는 의미가 아니다. 성경은 예수께서 오실 때 모든 사람이 볼 수 있으며, 모든 사람이 알게 된다(마24:27)고 말하고 있다. 도둑같이 이를 것이라는 말씀은 오시는 것을, 오신 것을 알 수 없도록 오시겠다는 말씀이 아니고 언제 오실지 그 일시를 알려 주시지 않고 오시겠다는 뜻으로 하신 말씀이다. 그것도 예수님의 재림에 대해 알려주시는 구절이다. 그런데 신천지는 데살로니가전서 5장 2절을 추수꾼들에게 적용하는 잘못을 저질렀을 뿐만 아니라, 왜곡된 본문 해석에 근거하여 가르치고 행동하도록 하고 있으며 안타깝게도 신천지에 빠진 사람들은 거짓과 속임을 당연히 여기며 종노릇 하는 것이다. 오직 성경에 근거한다는 집단이 할 일이 아니다.

🅰️ **번증** **번복되는 교리** | 신천지 사람들은 오직 말씀을 근거로 하고, 말씀에 철저한 사람들임을 자처한다. 과연 그러할까? 신천지는 신천지 사람들을 그들만의 추수꾼으로 만들고, 기존 교회가 하나님께서 '씨'를 뿌린 밭이기 때문에, 오직 기존 교회에서만 추수해야 한다고 가르치고, 실행시켜 왔다. 또한 교회 밖에는 씨가 뿌려지지 않았고, 걷을 곡식이 없으니 교회 밖 포교는 절대로 불가능한 것이 신천지의 교리이다. 이러한 까닭에 신천지는 한동안 오직 기존 교회에서만 사람들을 포교해 갔다. 그러면 현재는 어떠한가?

상담실의 상담 요청자 중 60% 이상이 기존 성도가 아닌 신앙이 없던 중에 신천지의 마수에 걸려 미혹되었다가 정신을 차리고 상담을 요청하는 사람들이다. 현재는 교회가 아닌 교회 밖 포교가 강하게 일어나고 있음을 보여주는 사례이다. 교회에서의 포교가 어려워지면서 교회 밖 포교가 이뤄지고 있는 것인데, 이것은 신천지 교리에 의하면 심각한 모반이다.

추수할 곡식은 교회 안에만 있는데, 곡식이 없는 교회 밖에서의 추수라는 것이 가능한 것인가? 상담실을 찾는 신천지에 빠진 사람들을 만날 때마다 확인하는 것이 신천지 사람들이 신천지 교리를 모른다는 것이다. 이러한 까닭에 새로운 사람들이 포교 되어 가고, 신천지의 교리가 사실이 아닌 조작된 것이라는 것을 알게 되면 이탈하는 일이 반복적으로 일어나고 있다. 많은 것들이 거짓으로 드러났음에도 불구하고 새로운 맹신자들이 일어나는 이유이다. 교회 밖 추수만으로도 신천지가 진리를 갖고 있기는커녕 거짓 집단이요, 사기 집단인 것을 알 수 있다.

18

실상 교리

Q 질문 실상이란?

신천지의 주장

필자가 저술한 이 책「천국비밀 요한계시록의 실상」은 요한계시록에 기록된 '예언의 말씀'과 그 말씀대로 나타난 '실상'을 증거하는 해설집이다. 약 2천 년 전 사도 요한이 지금의 그리스 영토인 밧모 섬에서 예수님의 계시를 '환상'으로 보고 요한계시록을 기록한 것은 장래에 이룰 예언이었고, 오늘날 필자는 주께서 약속하신 예언이 실상으로 응한 것을 보고 '성령에게 설명들은 대로' 본서에 기록하였다. 그러므로 이 책의 해석과 실상이 참임을 증거하는 바이다.[152] 일반 사람들도 그렇고 신천지 신자들도 그렇고 일반적으로 실상(實像)을 신천지가 말하는 '실상'으로 생각한다. 실상(實像)은 한 개체의 모양을 얘기할 때 쓰는 용어이다. 분필의 형상, 마이크의 형상 등을 표현할 때 쓰는 표현이다. 신천지에서 말하는 실상은 실상(實像)이 아니고 실상(實狀)이다. 실상(實狀)은 한 개체의 모양을 말하는 것이 아니고, 개체들이 모여서 만들어 낸 결과 혹은 상황을 의미한다. 장미꽃에 가시, 잎, 가지, 줄기 이런 것들 하나하나가 모여 만들어 낸 장미꽃이 자라나는 현상이 실상이다. 계시록의 실상이란? 몇 년도, 몇월 며칠 누구 누구 이런 것을 두고 하는 말이 아니다. 개체들이 모여 만들어 낸 배도, 멸망, 구원의 노정이 실상이다. 이런 배경에서 총회장께서 실상 다 얘기하였다고 하신 것이다. 계시록 실상은 실제로 일어난 '날'과 '시간'이 있었다. '역사하였던 사람들'이 존재했다. 지금은 누구인지 모른다. 일시도 가물가물하다. 20-30년 전 이야기다. 그러한 사건들은 있었다. 이런 사건들이 모여 만

들어 낸 배도·멸망·구원 정확히 말하면 배도자·멸망자· 구원자 이게 실상이다. 이
것을 둘러쌌던 개체로서의 일들이 있었다. 하지만 그러한 개체들을 실상(實狀)이라
고 하지 않는다.[153] 가룟 유다가 예수님을 판 은 30을 가지고 피 밭을 샀다. 성경에
는 예레미야에서 인용한 것으로 나타난다. 하지만, 예레미야에는 이런 내용이 없
다. 사실은 스가랴에서 인용한 글이다. 즉 오류가 있는 것이다. 스가랴에서 나오는
얘기이다. 그 구절은 틀린 것이냐? 맞는 것이냐? 진리-참-사실-실상-실상이 진리
이다. 구약의 실상은 예수이다. 신약의 실상은 이긴자이다. 진리는 다 맞아야 진리
이다. 한 개라도 틀리면 진리가 아니다. 이렇게 얘기한다. 맞다. 세상에서는 이렇
게 말한다. 구약의 예언대로 실상으로 오신 분이 예수시다. 사복음서는 예수에 관
한 개체를 기록한 것이다. 여기에 틀린 것이 있다. 거라사인 지방에서 있었던 귀신
들린 사람 이야기에서 귀신 들린 사람이 하나라고 한 본문도 있고, 두 사람이라고
한 본문도 있다. 어디가 맞는 것인가? 예수께 향유를 뿌린 여인과 관련해서 머리에
부었다는 본문이 있고, 발에 부었다는 본문이 있다. 어느 것이 맞는 거냐? 맞지 않
으면 성경이 틀린 것이냐? 성경에서 말하는 진리의 개념은 2-3개 틀려도 진리이
다.[154]

◬ 반증 신천지는 그들이 말하는 '실상'을 설명하면서 "『천국비밀 요한계시
록의 실상』은 요한계시록에 기록된 '예언의 말씀'과 그 말씀대로 나타난 '실상'
을 증거하는 해설집"이라 하였다. 예언이 있고, 예언대로 나타난 실상(실체)을
증거하는 해설집이라고 하였다. 이 말 속에 신천지가 '실상'이라는 말을 어떠
한 의미에서 사용하는지 분명히 나타난다.

신천지에 의하면 예언에는 사건이 있고, 사건에 등장하는 인물들과 사건
이 일어난 장소가 비유로 나타난다. 그렇다면 실상 역시 사건이 있어야 하고,
등장인물과 지명이 있어야 한다. 신천지는 이렇게 나타난 사건, 인물, 지명을
실상이라고 하고 있다.

둘째로 이만희는 『천국비밀 요한계시록의 실상』에서 "약속하신 예언이 실
상으로 응한 것을 보고 '성령에게 설명 들은 대로' 본서에 기록하였다. 그러므
로 이 책의 해석과 실상이 참임을 증거하는 바이다"라고 하였다.

이만희는 약속하신 예언이 실상으로 나타난 것을 보았다고 하고 있다. 즉 이만희 자신이 아닌, 눈앞에 예언대로 펼쳐진 실상(실체)을 보았다고 하고 있다. 여기서 신천지가 말하는 실상이 무엇인지 명확히 알 수 있다. 이만희는 자신의 눈앞에 나타난 사건 전체, 사건을 이루고 있는 요소들 하나하나를 실상이라고 하고 있다.

반증 **'실상'의 개념을 새롭게 정리해주는 신천지, 왜?** │ 2020년 현재 과천에 소재한 신천지의 요한지파의 지파장으로 있는 최ㅇ희라는 사람은 신천지와 이만희가 알렸던 실상의 내용들이 허위라는 사실이 드러나자 실상에 대한 개념을 바꿔서 설명함으로 '실상'을 더욱 꼬이게 만드는 웃지 않을 수 없는 사건이 발생했다.

최ㅇ희는 실상(實像)과 실상(實狀)에 대한 개념정리부터 해주었다. 실상(實像)은 한 개체의 모양을 얘기할 때 쓰는 용어이며, 실상(實狀)은 한 개체의 모양을 말하는 것이 아니고, 개체들이 모여서 만들어 낸 결과 혹은 상황을 의미한다고 하였다. 그리고 신천지가 사용하는 '실상'은 실상(實像)이 아니고, 실상(實狀)이라고 강조해서 가르쳤다. 이렇게 설명하는 최ㅇ희의 의도는 무엇이었을까?

실상이 사실과 맞지 않는다는 지적에 이긴자로서의 이만희의 존립에 문제가 발생했다. 실상이 사실과 다르면 이만희와 신천지의 증언이 거짓이고 곧 이단이라는 증표이기 때문이다. 이런 상황에서 드러난 사실을 부정할 수는 없고, '실상'의 개념이 잘못되어 있어서 일어난 촌극으로 상황을 정리하는 것이 최선이라고 판단한 듯하다.

그래서 만들어 놓은 것이 이만희가 이긴자라는 것, 12지파가 있다는 것이 실상이지, 신천지 역사 중에 있었던 사건들이나 사람들은 자신들이 말하는 실상이 아니라는 것이었다. 하지만 최ㅇ희의 주장은 심각한 난관에 봉착했다. 최ㅇ희의 말이 맞으면, 이만희의 말이 거짓이 되고, 이만희의 말이 맞으면, 최ㅇ희의 말이 거짓이 되기 때문이다. 우선 이만희의 말이 틀리다는 것은 최ㅇ희에 의해서 증명되었고, 최ㅇ희의 말은 이만희의 말에 의해서 사실과 다른 속이기 위한 말임이 확인되었다. 이것이 신천지다.

최ㅇ희는 소위 '실상'이라는 것이 틀렸다고 하는 내외적으로 일어나는 의심을 잠재우기 위해 나섰는데, 오히려 이만희가 말한 '실상'의 내용이 실제는 거짓이었음을 확인해 주는 증인 노릇을 한 격이다.

오래된 내용들이라 기억이 불분명할 수 있다? | 신천지는 실상이라고 발표한 내용에 틀린 부분이 있는 것은 오래된 내용이라 기억이 불분명할 수도 있고, 이만희가 수첩을 가지고 다니면서 일일이 기록할 수 있는 것도 아니기에 사실과 다른 부분이 있을 수 있으며 이러한 부분은 하나도 이상할 것이 없다고 하였다. 과연 그러한가?

이만희가 전한 실상 내용의 진위 확인은 이미 늙은 현재의 이만희에게 물어 확인한 것이 아니다. 신천지가 처음 시작할 때부터 강의와 설교로, 책으로 전한 내용을 가지고 확인한 것이다. 더군다나 이만희가 재림 예수의 영이 임하여 영생불사한 사람이 되었는데, 늙었다는 표현을 하는 것은 합당하지 않다.

그리고 이만희가 실상을 전하는데 수첩을 가지고 일일이 확인하여 적을 수 없다는 말은 신천지를 더욱 비참하게 만드는 얘기다. 이만희가 사람들을 일일이 찾아 확인하여 실상을 만들었나? 하나님으로부터 직접 실상에 대한 계시를 받고, 책(『요한계시록의 실상』)을 받아먹음으로 이긴자가 된 것이 아닌가? 수첩을 거론하며 실상이 정확하지 않을 수도 있다는 소리는 무책임한 소리이다. 차라리 실상이 사실이 아니라고 말하는 것이 바람직하나 소위 '실상'이 신천지의 기초이고 토대이기 때문에 자신들의 실상이 틀렸다는 소리를 절대 하지 못하는 것이다.

A 반증 신천지가 제시한 성경 구절 고찰 | 신천지는, 마태복음 27장 9절을 보면, 예레미야가 한 말이라고 기록되어 있는데 사실은 스가랴에서 인용한 것이라는 것과, 마가복음 5장 22절과 같은 내용을 기록한 마태복음 8장 28절 사이에 내용 차이가 있다는 것, 그리고 마태복음 26장 7절과 같은 내용을 기록한 요한복음 12장 3절 사이에 내용 차이가 있는 것을 가지고 성경이 틀렸다고 말할 수 있냐고 하였다. 성경이 틀릴 수 없으므로 기록상 오류는 문제가 되지 않는다는 논리이다. 그러므로 이만희가 전한 내용 중에 다른 부분이 발견되었을 때, 충분한 이유가 있어서 다르게 기록하였다고 믿는 것이 믿음이라고 하였다.

그러나 첫째, 예수께서 신천지가 제시한 구절에 근거해서 하나님이심을 증거 하지 않으셨다. 이만희는 자신이 전한 소위 실상이라는 내용에 근거하여 자신이 이긴자라는 주장을 하고 있으니 이만희의 경우 반드시 확인하여야 한다.

둘째, 신천지가 제시한 구절들은 기록의 오류가 아니다. 성경을 기록한 저자들이 가지고 있는 시각과 중요하게 여기는 관점에서 살피고 기록하는 가운데 나온 차이이다. 스가랴에서 인용하였음에도 불구하고 예레미야 본문에서도 등장하는 내용으로서 당시 대표성을 가진 예레미야의 글로 기록한 것이며 귀신 들린 두 사람 역시 사실상 둘이었을 것이다. 이는 같은 사건이라도 어떠한 부분을 중심으로 기록하는가에 따라 나타난 결과이다. 마리아의 향유 부음 역시 머리에도, 발에도 모두 뿌렸을 것이며 이것을 각자의 관심 속에서 다르게 표현하였을 뿐이다.

반면에 이만희가 증거 하였다는 실상은 이러한 구절들과 비교 대상이 아니다. 우선 여러 사람의 시각에 따른 기록 차이가 아니라, 한 사람 이만희의 기록이기 때문이다. 인쇄의 실수라 할 수 없는 것이, 책에만 기록된 것이 아니라 강의와 설교를 통해서 일관되게 주장된 내용이기 때문이다.

Q 질문 같은 본문이면서 해석이 다른 사례, 반시(계8:1) 해석?

신천지의 주장

본문은 일곱째 인을 뗄 때 하늘이 반시 동안쯤 고요하다고 한다. 이때의 반시는 6개월을 두고 하신 말씀이요(단11:13).[155] 여기서 반 시(時)란 문자 그대로 한 시간의 반즉 삼십 분을 말한다. 잠시 본문의 반시와 아울러 마지막 때 일을 이상으로 기록한 다니엘서의 반 때에 대해 알아보자, 다니엘 7장 25절에서는 바다에서 나온 짐승이 하나님의 백성을 멸망시키는 기간을 한 때와 두 때와 반 때라고 하였고, 다니엘 11장 13절에서는 몇 때를 몇 해라고 하였다. 그러므로 다니엘에서 말하는 한 때는 일 년을, 반 때는 육 개월을 가리킨다.[156]

A 반증 신천지는 두 책의 차이에 대해 편집자의 실수라고 변명하였다. 충분히 있을 수 있는 일이다. 하지만 편집자의 실수로 돌릴 수 없는 것은 『천국비밀 계시』만이 아니라, 1985년에 출판한 『천국비밀 계시록의 진상』이라는 책에서도 같은 주장을 하고 있기 때문이다.

"따라서 반시 동안의 고요함은 여섯달 동안의 고요함을 말한다. 성민을 괴롭게 할 미운 물건의 출현을 본 지상의 사명자, 그가 이제 이 놀라운 사실을 증거하기 위해 증거의 나팔을 불게 된다. 따라서 나팔수는 나팔을 제대로 불기 위한 준비가 불가피하게 되고, 그 준비 기간이 반 때이다."[157]

단지 '6개월'이라 하였으면 혹 몰라도 다니엘서의 설명과 함께 6개월이라 해놓고 실수라고 할 수 있을까? 신천지는 편집자의 실수였다는 말에 불안했을까? 다음과 같이 반성과 인정을 하지않은 채 어설픈 변명으로 슬쩍 넘어가려 한다.

> "반시(半時)라고 하면 한시의 절반 곧 30분을 의미하며 여섯째 인 뗀 후 언제부터 나팔부는지는 성경에 나와 있지 않다. 그런데 반시 후 실제 나팔이 불려지기까지는 약 6개월 정도의 기간이 소요되었으며 인덕원 중국집에서 나팔을 불기 위해 모여 나팔 불 것을 지시하였다. 그리고 30분 정도 고요한 후 첫 장막에 가서 전하게 된 것이다."[158]

반시에 대해 신천지도 결국은 6개월이라는 주장에서 30분이라고 수정하였다. 그러면 이제까지 6개월로 주장한 것에 대해 인정하고 넘어가면 되는 일인데 어설픈 변명을 계속하는 이유는 신천지 내부적으로 실상이 틀렸다는 것이 용납되지 않기 때문이다. '반시'가 30분이 아닐 수 있는 경우의 수는 아예 없다. '6개월'이라는 기간과 연관하여 어떻게 해서라도 내부적인 의문을 덮으려고 하는 신천지의 모습이 애처롭기 그지없다.

Q 질문 같은 본문이면서 해석이 다른 사례, 아마겟돈이란?

신천지의 주장

이 귀신들의 영들이 거짓 선지자의 입에서 나와 천한 임금들(목자들)에게 가서 하나님의 큰 날에 있을 전쟁을 위해 그들을 아마겟돈으로 모은다고 한다. 아마겟돈은 바벨론 목자들이 자신들과 싸워 이긴 승리자들을 치려고 모이는 영적 전쟁터이다. 이곳은 천사와 진노의 대접이 나온 곳이요, 14장과 15장의 이긴자들이 모인 곳인 유리바다가 있는 하나님의 보좌 앞 증거 장막 성전이다.[159] 요한계시록 13장(1차전)과 12장(2차전)에서는 하늘 장막이 영적 아마겟돈이라 할 수 있다. 그러나 요한계시록 16장은 어디에서 싸운다는 특정한 장소가 나오지 않기 때문에, 용의 입과 짐승의 입과 거짓 선지자의 입에서 나온 귀신의 영이 온 천하 임금들을 모은 아마겟돈은 어느 장소를 단정하여 말할 수 없다. 단지 바벨론의 천하 임금들과 증거

장막 성전이 싸우는 그곳(전쟁터)을 아마겟돈이라고 한 것이다. 결론지어 말하자면, 요한계시록 16장의 아마겟돈은 바벨론의 천하 임금들과 증거장막 성전이 싸우는 영적 전쟁터이다.[160] 그러면 아마겟돈은 어디인가? 멸망자 짐승의 무리가 '하늘 장막'에(계13:6, 12:7) 침노하여 장막 선민들과 전쟁을 벌여 이겼으나(13장), 12장의 여자가 낳은 아이와 그 형제들에게 패하게 되어 하늘 장막에서 쫓겨나 땅으로 내려갔다. 이들은 하나님을 대적하기 위해 천하 임금들 곧 바벨론 목자들을 모아 다시 하늘 장막으로 모인다. 그러나 계시록 19장에 의하면 어린양의 군대에게 패하게 된다. 여기서 아마겟돈은 하늘 장막을 가리킨다.[161] 오늘날에 이 사실을 조명해 보면 멸망자가 하나님이 세운 왕들을 멸망시킨 현장이다. 즉 멸망의 대적이 들어와 유다의 장막이요, 첫 언약의 제단이 예루살렘(종의 씨, 갈4:24-25)을 멸망시키고 바벨론으로 만들어 버린 종의 집이다.[162]

Ⓐ 반증 '아마겟돈'은 전쟁터를 빗대어 표현한 말이 아니다. 어느 지정된 한 곳을 두고 지칭한 표현이다. 신천지는 '아마겟돈'이 장막성전이라고 하였다가, 증거장막성전이라고 함으로 지정된 어느 한 곳을 두고 한 표현이라고 할 수 없게 되었다. 결국은 지정된 어느 한 곳이 아니라 전쟁터를 두고 한 표현이라는 해석을 내놓았다. 즉 장막성전에서 전쟁이 일어나면 그곳도 아마겟돈이 될 수 있고, 증거장막성전에서 전쟁이 일어나면 증거장막도 아마겟돈이 될 수 있다는 주장이다. 오류를 인정한다는 것은 실상이 거짓이라는 증표가 되는 까닭에 이러한 해석을 내놓을 수밖에 없다.

Ⓠ 질문 같은 본문이면서 해석이 다른 사례, 구름타고 올라간 곳이란?

신천지의 주장

두 증인은 증거를 마칠 때, 무저갱에서 올라온 짐승에게 죽임을 당한다. 그러나 삼일 반 동안 죽었다가 다시 생기가 들어감으로 살아나서 구름을 타고 하늘로 올라간다. 구름을 타고 하늘로 올라간다는 것은 성령에 이끌리어 영으로 하나님이 계신 곳으로 간다는 뜻이다. 하나님이 계신 곳은 14장과 15장에서 본 성전이다.[163]

살아난 두 증인은 하늘에서 나는 음성을 듣고 구름을 타고 하늘로 올라가니 너희 원수들이 구경한다고 한다(12절). 그 음성은 계시록 1장 10절, 4장 1절, 그리고 10장 4절과 8절과 같이 요한에게 말씀하신 주님의 목소리이다. 구름을 타고 가는 것은 영으로 가는 것이며, 하늘로 올라간다는 것은 주께서 계신 곳으로 가는 것이다. … 그와 같이 본문의 두 증인도 생기 받고 살아난 후에 먼저 영으로 하나님께 갔다가 이 땅의 하늘로 간 것이다.[164] 그러나 삼 일 반 동안 죽었다가 다시 생기가 들어감으로 살아나서 구름을 타고 하늘로 올라간다. 구름을 타고 하늘로 올라간다는 것은 성령에 이끌리어 영으로 하나님이 계신 곳으로 간다는 뜻이다. 두 증인은 먼저 영으로 하나님께 갔다가, 다시 육신으로 이땅의 하늘 곧 하늘 장막으로 간다.[165]

(A) 변증 『천지창조』(2010)에서는 신천지가 말하는 영계의 하늘이라고 단정을 지었다가 이후에 『천지창조』(2016)에서는 영으로는 하늘에, 육신으로는 장막성전으로 간다고 말을 바꾸었다. 상황에 따라 달리 말하여만 하는 것이 신천지다.

(Q) 질문 성경 내용과 맞지 않는 실상 내용, 유재열의 미국 여행은?

신천지의 주장

세례 요한에게서 난(마3:16) 예수는 요한과 하나되기를 바랬으나 세례 요한이 의심한 나머지 길을 달리하였고(요3:30) 오늘의 삼손도 그가 낳은 아들 곧 제자인 증인이 하나되자고 구하여도 거절하고 광야인 이국으로 가서 3년 6개월간 신학을 공부하고 돌아온 것이다. 다음 13장에서 상설하겠지만 이 신학 공부(양육)를 한 것은 하나님의 일이 아니라 사실은 까마귀에게서 양육받는 일로서, 짐승으로부터 그 이마에 표받는 행위였던 것이다. 즉 하나님의 은총을 입고 언약한 천사가 결국 이방의 목자인 뱀의 꼬리가 된 것이다. 먹어서는 아니 될 선악을 알게 하는 나무의 열매를 따먹었던 에덴 동산의 여자를 생각해 보라.[166] 이방 멸망자에게 모든 권한을 넘겨주고 미국 웨스트 민스트 신학교에서 학업을 받는 중 유재열씨의 모습(겔44:7-8; 계12:6,13). 첫 장막성전에서 어린종, 주님, 선지자님 등으로 불리우는 유재열 씨는 오평호 목사에게 모든 권한을 넘겨주고 1980년 10월 말경에 미국으로 유학을 떠나게 된다. 미국의 웨스트민스트 신학교에서 신학 박사학위를 받아 3년 6개월 후

A 반증 글에서 언급한 삼손은 장막성전의 교주였던 유재열을 가리킨다. 요한계시록 12장은 신천지의 소위 실상 내용에 있어서 핵심이 되는 중요한 장이다. 12장과 관련하여 신천지의 실상 내용의 여인은 장막성전의 유재열이고, 여인이 낳은 아이는 이만희다. 본문 12장 6절을 보면, 여인이 광야로 도망하였는데, 하나님께서 1260일 동안 여인을 양육할 곳을 마련해 놓으셨다. 신천지의 실상에 의해 유재열이 1260일 동안 도망하여야 하고, 그곳에서 양육을 받아야만 한다. 이만희는 이 내용에 맞추어 유재열이 미국으로 도망하여, 미국의 웨스트민스터 신학교에서 1260일 동안 신학 공부를 하여 신학박사 학위를 받아 3년 6개월 후인 1984년에 들어왔다고 하면서 증명할 자료를 제출해 놓았다. 문제는 웨스트민스터 사진이라고 내놓은 사진 배경은 웨스트민스터 신학교가 아니라 패트릭 성당이었다. 거짓이 드러난 후 이만희의 변명은 더욱 가관이다. 자신이 직접 확인하지 않았고, 사람들이 그렇게 말하니 믿었다는 것이다. 이것이 소위 이긴자, 성경에 통달한 자, 구원을 주는 자의 모습인가? 도대체 상황에 따라 달라지는 말을 하는 이만희를 보혜사로 따르는 사람들은 뭔가?

Q 질문 **이만희는 편지를 보냈는가?**

신천지의 주장
양육했던 자식들이 배도하고 떠나갔음에도 사랑 많으신 하나님은 세상 가운데서

> 무식하고 볼품없는 가장 못난 사람을 택하여 언약을 배도하고 떠나간 일곱교회 사자에게 회개의 편지를 보내시니 그 편지 내용이 요한계시록 2장 3장의 내용인 것이다.[168]

(A) 반증 이만희는 편지를 보내지 않았다. 편지를 보낼 수가 없었다. 편지를 보내려면 수신자가 있어야 하는데 이만희가 편지를 보냈다는 시점에, 이만희가 지정한 수신자 중에는 장막성전을 이탈하여 없는 사람들이 있었기 때문이다. 이만희가 수신자로 정한 소위 장막성전의 일곱 사자로 알려진 사람들은 유재열(삼손)·김창도(미카엘)·백만봉(솔로몬)·정창래(사무엘)·신광일(여호수아)·김영애(디라)·신종환 일곱 사람이다.

일곱 사람 중에 신종환, 신광일, 백만봉은 1969년에 이탈하였고, 김창도, 정창래, 김영애는 1980년 봄에 이탈하였다. 장막성전에 있지 않은 사람들에게 어떻게 편지를 할 수 있었단 말인가? 무엇보다도 이만희 스스로 "일곱 사자 모두에게 편지를 보내진 않았지만 유재열에게 대표로 보냈으니 편지를 보낸 것은 사실이다."라고 말하였다는 소식이다. 성경대로 실상이 이뤄졌다고 소리쳐댄 이만희 스스로 성경대로 편지를 보내지 않았음을 시인한 것이다. 그런데 신천지에 빠진 사람 중에는 이러한 사실조차 모르고 있다.

신천지 사람들에게 편지는 매우 중요하다. 편지를 보낸 것이 아니면 이만희는 이긴자일 수 없고, 이만희가 이긴자가 아니면 실상이 거짓이 되며, 실상이 거짓이면 신천지가 거짓이기 때문이다. 이러한 이유로 상담실을 찾는 신천지 사람 중에 편지발송에 대해 부인한 사람은 단 한 사람도 없다. 편지를 보지는 못했으나 편지를 보냈다는 생각을 꺾지 않으며, 편지를 보냈다는 증거를 신천지가 가지고 있다는 생각에 추호의 의심도 없다. 편지를 발송한 것을 부정하는 순간에 신천지도, 자신의 신앙도 무너지기 때문이다. 신천지에게 편지사건은 뜨거운 계륵이다.

신천지의 편지사건은 혹 이만희 사후 파생되는 집단이 자신의 정당성을 확보하는 과정에서 중요한 역할을 할 수도 있다. 이만희가 죽으면, 절대 죽지 않아야 하는 이긴자의 죽음을 마주한 신천지 사람들에게는 충격이 아닐 수 없다. 신천지는 조직 유지를 위해 바로 이만희가 이긴자인 것부터 부정하는 단계를 밟을 것이며, 이때 이만희가 편지를 보내지 않았다고 시인하는 것으로 이긴자가 아니었다는 선포와 함께 그의 죽음을 정당화하고 이긴자의 역할을 탐하는 자가 신천지를 향해 편지를 보내는 것으로 자신을 이긴자로 내세울 수 있는 소재이기 때문이다.

Q 질문 신천지는 편지를 보낸 때에 대해 왜 오락가락하는가?

신천지의 주장

그후 1980년 봄 구름을 입고 오시는 성령체에게 안수 받고 책과 지팡이를 받게 되었으며, 성령에 이끌리어 가서 책에 기록된 말씀의 실체 곧 하나님 사자들의 조직의 비밀과 사단의 사자들 조직의 비밀을 보여주시며 책에 써서 교회들에게 보내라는 성령의 지시에 따라 기록한 것이므로 이 책은 사람의 고안이나 지식과 연구로 낸 것이 아니다.[169] 이로부터 지금까지 걸어온 신천지 역사를 다시 돌이켜 보면 1980년 9월 하나님이 택하신 대언자 증인이 과천 소재 청계 산하에 있는 첫 장막 일곱 사자에게 편지로 증거하다가 동년 10월 27일 이방 침노자들에 의해 투옥되어 증거가 중단되었고, 첫 장막교회는 개국 14년만에 이방 침노자에게 붙임바 되었다.[170] 필자는 1977년 가을 요한계시록 1장과 같은 계시를 받고 : 경기도 과천 첫 장막(장막 성전)으로 왔다. (이 때 사단 니골라당은 이미 들어와 있었다.) 1979년도에 첫 장막의 일곱 사자에게 편지했고, 1980년 초에 천사로부터 작은 책을 받았고, 1980년 가을에 말씀을 증거하다가 잡혀 들어갔고, 1981년에 나왔으며, 1981년 겨울에 처음으로 '(天地創造)' 책을 저술하기 위해 산으로 들어갔고(이 일은 대필자의 부실과 과오로 본인의 의도대로 출간되지 못하고 실패로 돌아갔음), 1982년 말과 1983년 심한 전쟁을 했으며, 1984년에 신천지예수교 증거 장막성전을 창립, 선포하였다.[171]

A 반증 계시록 완전해설에서는 1980년 봄에, 『신천지발전사』에서는 1980년 9월에, 천지창조에서는 1979년에 편지를 보낸 것으로 기록하고 있다. 편지를 보낸 시기를 반복적으로 달리 주장하고 있다. 편지를 보낸 일시는 달라질 수 없는 것인데 이렇게 바뀐 이유는 무엇이었을까?

네이버 블로거 명 미가엘은 "신천지는 그동안 1980년 3월부터 장막성전이 이삭교회로 간판을 바꿔 달았다고 주장해 왔는데, 이미 간판을 바꿔 단 장막성전의 일곱 사자에게 1980년 봄이나 9월에 편지를 보냈다고 하는 것이 말이 안 되는 것을 뒤늦게 알아차렸기 때문입니다"[172]라고 하였다. 보낸 시기에 대한 기억이 정확하지 않은 까닭에 시기에 변개를 한 것이 아니라, 자신들의 주장이 성경에 맞추어 볼 때 맞지 않으므로 바꾸지 않을 수 없는 상황이 발생한 것이다. 신천지가 말하는 소위 실상이다.

부록

교회는 신천지를 어떻게 상대해야 할까?

01 · 신천지의 역사

신천지의 발원에 대해 신천지가 말하는 배경 설명과 문제점

1) 신천지 발원에 대한 배경 설명[173]

장막성전에서 파생된 신천지

신천지예수교증거장막성전(교주: 이만희, 이하 신천지)은 자생적으로 발원한 단체가 아니다. 대부분의 이단이 앞서 존재했던 어떤 이단 조직으로부터 파생하여 탄생한 것처럼 신천지 역시 파생되어 나온 집단이다.

장막성전(유재열)은 신천지 존립의 생태적 뿌리이다. 신천지는 스스로 장막성전을 영적 이스라엘이라고 하고, 자신들을 영적 새 이스라엘이라고 한다. 영적 이스라엘인 장막성전이 배도하여 멸망함으로 영적 새 이스라엘인 신천지가 세워졌다고 발생의 원천을 장막성전에 두고 있다. 장막성전이 없는 신천지는 생각할 수 없다.

신천지의 이단 DNA의 출처

신천지 발원의 배경이 되는 유재열의 장막성전은 천부교(전도관: 박태선, 장로출신)에 뿌리를 두고 있는 호생기도원(김종규)을 배경으로 한다.[174] 장막성전이 호생기도원에서 파생되었지만 전도관의 영향 아래 있음을 알 수 있다. 이만희 역시 전도관에서 10년의 신앙생활을 하였다.[175] 새롭게 발생한 이단 집단 중 전도관의 영향을 받지 않은 곳이 거의 없다.

이단 집단인 신천지가 장막성전에서, 장막성전은 호생기도원에서, 호생기도원은 전도관의 영향 아래서 시작되었기 때문에 정서나, 신앙관이 유사하고, 동질적이다. 같은 이단 DNA를 갖고 발생하였기에 상호 유사한 이단의 특성을 공유하고 있다. 이만희가 가르치는 교리 대부분이 전도관, 호생기도원, 장막성전은 물론이고 동일 뿌리를 두고 시작한 다른 이단들에서 그대로 나타나는데 이는 하나도 이상한 일이 아니다.

상담하는 중에 신천지만의 독보적이고 독창적인 것으로 알고 있던 교리를 다른 이단 집단이 신천지보다 앞서서 가지고 있었다는 사실을 알게 되는 순간 처참하게 무너지는 신천지 사람들을 종종 본다. 태생적으로 이단의 DNA를 가지고 발원한 집단이기 때문에 다른 이단 집단의 DNA를 함께 갖고 있어서 나타나는 현실적 문제이다. 이러한 이유로 신천지에서는 사전에 이러한 상황을 전제하여 방어 교육까지 한다.

발원 배경에 근거한 신천지의 문제점 해부 및 비판

1) 장막성전에 근거를 둔 신천지의 패착

장막성전을 배경으로 한 신천지의 발원을 통하여 신천지가 비정상적인 집단인 것을 확인하는 일은 어렵지 않다. 먼저 장막성전의 배도로 신천지가 발생하였다고 한 만큼 배도에 대한 신천지의 생각을 알아보자.

> 두 가지 죄에 걸릴 때 치신다. 하나는 하나님과의 언약을 지키지 않는 것이요, 또 하나는 이방과 손을 잡아 언약하고 이방 신을 섬기는 일이다.[176]

신천지는 하나님과의 언약을 지키지 않는 것과 이방과 손을 잡아 이방 신을 섬기는 일이 하나님께서 심판하시는 두 가지 배도의 형태라고 소개하였다. 아래에서 필요한 환경에 대해 조금 더 구체적으로 언급한다.

> 먼저 하나님과 언약한 장막 일곱 목자와 성도가 있어야 하고 이들이 하나님과의 언약을 배도해야 한다.[177]

신천지가 발생하려면 장막성전이 먼저 있어야 하고, 그곳에 일곱 목자가 있어야 하며, 일곱 목자의 배도가 반드시 있어야만 한다는 신천지의 입장을 살펴보았다. 신천지는 이미 발원하였다. 모든 것을 떠나서 신천지의 주장대로 장막성전에 일곱 목자가 있었는지, 일곱 목자라는 사람들의 언약 배도가 있었는지 확인하는 것만으로도 신천지의 말이 거짓인지, 참인지 확인할 수 있게 되었다. 신천지는 장막성전에서 발생했다고 하는 배도 행위를 다음과 같이 소개한다.

> 하나님으로부터 택함 받아 언약한 목자와 민족이 이방과 손을 잡아 언약하고 하나님의 법이 아닌 이방의 교법을 따르는 것이 배도의 행위요.[178]

'택함을 받은 언약한 목자와 민족'은 유재열을 비롯한 장막성전의 소위 일곱 사자와 신자들을, 이방인은 오평호[179]와 청지기교육원을 각각 두고 한 말이다. 장막성전은 배도하였고, 배도의 배경에는 오평호가 있다. 정리를 하자면 일곱 목자가 오평호를 만나 이방 교리를 받아들여 배도하는 일이 있었다는 말인데, 일곱 목자가 오평호를 만났고 영향을 받았을까?

오평호는 1975년 장막성전의 교주 유재열을 만났다. 1975년 전에는 아무런 연관이 없다. 신천지가 말하는 이방인 교리(장로교회 교리)에 의해 일곱 목자의 배도가 있으려면 적어도 1975년까지는 모두 장막성전에 남아 있어야 한다. 문제는 1975년이 되기 전에 소위 일곱 사자로 불렸던 사람 중 몇 명이 이미 장막성전을 이탈한 것이다. 이것을 어떻게 설명할 것인가? 신천지 발원을 결정하는 중요한 배경에 심각한 오류가 있는 것이다. 신천지는 자신들이 말하는 신천지가 아니라는 것을 스스로 밝힌 셈이다.

2) 장막성전과 맺은 언약

신천지는 자신들의 교리 체계 형성 과정을 설명하면서 그들의 근거가 되는 장막성전이 하나님과 언약하였다[180]고 강조한다. 신천지의 출현을 위해서는 장막성전에 배도하는 일이 있어야 하고, 배도하는 일이 있으려면, 배경이 되는 언약이 있어야 하니 당연하다.

그러니 장막성전과의 언약이 중요한 만큼 '장막성전과 하나님 사이의 언약'에 대한 제대로 된 설명이 있어야 한다[181]. 그런데 언약하였다는 말만 무성하지 내용이 무엇인지에 대한 언급은 보이지 않는다. 언약의 내용은 무엇이며, 언약과 관련하여 어떻게 배도하였는지 설명이 없다. 특별한 언약 내용 없이 형식만 가지고 언약하였다는 사실만을 가져다가 활용한 까닭이다. 이런 상황은 신천지 존립에 있어 잇점으로 작용하고 있다. 사실을 확인할 근거가 없기 때문이다.

이러한 제한적 한계 속에서 이와 관련된 신천지의 발원과 관련된 문제점이 무엇인지 좀 더 구체적으로 살펴보자. 다음은 장막성전을 시작한 8명[182]과 관련한 기록이다.

> 성신으로부터 100일 간 양육을 받은 8명은 오른 손 바닥과 손목의 동맥을 잘라 하나님과 피로 언약했다.[183] 백성들은 천사들에게 순종하고 천사들은 임마누엘왕에게 순종하고 임마누엘왕은 나에게 순종하라.[184]

이것이 소개된 언약 내용의 전부이며, 이외의 것은 장막성전의 교리 나열에 불과하다. 신천지가 말하는 장막성전의 언약과 관련한 내용 중에 주의하여 볼만한 것이 하나 더 있는데, 신천지가 소개하는 장막성전의 예배 형식이다.

> 성경중심으로 설교를 했고, 성경 외 다른 말은 하지 않았으며[185]

장막성전이 성경을 다뤘다는 말을 했고, 성경을 바르게 잘 전했다고 평가를 하였다. 장막성전의 성경 해석에 대한 신천지의 평가는 어떤 의미가 있을까?

일단 장막성전이 성경을 바르게 잘 전했다는 신천지의 평가가 틀리지 않아야 한다. 배도를 한다는 것은 바른 것을 가진 중에 바른 것을 버리는 행위이다. 장막성전의 배도로 신천지가 발원하였으니, 처음 장막성전은 바른 성경 해석과 전함이 당연히 있어야 한다. 만일 장막성전에 바른 성경 해석이 없다면, 신천지의 발원 배경이 될 수 없다. 그런데 여기서 더욱 심각한 문제를 만나는데 장막성전이 바른 해석을 하든지 바르지 않은 해석을 하든지 신천지는 진퇴양난의 상황에 놓인다는 것이다.

장막성전이 배도함으로 하나님께서 새롭게 재창조한 것이 신천지라고 하였다. 이를 설명하기 위해서는 이 말이 갖는 의미를 분명히 할 필요가 있다. 배도 뒤에 새롭게 세움을 받았다고 하였으니, 새롭게 세움을 받았다는 의미가 신천지가 장막성전이 가졌으나 잃어버린 처음 신앙을 회복하였다는 말인지, 아니면 장막성전이 갖지 못한 새로운 계시를 받았다는 것인지 먼저 설명을 해야 한다.

만일 새로운 계시를 받은 것이라면 장막성전에는 신천지가 받은 계시가 처음부터 없었다는 의미이고, 신천지에 구원을 주었다는 계시를 장막성전이 처음부터 가지지 않았다면 구원과는 상관이 없는 곳이며, 구원과 상관없는 곳이었다면 배도의 의미도 없기 때문이다. 그러면 장막성전의 배도를 배경으로 탄생한 신천지 역시 거짓이 된다.

역으로 신천지에 구원을 주었다는 계시를 장막성전 역시 가지고 있었다면 어떻게 될까? 더욱 심각한 문제가 일어난다. 이만희 등장 이후에 하나님께서 신천지에만 주신 구원의 길인 요한계시록 해석과 실상을 장막성전도 가지고 있었다는 의미가 되어 오직 신천지에만 구원이 있다는 말이 거짓이 되기 때문이다. 그러면 신천지는 마귀의 소굴과 이단이 된다.

물론 신천지 이만희는 자신이 말씀을 받아먹은 자로서[186] 자신이 증언하고 있는 실상과 요한계시록 해석을 듣고 믿어야만 구원을 받는다고 하였다. 그러니 요한계시록 해석과 실상이 장막성전에는 절대 있을 수 없는 일이다.

결론적으로, 만일 장막성전이 참 진리를 갖고 있지 않았다면 배도할 것도 없고, 선민도 될 수 없다. 반대로, 장막성전이 참 진리를 갖고 있었다면 신천지에 참 말씀이 있어 신천지에만 구원이 있다는 이만희의 구원론은 거짓이 된다. 그래서 장막성전과 관련하여서 제시하는 신천지의 주장은 어떤 가정을 두고 시작해도 거짓일 수밖에 없다. 신천지는 장막성전과 신천지를 관련시키지 말고, 단지 인물 중심으로 주장을 했어야 지적한 문제를 피해갈 수 있었을 것이다. 하지만 장막성전과 연관시키지 않고는 자신들의 존재 의미를 부여할 수 없기에 신천지 스스로가 함정을 만들어 내었다. 이곳에 빠진 사람들이 불쌍할 뿐이다.

3) 장막성전과 신천지 주장의 충돌로 본 신천지의 속 모습

신천지는 장막성전 없이는 존재할 수 없는 태생적 관련 아래, 장막성전이 배도하여 신천지가 탄생하게 되었다고 하였다. 이 주장과 주장이 내포하고 있는 논리에 나타나는 문제를 더 살펴보자.

신천지의 말대로라면 배도하기 전 장막성전의 처음 주장과 교리는 반드시 성경적이어야 하고, 또한 이만희가 인정하는 교리들이어야 한다. 즉, 배도하기 전 장막성전의 교리 중에는 신천지 입장에서 결코 동의할 수 없는, 신천지 존립이 부정되는 교리가 하나라도 있어서는 안 된다. 신천지 입장에서 신천지가 동의할 수 없고, 신천지 존립을 부정하는 교리를 가진 장막성전을 하나님이 세운 장막이라고 할 리가 없기 때문이다. 그렇다면 사실은 어떠할까?

먼저 장막성전의 일곱 천사와[187] 관련하여 살펴보자. 신천지는 장막성전의 멸망이 일곱 천사의 배도에 의해서라고 주장하였다. 그런데 장막성전의 유재열은 자신들의 일곱 천사에 대해 배도할, 배도할 가능성이 있는, 배도하기로 작정 된 사람들이라고 결코 주장한 적이 없다. 이만희의 주장에 따라 장막성전이 참 진리를 가지고 있었다는 말이 맞으려면 이러한 유재열의 주장도 동의 되어야 한다. 즉 이만희도 일곱 천사가 배도할 사람들이 아니었다는 데 동의하여야 하고, 동의가 되는 일곱 천사라면 절대 배도하지 말아야 한다.

여기에 신천지가 가지고 있는 또 하나의 한계가 나타난다. 신천지는 장막성전이 성경적이라는 전제를 하고 있다. 그래서 배도할 일곱 천사가 아니라, 영원할 일곱 천사로 천명한 장막성전의 주장도 성경적이라는 데 동의해야 한다. 그런데 정작 장막성전의 일곱 천사가 배도하지 않으면 신천지가 탄생할 수 없으니 이만희 스스로 성경적인 장막성전의 주장을 거스르고 잘못된 선택을 하였다는 오류가 발생한다. 그래서 결국 장막성전은 신천지 발원의 근원, 즉 신천지를 알리고 길을 예비한 사자의 역할을 하는 곳이 돼야 함에도 오히려 현실은 신천지 출현이 성경적이지 않다는 증거를 제공해주고 있다.

이제 '멸망자'에 대해 살펴보자. 신천지가 말하는 '멸망자'는 '오평호'와 '청지기교육원'이다.[188] 반면 신천지 이만희가 인정한 장막성전에서 말하는 '멸망자'는 호생기도원의 김종규이다.[189] 신천지의 입장에서, 세례요한의 사명처럼 마지막 때에 길을 밝히고 준비하는 역할을 맡은 장막성전에 멸망자는 반드시 출현해야 한다. 그런데 장막성전에서 지목한 멸망자와 신천지가 지목한 멸망자가 다른 인물이다.

이렇게 되면 신천지 이만희는 장막성전 유재열의 멸망자에 대한 주장이 오류였다고 해야 한다. 하지만, 장막성전이 배도하기 전에는 바른 교리를 갖고 있었다고 하였으니 오류라고 지적할 수도 없다. 만약 오류라고 지적한다면 장막성전에 대한 신천지 이만희의 평가가 틀린 것이 되고, 오류가 아니라고 하면 자신들의 실상이 달라져야 하기에 빠져나올 구멍이 없다. 이러한 내용이 부지기수다.

4) 장막성전의 구원받은 자들이 가지고 있는 딜레마

신천지는 배도 · 멸망 · 구원의 구도를 만들어 '구원자'를 설명하면서 치명적 오류를 갖게 되었다. 신천지는 구원자를 다음과 같이 설명한다.

> 구원자는 하늘 장막이 배도로 이방에게 멸망 받은 후 이방에게 포로 된 민족에게
> 와서 증거의 말씀으로 빼내어 구원하는 자들이다(계17:14, 요5:24-29).[190]

이 말대로라면, 구원자(신천지 주장: 이만희)에 의하여 구원받은 사람들 속에는 장막에 거하였던 사람 중 일부라도 반드시 포함돼 있어야 한다. 그리고 이들은 구원받은 자이니 신천지에 의하면 반드시 '인침'을 받은 자들이다.[191] 널리 알려진 바와 같이 신천지에 있어서 '인침'은 곧 구원이다. 세상에 없고, 기존 교회에 없는 구원을 받은 자들이다. 이런 신천지가 인침을 받은 자가 누구인지 당당히 밝히지 못할 이유가 없다.

하지만 이런저런 변명을 하며 밝히지 않는 것이 아니라 밝히지 못하고 있다. 이는 인침을 받은 자에게 어울리는 사람이 단 한 사람도 없기 때문이다. 결국은 인침을 받

은 사람이 없다는 것을 보여준다. 그럼에도 자칭 구원자인 이만희에 의해 증거장막성전에서 구원받은 사람이 있다고 하였으니 그들이 누구인지 밝힐 수 있어야 한다. 밝히지 못한다면 신천지가 인침과 관련하여 거짓을 말하는 것이다.

신천지에 빠졌다가 상담을 받은 사람들 중에는 자신이 인침을 받았다고 당당히 말하였다가 성경적으로 맞지 않는다는 것을 깨닫고 신천지로부터 나와 신앙회복을 하는 사람들이 적지 않다. 상담 초기에는 적지 않은 신천지 사람들이 인침 문제에 걸려 신천지를 이탈하였다. 그러면 현재는 어떨까?

현재 상담자 중에는 인침을 받았다고 하는 자들이 아예 없다. 인침을 받았다는 말 대신에 인침을 받는 중이라는 어설픈 답변만 한다. 신천지 사람들의 태도가 왜 바뀌었을까? 인침을 받았다면 인침을 받은 사람에게 나타나는 모습을 보여야 하는데, 이것이 불가능하기 때문이고 인침을 받았다고 하는 순간 자신이 인침 받은 것이 아니라는 것을 인정하게 되는 상황에 대해 신천지로부터 대비교육을 받아서이다.

신천지 안에서는 스스로 자신의 문제를 이성적으로 살필 수 있는 사고력이 억압된 상태이기 때문에 이러한 모순에 대해 살피는 것이 어렵다. 상담을 통해 억제된 사고가 풀리면서 자신이 신천지에 속았다는 사실을 깨닫게 된 후에야 가능하다.

신천지 사람들의 '인침을 받는 중이다'라는 말 역시 모순이다. 신천지가 말하는 인침이 요한계시록 해석과 실상을 전하는 이만희의 말을 듣고 믿고 지키는 것이라면 이미 그렇게 하고 있으니 인침을 받았다고 하는 것이 옳기 때문이다. 한발 물러서 인침을 받아가는 중이라는 신천지 사람들의 말을 그대로 인정한다고 하더라도 문제는 사라지지 않는 것이다.

장막성전에서 구원된 사람들에 대해서 명확한 답변이 있어야 한다. 신천지 사람 중에 구원자로 세워진 이만희를 통하여 장막성전에서 건짐을 받아 인침을 받은 사람들이 누구인지에 대해 답변이 있어야 한다. 신천지는 여전히 이 부분에 대한 답이 없다. 답을 하지 않는 것이 아니고, 답을 갖고 있지 않다.

5) 타락의 DNA를 가진 이단들과 신천지

장막성전은 하나님으로부터 직접 계시를 받아 전달한 곳이라고 증언하고 있다. 그런데, 장막성전의 실체는 어떠할까? 신천지는 장막성전의 출현에 대하여 다음과 같이 증언한다.

> 호생기도원은 첫 장막의 언약의 종들은 대부분 이곳에서 나왔다. 원장 김종규 씨의 부정을 보고 신종환 씨의 인도로 나오게 되었다.[192]

첫 장막의 배경이 되는 호생기도원의 김종규 씨에 대한 증언이다. 김종규 씨의 부정한 행태 때문에 소위 언약의 종들이라는 사람들이 나와서 장막성전을 세우게 되었다고 증언하고 있다.

김종규를 두고 말한 부정이란 여러 문제 중에서도 특히 여성 문제이다.[193] 교주라는 사람들의 한결같은 성적 타락은 교주가 있는 대부분의 이단에서 나타난다. 이만희도 현재 한 때 동거했던 김남희 씨의 폭로로 곤혹을 치르고 있다. 호생기도원의 김종규 또한 그런 사람이었다.

그렇다면 호생기도원의 배경이 되고, 이만희 신앙관에 절대적인 영향을 미친 전도관은 어떤 곳이었는가? 이만희가 전도관에 들어가던 해인 1957년 세계일보 기사로 나라 전체가 떠들썩한 일이 벌어졌다. 전도관에서 일어난 천인공로할 '피가름' 사건이 세상에 드러난 것이다. 정득은이라는 여인의 영향 아래 박태선을 중심으로 하여 집단으로 일어난 교차 혼음 사건이었다.[194]

이처럼 사악하고 추잡하고 비도덕적 집단인 전도관에 이만희가 입교하여 10여 년을 지냈다. 이를 두고 신천지는 이만희의 전도관 입교에 관해 소개하면서 성령의 인도함을 받은 것으로서 광야에서의 훈련 기간이었다고 교육한다.[195] 정말로 그러했을까? 결코 신천지와 이만희의 반성경적 · 비도덕적 · 반사회적인 모습은 우연한 결과가 아니다. 그것은 이단 선배들로부터 교육된 결과인 것을 이만희의 과거 행적과 현재의 모습을 통하여 확인하는 바다.

신천지의 배경이 되는 단체 및 인물

1) 전도관(박태선)

신천지의 교주 이만희는 전도관에서 10년(1956~1966년)[196]을 있으면서 박태선의 영향 아래 있었다. 이만희가 박태선의 영향을 받았는지에 대한 여부를 확인하는 것은 어렵지 않다. 박태선에게서 배워 나와 독자 노선을 걷는 교주들이[197] 있는 이단집단들은 이긴자, 보혜사, 말씀의 짝, 동방, 비유, 봉함교리와 같은 교리들을 공유하고 있다. 이는 당연히 신천지의 중요한 교리들이기도 하다. 신천지가 전도관의 영향을 받았다고 하지 않으면 설명이 되지 않는 내용이다. 그렇다 하더라도 위에 열거한 교리들이 성경에 근거한 교리들이라면 전도관의 영향을 받은 것이라고 한들 무슨 문제가 있겠는가? 허나 문제는 성경 해석학적으로 도저히 용인할 수 없는 비성경적 · 반성경적인 내용들이라는 것이다. 성경학적으로 맞지 않는 주장들이 전도관 출신 교주들에 의해 새롭게 파생되어 그들에 의해 형성된 집단들에게서 공통적으로 교리화(敎理化) 되어 나타나고 있다는 것은 단체로 교리가 세습되었다는 것 외에 다른 설명은 불가하다. 말씀을 받아먹고, 성경에 통달한 이만희에 의해 만들어진 신천지 교리 중에 이만희에 의해 제시된 독창적인 내용은 추수꾼에 대한 부분 외에는 보이지 않는다.

2) 장막성전(유재열)

신천지는 유재열의 장막성전을 배경으로 하고 있다. 장막성전이라는 곳의 신자들을 선민이라 하고, 선민들인 장막성전의 사자들과 신자들이 하나님과의 언약을 배도함으로 멸망당하였으며, 장막성전이 멸망당하는 중에 구원자로 보냄을 받은 자인 이만희에 의해 그 안에서 구원받은 선민들로 신천지가 세워졌다고 주장한다. 장막성전은 직통계시, 일곱 천사론, 시한부종말론과 특별한 도피처, 비유풀이, 말씀의 짝, 성경론, 요한계시록 해설 등의 교리들을 갖고 있다. 이 모두는 신천지 이만희가 장막성전의 유재열로부터 받아들인 장막성전의 유산들이기도 하다.[198]

3) 통일교(문선명)

신천지 이만희에게는 버리기에는 너무 아깝고, 버리지 않으면 안 되는 『신탄』이라는 책이 있다. 『신탄』에는 이만희가 하나님이자 예수님이라고 알리는 내용과[199] 1987년 9월 14일을 시한부종말일로 안내하는 내용이 있다.[200] 이미 시한부종말 주장은 거짓으로 끝이 났지만, 이단 선배들로부터 배워 적용하였다가 불발로 끝난 시한부종말론은 조건부시한부종말론으로 바뀌어 여전히 신천지에 빠진 사람들을 속이는 일에 사용되고 있다.

『신탄』에 기록된 다른 중요한 문제 중 하나는 이만희 자신을 가리켜 하나님이라 하고, 예수님이라고 한 부분이다. 다른 이단 교주들은 자신을 가리켜 하나님이라고 하고, 예수라고도 하고, 재림 예수라고 하는 것을 집단 내에서는 물론이고 사회적으로도 당당하게 선언하고 행세한다. 반면에 신천지 이만희는 하나님, 예수님, 보혜사로 행세를 하면서도 하나님, 예수님이라는 소리를 듣는 것에 대해 대단히 거북스러운 척을 한다. 자신이 하나님, 예수님이라고 하는 순간에 내부적인 동요가 일어날 것에 대한 두려움과 사회적 비난에 대한 염려 때문일 것이다. 또한 자칭 하나님 혹은 예수님으로 행세했던 주변 인물들이 겪은 나쁜 결과들을 지켜 본 교육의 결과이기도 할 것이다.

안타까운 것은 이만희를 실제적으로 하나님, 예수님, 성령님, 재림 예수로 인식하고 있으면서도 그렇지 않다며 살아가는 신천지 사람들이다. 신천지 사람들은 신탄 이야기를 해주면, 자신들도 이만희를 하나님으로, 예수님으로 결코 생각하고 있지 않으며, 이만희도 역시 한 번도 그렇게 말한 적이 없다고 말한다. 하나님으로 생각하면서, 하나님이 아니라고 하는 자기모순들을 깨닫지 못하는 것이다. 이런 이유로 이만희는 신탄에 기록된 내용에 대해 변명한다. '신탄'이 자신들의 책이 아니라는 주장이다. 이와 관련하여 다음은 어느 지역의 교육 교재 중에 있는 신탄에 관한 설명이다.

『신탄』의 기초가 된 원고는 본래 총회장님이 40일간 책 두 권 분량으로 쓰신 것입니다. 그 내용은 '하나님의 목자 선택, 창조, 언약, 배도, 멸망, 새 목자 선택, 심판, 구원, 재창조, 새 언약'에 관한 것과 창세기 1장이었고, 체계는 큰 주제가 10개, 작은 주제 50개였습니다. 총회장님은 김○남 씨와 김○희 씨에게 초고를 주어 교정하라고 했습니다. 그 두 사람은 두 권의 원본을 한 권으로 만들어 교정을 끝낸 후, 내용 검증을 위해 수정본을 가져왔습니다. 그러나 그 수정본은 체계와 내용이 초고와 전혀 달랐습니다. 그들이 수정한 원고는 총회장님이 저술한 내용과 통일교의 교리가 혼합된 것으로 보입니다. 그들은 신천지로 오기 전, 한때 통일교를 모체로 하는 어느 교회의 교인이었습니다. 총회장님은 초고를 가져오라 했으나 그들은 가져오지 않았습니다. 두 사람은 자신들이 원본을 보고 작성한 책은 자기들의 이름으로 내야 한다고 고집했습니다. 그리고 자신들의 이름으로『신탄』을 발간한 후 온 서점에 배포했습니다(당시 출판 등록자는 홍○효). 신천지에서는 그들이 교회로 보내온『신탄』을 불사르고, 그들을 제명 처리하였습니다. 물론 그 후로도 총회장님의 원본 원고는 되돌려 받을 수 없었습니다. 문제의 책『신탄』이 신천지 도서 목록에 올라가 있는 것은, 출판 관련 일을 하게 된 신천지 성도가 이러한 사건의 전후를 몰라서 실수한 것입니다. 그 성도는『신탄』이 도서출판 신천지의 이름으로 발행된 것을 보고 도서 목록에 올렸다고 합니다. 이러한 일을 남긴 것은 큰 오점입니다. 그러나 총회장님이 사사건건 교회 각 부서 일을 다 할 수는 없습니다. 이는 어느 교단도 마찬가지입니다. 신천지에서는 이상과 같은 사정을 여러 번 설명하며,『신탄』의 저자가 총회장님이 아님을 밝혔습니다.[201]

위의 글과 같이 신천지와 이만희는 '신탄'에 대해 강하게 부정하고 있다. 그럼에도 '신탄'은 '신천지 발전사', '계시록진상2', '성도와 천국' 등 신천지의 자료에 신간 및 신천지의 저서로 소개되고 있다. 그러나 이 역시 신천지는 관련자들의 실수라며 변명으로 일관하고 있으나 변명으로 덮을 수 있는 내용이 아니다.

한편『신탄』의 내용은 통일교에 영향을 끼친 김백문의『기독교 근본원리』와 통일교의『원리강론』을 비롯하여 통일교와 사상을 같이하는 정득은의『생의 원리』, 변찬린의『성경의 원리』등에서 가져온 것들이라는 지적을 끊임없이 받고 있다. 이런 문제 지적에 있어서 신천지 측은 신탄이 다른 책들의 내용과 완전히 다르다는 것을 내용 비교 방식으로 강조한다. 원리강론은 혼음문제를 중심으로 다루고 있고『신탄』은 시대마다 언약, 배도, 멸망, 구원의 순리로 기록되어 있다고 하면서『신탄』이 다른 책과 다른 이유가 신탄의 내용은 이만희가 책을 받아 국사봉에서 원고를 작성한 것이기 때문이라는 것이다.

이러한 신천지의 말과 사실과 같지 않아서 문제가 되지만, 혹 신천지의 말처럼 신탄이 지목된 책들의 내용과 다르다고 하여도, 문제는 여전히 사라지지 않는다. 신탄에 기록된 신천지의 중요 교리가 신천지의 독자적인 것이 아니고, 이단들의 교리를 근거로 만들어졌다는 사실은 충분히 소개되었다.[202] 『신탄』에서 문제 되는 내용 외의 내용이 그렇기 때문이다. 통일교로부터 직접 교육을 받았다든지, 혹은 훈련을 받았다는 차원에서의 영향이 아니라, 신천지 기초교리의 배경이 통일교의 사상에 근거하고 있다는 면에서 영향 아래 있음을 부인할 수는 없다.

4) 재창조교회(백만봉)

탁명환 소장은 백만봉에 대해 다음과 같이 짧게 소개한다.

> 1947년생으로서 병역기피자인 것으로 알려졌으며 1970년 3월 애인을 교주가 범한데 불만을 품고 이탈하여 현재 행방을 알 길이 없다고 알려진 인물이다.[203]

장막성전(유재열)이 1969년 10월 1일을 말세 심판의 날이라고 예언하였던 것이 빗나가자 의혹을 품은 많은 신도가 장막성전을 떠나게 되었다. 탈퇴자 중에는 장막성전에서 일곱 천사 중의 한 명이었던 솔로몬이라고 불린 백만봉이 있다. 백만봉이 장막성전을 탈퇴한 것이 종말설 때문이라는 주장은 확실하지만 한편 또 다른 정설은 백만봉의 애인 '선우영애'를 교주 유재열이 백씨가 없는 사이에 범했기 때문이라는[204] 주장이다.

어쨌든 탈퇴 후 백만봉이 1970년 4월에 만든 조직이 재창조교회이다. 이만희는 1978년 재창조교회에 입교하여 12제자로 있었다. 백만봉 역시 시한부 종말론자였고, 1980년 3월 13일을 종말일로 선언하였다. 시한부종말설은 불발로 끝났고 이만희는 다음 날인 1980년 3월 14일에 몇 명과 함께 따로 모여 예배를 드렸다. 바로 이것이 신천지의 시작이다. 특히 신천지의 핵심 교리 중 하나인 '창조와 재창조의 노정순리'

는 백만봉의 재창조교회에서 가지고 온 것으로서 여러 이단 단체로부터 자신의 교리를 구축한 신천지의 일면을 볼 수 있다.

하나님의 인도하심을 받는다는 사람 이만희가 시한부종말론을 가지고 사람들을 속이는 거짓 선지자들을 반복적으로 추종한 것은 이만희가 하나님의 인도하심을 받는 사람이 아니라는 확실한 증표이다. 결국은 이만희 자신도 시한부종말을 주장하였다가 불발로 끝낸 거짓목자임을 보여주었다.

5) 재림 예수교 천국복음전도회(구인회)

구인회 역시 전도관과 장막성전 출신이다. 중 3때 누이의 권고로 신앙촌에 들어갔다가 1968년 가족과 함께 신앙촌을 이탈해 나와 장막성전으로 입주했다. 장막성전에 입소하였다가 시한부종말설이 불발되면서 1970년에 역시 장막성전을 이탈하였다. 신천지를 이탈한 사람에 의하면 이만희와 구인회의 관계를 다음과 같이 증언하고 있다.

> "1968년 가을에 유재열의 설교를 듣고 감동이 되어 장막성전에 입교함. 입주자를 위한 건축과 경비일을 맡는 등 역군으로 노역하며 헌신 함. 이때 전도관 출신이었던 김풍일(자칭 보혜사), 구인회(자칭 재림 예수) 등도 장막성전에 함께 있어 알게 됨 (구인회, 김풍일, 이만희는 전도관과 장막성전 동기 동창으로 각각 70년, 74년, 80년에 각자 교회를 창립–개업함)"[205]

> "70년에서 77년, 이 시기에 서울을 왕래하며 70년에 자칭 재림 예수로 출현한 구인회(천국복음전도회, 초막절교회)의 '실상교리'와 74년에 다른 보혜사로 출현한 김풍일(실로 등대교회, 이후 새빛 등대교회[206])의 '말씀의 짝 비유풀이'교리를 접하면서 후일 신천지에서 모방, 도용함"[207]

> "천국복음전도회의 교리는 '재림 예수는 육체를 쓰신 사람이다, 대한민국이 새예루살렘성이다, 배멸구 교리, 무화과나무의 비유, 선악나무 사람이다, 실상교리' 등인데 이 모든 교리는 신천지에서 그대로 나타나고 있는 교리들이다."[208]

신천지에 빠진 사람들은 이러한 사실을 알지 못하며, 알려주면 조작이라고 하면서 피한다. 하지만 신천지 사람들에게 충격적인 사실인 것은 틀림이 없다.

신천지의 역사에 대한 신천지의 증언

1980년 3월 13일 재창조교회의 시한부종말설 불발로 14일에 이만희를 비롯하여 몇 명이 모여 예배를 드렸다.

1980년 9월 하나님이 택하신 대언자 증인이 첫 장막 일곱 사자에게 편지로 증거하였다.

1981년 2월 선고유예로 출감하였다.

1981년 3월 14일부터 선고유예 기간까지 집 없이 산에서 예배를 드렸다.

1984년 2월 7일 선고유예 기간이 끝났다. 이때부터 배도와 멸망의 일을 알렸다. "인류 최대의 관심사(종교세계의 관심사)"를 발간하여 나팔같이 증거 하였다.

1984년 2월 21일 충남 천태산 앞 국사봉에 입산하여 말씀을 받아 책 두 권을 썼다.

1984년 3월 14일 산상예배를 드리고, 4월 2일 하산하여, 6월 3일 안양시 비산동 동산 아파트 지하실에 성전을 마련하여 정식 예배를 드렸다.

1984년 3월 14일을 신천지 창립일로 정하였다.

1984년 12월 15일 문화재단을 창설, 신천지 도서출판을 발족하였다.

1985년 4월 5일 안양시 비산2동 238-13호로 이전하였다.

1985년 6월 5일 "신탄" 책을 출간하였고, 12월 12일에 "요한계시록의 진상"을 출간하였다.

1986년 1월 2일 교육자 선교 협의회 및 영등포, 성북, 안양, 인천, 천안, 대전, 대구, 부산, 광주, 동해시에 신천지 산하 지교회를 창립하였다.

1986년 12월 11일 "계시록 완전 해설"을 출간하였다.

1987년 8월 16일 관양동 173-1로 이사하였다.

1987년 2월 25일 "성도와 천국" 출간하였다.[209]

02 · 신천지의 교주 이만희

신천지가 말하는 이만희의 출생과 가계도, 그에 대한 비판

이단전문가 이대복 씨가 전하는 이만희의 이력을 살펴보고 이만희의 자기소개를 살펴보자.

> 주민등록상 1931년 9월 15일이 출생일로 되어있으나 본래는 7월13일(음)이라고 한다. 경북 청도군 현리 702번지에서 부모인 이재문 씨와 고상금 씨 사이에 열두 명의 아들 중 6번째로 태어났다. 풍각초등학교 1회 졸업생이었다고 하며,[210] 17세 때 서울 성동구 금호동 형님 집에 기거하면서 건축 공사장에서 일하던 중, 어느 날 한 전도사에게 전도되어 창경원 앞 천막교회에서 침례를 받고 신앙생활을 시작하였다고 한다.[211] 1957년도에 집에서 "박군의 심정"(요한복음)과 '학생문장독본'이라는 서적을 탐독한 후, 어느 날 저녁 무렵 신비한 체험을 하였다고 한다.[212]

이만희는 신천지에서 발간한 책 '주제별 요약해설7'에서 자신을 다음과 같이 소개하고 있다.

> 나는 하늘의 빛으로 태어났다. 그리하여 내가 태어나기 전에 할아버지께서 빛(熙)이라는 이름을 지어 두셨다가 출생 후 '빛'이라는 이름으로 불렸다. 어릴 때부터 하나님을 믿었고, 하나님은 모든 것을 할 수 있는 분이라는 것을 믿었다. 기도하는 것은 할아버지로부터 배웠다. 장성하여서는 자발적으로 아침·저녁으로 기도했고, 주일은 높은 산상에서 기도했다. 교회에는 가 본 적이 없다. 우리 집(가정)은 너무너무 가난했다. 거지보다도 더 배고프게 살았다. 어느 날 저녁 하늘에서 큰 별이 왔고, 3일 밤을 계속하여 왔다. 별의 인도로 천인(天人)을 만났고, 산상에서 하나님께 충성을 다할 것을 혈서로 기록하고, 교회로 인도받았다. 내가 결국 정착한 교회는 많은 사람이 이단이라고 한 과천 소재 장막성전이었다. 누구의 말을 듣고 간 것은 아니다. 결사적인 1주일 간의 기도로 하늘의 지시에 의해 가게 되었다. 이곳에서도 몇 년 후 나오게 되었고, 고향 시골로 내려가 새마을운동에 적극적으로 참여했다. 그러던 어느 날 또다시 천인 곧 하늘에서 오신 주님을 만나 안수받고 따라간 곳이 내가 전에 있다가 나온 장막성전이었다. 그러나 장막성전의 많은 동료들은 나를 만나

주지 않았다. 이후 주님의 뜻에 따라 친구와 동료들을 하나하나 만났고, 3년간 광야에서 이산 저산 다니며 모임을 가졌다.[213]

이만희는 정직하게 자신을 소개하였을까? 신천지를 이탈하여 신천지의 정체를 알리고 있는 이탈자의 말을 들어보자.

> 11남매 중 이만희를 비롯한 몇 명이 선천적(모계)으로 한센병(문둥병)환자임. 그 중 이만희 바로 윗형인 이만용(현재 장터에서 기계 수리업)씨가 가장 심한 상태였고, 이만희는 언뜻 보면 표가 나지 않을 만큼 심하지 않으나 의사가 보면 쉽게 알 수 있음. 그래서 동네에서는 이만희를 보안 문둥이라고 불렀다고 함. 총을 직접 만들어 꿩을 잡기도 했다고 함. 한센병 때문에 모자를 즐겨 쓰고 다녔고, 이를 비관하여 직접 만든 총으로 자살을 시도한 적도 있었음(이 같은 사실을 이만희는 자신의 간증에서 이유를 알 수 없는 핍박으로 자살하려 했다고 거짓말을 함) 27세경 자칭 이긴자, 감람나무, 두 증인이었던 박태선의 전도관에 만병통치 생수교리를 전해 듣고 한센병 치료를 위해 풍각 전도관에 나감(이를 본인의 간증 시 성령의 인도로 전도관에 가게 되었다고 거짓말 함).[214]

위의 말을 정리하면 이만희가 자신의 과거를 미화시키고 있음을 볼 수 있다. 이만희는 자신이 어릴 때부터 하나님을 믿었다고 하면서도 전도관에 들어간 것이 처음 교회에 입교한 것이라고 하고 있다. 하나님을 믿었는데, 무엇을 어떻게 믿었다는 설명이 없다. 믿음이 있었다면 반성경적·비도덕적인 전도관과 장막성전 등에 들어갔을 리가 없다. 상담을 받는 사람 중에는 전도관에서의 10년을 예수님께서 광야에서 사단의 시험을 받은 것과 같은, 모세가 광야에서 40년을 지낸 것과 같은 훈련 기간이었다고 한다. 이탈자의 말대로 그가 전도관에 들어간 배경은 한센병 치료 때문이라는 것이 유력한 증언이다. 자신의 병을 한탄하여 자살하려고 하였던 시도를, 알 수 없는 핍박으로 자살하려 했다고 한 것 역시 그의 거짓됨을 잘 보여준다.

이만희의 신앙 자취에 대한 신천지의 증언과 비판

신천지의 '계시록실상 뮤지컬'에는 이만희의 어린 시절에 대해 기록해 놓았다. 첫째는 이만희의 이름과 관련된 내용이다.

> 밝은 대낮 하늘이 갑자기 어두워졌다가 강한 빛이 며느리를 비추는 태몽을 꾼 할아버지는 새요한에게 완전한 빛, 만희라고 이름 짓게 된다.[215] 새요한은 어린 시절부터 할아버지와 함께 아침저녁으로 높은 산상에서 기도하는 습관을 갖게 된다.[216]

17살에 신앙생활을 하였다고 신천지 스스로 전하고 있는 것으로 봐서 조부와의 기도 생활은 기독교와는 상관없는 내용으로 봄이 맞다. 그런데 이만희는 자신이 어릴 때부터 하나님을 믿었다고 증언하였다.

> 그리고 신천지는, 이만희가 네 번에 걸쳐 별을 본 것을 다루고 있다. 초등학교 1학년 때 한 번, 6학년 때 두 번, 1957년 27세 때 네 번째 별을 보았다고 한다. 특히 네 번째 별을 본 이후 집에 큰 환란이 닥쳐 자살을 결심하고 산을 찾기도 했다고 한다.[217]

물론 자살 얘기 역시 이만희가 가족력으로 갖고 있던 한센병 때문이었는데, 슬쩍 얘기를 바꾸고 있다.

신천지 주장에 1957년에 전도관에 입교하였다고 하였으니 이 사건 이후로 전도관을 찾은 것으로 보인다. 이후로는 10년 동안 전도관에 있다가 1967년에 장막성전에 입교하였고, 다시 1971년에 낙향하였다가 1977년 제주도에서 장막성전 전도대장 송동원 씨를 만나고 오는 도중 네 번째 별을 본 이후에 두 번째로 영인(예수님)을 만났다고 소개하고 있다.[218] 앞에서 1957년에 네 번째 별을 보았다고 거룩한 같은 책에서 1977년에 다시 네 번째 별을 보았다고 하는 것은 정확하지 않은 신천지의 표기로 보인다. 네 번째 별을 보았다는 사건 뒤에 이만희의 이력을 다음과 같이 계속 소개하고 있다. 그러나 이것 역시 사실을 왜곡하고 이만희를 철저하게 미화시키고 있다.

송동원 씨를 보고 오는 중에 만난 영인(예수)로부터 안수를 받고 이후에 백만봉이 조직한 재창조교회에 1978년에 입교하였는데, 1979년 백만봉의 재창조교회를 탈퇴하고 1980년 책의 환상을 받아먹었으며, 1980년 10월 27일 말씀을 증거 하다가 명예훼손으로 투옥되었고, 1981년 2월 2일 3년 6개월이라는 집행유예를 받고 출옥하였다. 1981~1984년 성전 없이 야외에서 예배드렸고, 1982년 말과 1983년에 심한 전쟁을 치렀고, 1981년 9월20일에는 임직 예배 때 영접 속에 참여하였다. 1984년 2월 21일부터 4월 1일까지 약 40일간 국사봉에 입산하여 책 두 권을 집필하였다.[219]

위의 내용과 관련해서 신천지 이탈자는 블로그에서 다음과 같이 주장하고 있다.

이만희, 홍종효는 1980년 10월 27일 명동 스카라 극장 옆 별다방에서 체포되어 태능 경찰서로 압송되었고, 구치소에 구금되었다가 98일 만인 1981년 2월 2일에 출소됨.

삼청교육대니, 갖은 고초, 고생이니 운운하는 것은 거짓이며, 당시 50대는 심한 일에서도 제외되었었다고 함. 선고유예 기간 3년이 끝나는 1983년 말부터 84년 초까지 홍종효는 죽기를 각오하고 다시 유재열을 비롯해 장막성전과 국내외 많은 교회 주소록을 입수하여 약 만통에 가까운 편지를 등기로 보냄. 이러한 즈음에 이만희는 종적을 감추었음. 이에 화가 난 홍종효가 수소문 끝에 국사봉에 있다는 사실을 알고 국사봉으로 찾아가서 확인한 결과 신상훈(종교세계관심사를 만든 인물, 이만희가 계시록 6장 청황색 말의 실상이라고 하는 자)과 함께 차소녀 할머니 처소에 있는 이만희를 보고 분통을 터트림. 알고 보니 이만희는 홍종효가 편지를 다시 보내기 시작하자 또다시 구속될 것이 두려워 국사봉으로 피신함. 후에 이만희는 이 기간에 계시를 받고 책 두 권을 기록해서 내려왔다고 거짓말을 함. 통일교의 아류인 교주 진진화의 생령교회 출신인 김건남, 김병희는 이만희로부터 장막성전을 배경으로 한 소위 실상 교리를 듣고 혹하여 통일교 교리와 생령교회 교리 위에 실상 교리를 접목, 혼합하여 교리서인, '신탄'과 계시록을 자의로 해설한 해설인 '계시록의 진상'을 저술함. 그래서 '신탄'은 김병희, 김건남, 공저로, '계시록의 진상'은 이만희 저, 대필자 김병희로 출간함. 꿈도 꾸지 못할 보석(?)을 접한 이만희는 베스트셀러를 기대하며 도서출판 신천지 이름으로 출간하여 교보문고, 종로서적 등 전국 유명서점에 보급함. 기대와 달리 판매 저조로 정가 9천원에서 6천원으로 인하하여 보급하기에 이름. 그 두 권의 책은 서울 소재 모든 대학교 도서관에 기증까지 했음에도 잘못되어 폐기 처분한 책이라고 파렴치한 거짓말을 하고 있음. 1985년 입교해서 명강사로 소문이 났던 김건남은 이만희를 가까이서 겪어 본지 1년만에 다방에서 마지막으로 이만희를 만나 다음과 같은 말을 남기고 탈퇴함. "내가 거지새끼에게 황족의 옷을 입혀주고 간다" 윤재명이 국사봉에서 실상을 교육한 자료를 확인해보면 신탄과 계

시록 진상을 이만희가 직접 쓴 것이라고 가르친 사실을 당신은 알고 있는가.[220]

이탈자의 증언에 의하면 이만희에 대한 이력이 어느 정도 조작되고, 미화되었는지를 충분히 알 수 있다. 또 다른 이야기는 이만희의 간증으로 알려진 『영핵』에서 이만희는 자신이 두 번에 걸쳐서 영인을 만났다고 증언한다. 여기서 말하는 영인은 예수이심을 분명히 하였다. 이만희는 영인이 자신에게 한 말을 다음과 같이 전한다.

> '현세의 모든 사람들이 본 이적과 이상보다 내가 보고 들은 것이 더 크다'라고, 나는 처음 환상을 체험한 그 날 저녁 처음으로 교회를 찾았고 다음날 높은 산상에서 이 한목숨 바쳐 충성을 맹세한다는 혈서를 쓰고 신앙생활을 시작했다. 요한계시록 전장과 같이 환상도 실상도 보았으며 천사와의 수차례에 걸친 일문일답을 통해 성경의 의문점을 해결했고, 계시록 10장과 같이 하늘에서 온 책도 먹었으니 어찌 말로 다 형용하랴. 요한계시록 전장은 나의 간증의 제목이요, 하늘과 땅에 이를 비밀이며 바로 내가 증거 해야 할 책의 말씀이요 내가 본 실상들이다. 그 중에서도 가장 인상 깊었던 것은 빛의 사람이 구름 타고 두 번째 나타나서서 계시록 1장에서와 같이 나에게 안수하며 말씀을 부탁하시고 계시록 10장과 11장에서와 같이 책과 지팡이를 주며 부탁한 일이다. 옛 선지자들이 나와 같이 보고 들은 것을 그대로 기록한 것이 성경인 것같이 내가 보고 들은 것을 그대로 기록한 것은 요한계시록 1장과 22장까지의 말씀과 그 말씀대로 이룬 실상과 그 일에 대한 설명이었으니 내 어찌 모른다, 안 봤다 할 수 있겠는가. 그리고 그는 요한계시록을 실상과 함께 설명하고 알려주실 때 4복음의 예언도 함께 설명해 주셨다. 그러므로 현세에 계시록의 진상을 본 사람은 오직 본인 한 사람뿐이요 아는 사람도 본인 하나뿐이다. 나는 본대로 들은 대로 증거 하므로 나의 증거는 참되다.[221]

이만희의 이력에 대해서 조그만 관심을 두고 살펴만 봐도 이만희의 말이 조작된 것임을 알 수 있다. 그러나 접촉과 교육 과정에 세뇌된 사람들은 신천지가 던져주는 내용 외에는 알려고 하지를 않는다, 사실은 교활한 신천지 집단에 세뇌되어서 알려고 하지 않는 것이 아니라 못하는 것이다. 안타까울 뿐이다.

03 · 신천지의 포교전략

포교법과 전략

신천지의 포교방법은 헤아릴 수 없을 만큼 다양하다. 이것이 가능한 이유가 있다. 신천지 사람들은 조건부 시한부 종말론 추종자들이기 때문에 이 땅에서의 현실적 삶에 관심과 미련을 두지 않는다. 신천지에 입교 후 미래를 걱정하고, 직장을 염려해야만 하는 형편이라면 신천지는 벌써 와해 됐을 것이다. 얼마 남지 않은 기간 안에 곧 있을 종말의 날을 기다리며, 신천지가 말하고 있는 소위 제사장직을 차지할 것을 유일한 목적으로 두고, 목적을 쟁취하기 위해 신천지 조직의 명령에 복종하는 데 자신들의 모든 시간과 역량을 쏟고 있기에 신천지가 존립 가능한 것이다.

신천지에 포섭된 사람들의 지식과 능력 그리고 재능은 신천지의 조직을 지키고, 확장 시키는 일에 활용되고 있다. 교회가 신천지 사람들의 수법을 확인하고 대처하는 순간 새로운 수법이 만들어지고 활용된다. 개인 상대 포교방법, 교회잠입 포교방법, 취미 · 봉사 · 예술 · 체육활동을 매개로 한 포교방법, 대학교 동아리를 매개로 한 포교방법, 교육(자녀교육, 개인 취미 및 특기 교육, 전문교육)기관을 매개로 한 포교방법, 지역 정관계 인사와의 관계를 매개로 한 포교방법(포상 및 수상, 지역 정관계 인사들의 축사 및 축전 혹은 감사패 등을 홍보용으로 활용) 등 사람들을 만날 수 있고, 관계 형성이 가능한 모든 방법을 찾아서 새로운 포교전략을 세우고 있다.

이러한 신천지의 수법들을 모두 알아내 일일이 대처하는 것은 쉬운 일이 아니다. 최선은 신천지가 사용하는 수법들을 알아내는 것과 동시에 신천지 수법을 원천적으로 무용하게 만드는 방안을 마련하는 것이다.

이러한 흐름 속에서 신천지는 새로운 포교방법을 창안해 내는 것과 함께 얼마 전까지만 해도 부정하였던 방법까지 동원하고 있다. 신천지의 교리대로라면 기존 교회에서만 포교해야 한다. 신천지의 포교를 상징하는 '추수' 행위는 준비된 추수밭에서

만 해야 하고, 추수밭은 교회라고 선언하였기 때문이다. 이러한 이유로 2017년까지만 해도 포교 대상을 교회의 성도에만 제한을 뒀었는데 현재는 정책을 바꿔 교회 바깥에서도 포교(천주교, 거리의 不信者)하도록 하였다.

현재 상담 요청자 중에 약 60%[222]가 신앙이 없는 상태에서 포교 된 사람들이다. 초기에는 교회 내에서의 포교가 유리하였기에, 교회가 추수밭이라는 틀을 만들어 교회 내 포교를 당연히 여기게 하여 포교를 하도록 하였다. 그러나 현재는 교회 내 포교가 어려워졌기 때문이기도 하고, 위장과 속임 포교에 대한 내부적인 도전과 저항을 없애려는 방편에서 교회 밖 포교를 하게 한 것으로 보인다. 이전에도 신천지의 포교전략이 상황과 형편에 따라 달라지고, 개발되었던 것처럼 앞으로도 신천지의 포교전략은 끊임없이 만들어질 것이다.

포교능력과 배경 그리고 우려

신천지의 포교능력은 어느 정도이며, 무엇에 근거하고 있을까? 신천지의 숫자 144,000은 의미하는 바가 크다. 완성된 새 하늘과 새 땅에서의 제사장 그룹이라고 믿고 있기 때문이다. 제사장이 된 144,000명에게 주어지는 대우는 실로 대단하다. 우선 144,000명은 신천지의 핵심 교리 중의 하나인 '신인합일'이라는 혼인으로 죽지 않는 사람들이 되고, 제사장이 되어 천 년 동안 왕 노릇을 하게 되고, 144,000명이 완성되면 세계 곳곳에서 사람들이 금은보화를 싸들고 신천지를 찾게 되는데, 금은보화가 144,000명의 몫이 된다고 믿는다. 이 때에 믿음이 없어 자신과 함께 하지 않았던 가족들을 자신들이 부양할 수 있다고 믿기 때문에 신천지 사람들은 144,000에 속하려고 모두가 혈안이 되어 있다. 이것이 신천지에 빠진 사람들이 신천지와 이만희에게 희생과 헌신을 다하는 이유이다.

144,000이 다 차면 죽지 않는 제사장이 될 것이라는 말을 믿고 따르는 것도 어리석지만, 이미 144,000명이 넘은 지 한참 된 현재에도 아직 144,000이 차지 않았다는 말을 믿고 따르는 사람들을 어떻게 봐야 하는지 의아할 뿐이다. 세뇌된 사람들이라

144,000명이 되기 전엔 144,000명이 차야 한다는 조건에 근거해서 혹 따를 수도 있다고 볼 수 있다. 그러나 144,000명이 넘은 상태에서 과거에 언급되지 않은 새로운 조건을 붙여서 144,000이 아직 차지 않았다고 하는데도 불구하고 따르는 것을 어떻게 이해해야 할까? 그만큼 이성적 사고가 마비돼 있음을 알 수 있다. 하여튼 이러한 상황 속에서 여전히 144,000에 속할 수 있도록 하라는 주문에 열성을 다하는 사람들이 신천지 사람들이다.

이런 속임에 세뇌된 신천지 사람들이라면 144,000에 속하여야 하고, 144,000에 속하기 위해 자신의 모든 것을 쏟아붓는 것을 당연하게 받아들인다. 이러한 이유로 응집되는 인력과 돈 그리고 재능으로 포교전략과 전술을 만들어 내고 있다. 또 만들어진 전략과 전술에 철저히 복종하게 하므로 신천지의 포교능력은 상상을 뛰어넘는 수준이다.

수시로 새로운 포교전략과 전술이 만들어지다 보니, 교회는 쉽게 당한다. 교회마다 이단을 경계하고, 이단을 연구하고 대책을 세우는 그룹이나 전문위원들의 도움을 받아 다양한 대책을 마련하였음에도 그 신천지 교세는 구준히 증가하고 있다. 그리고 기존 교회의 성도들이 여전히 신천지에 빠지고 있다. 수고만큼 결실이 크지 않았다는 사실을 인정하고, 원천적으로 차단할 방안을 마련해야 한다.

국외 포교로 시선을 돌린 신천지

신천지가 국외의 사람들을 대상으로 포교하기 시작한 것은 벌써 오래전이다. 이미 세계 여러 국가에서 포교가 이루어졌고, 신천지 조직인 지파 간에 경쟁적으로 진행되고 있다. 2019년 1월에 있었던 신천지 총회 종합보고서 내용이다.

> 유럽 9개국, 오세아니아 2개국, 아프리카 5개국, 아시아 16개국, 북아메리카 2개국, 남아메리카 6개국 해서 총 40개국 33개 교회가 있습니다. 개척지 109개소가 있으며, 해외 성도 수는 22,478 명이 되겠습니다.[223]

신천지는 144,000명이 목표가 아니다. 이단의 목표는 돈이다. 많은 사람을 포섭하는 것이 목표이다. 이러한 입장이라면 외국 포교 역시 또 하나의 중요한 전략이 아닐 수 없다.

동시에 신천지가 시작된 지 36년이라는 시간이 흐르는 가운데 숨기고 있던 진실들이 드러나면서 자연스럽게 일어나는 의문과 불신 그리고 도전과 저항을 분산시킬 방안이 필요하게 되면서, 해외 포교는 의심의 시선들을 돌리게 하는 방안이 되었다.

한편 신천지에 빠져 있으면서도 신천지의 내부 구조, 혹은 실정에 대해 무지한 사람들에게는 바깥으로부터의 이단이라는 공격이 큰 부담이 될 수밖에 없다. 그러한 때에 해외에서의 포교 결과는 이단이 아닐까 하는 의심을 접게 하는 동시에 세계적으로 포교 되고 있다는 결과에 신천지에 대한 자부심을 일으킨다. 해외 포교를 더 적극적으로 활용하고, 홍보하는 이유이다. 매해 3월과 9월에 있는 대형 모임 때에도 해외의 유력 인사를 초청하고 홍보에 많은 돈을 쏟아 붓는다. 이것 역시 질 높은 홍보용으로서 활용가치가 높아서이다.

결국 국외 포교는 포교의 한계점에 도달한 국내 포교를 극복하려는 수단이며, 동시에 신천지를 통한 추수가 외국에서까지 이뤄지고 있다는 것을 통해 세계평화와 종교 대통합을 외치는 신천지의 목표가 달성되고 있다는 것을 홍보하기 위해서도 필요하다.

이러한 신천지의 포교로 인해 피해를 입는 국가들이 나타날 것이며, 틀림없이 심각한 외교 문제를 일으킬 것이다.

한국에서 경험한 바와 같이 외국도 두드러진 피해가 나타나기 전에는 신천지에 대해 경계심을 가질 수 없을 것이다. 대책은 해당 국가의 몫이겠지만, 한국 정부든, 피해를 입은 국가든, 정부가 나서서 해결할 가능성은 지극히 낮다.

방법은 해당 국가의 기독교가 적극적으로 나서야 하며, 한국의 기독교가 적극적으로 협력하는 시스템을 갖추어야 한다.

국외 포교와 관련하여서 염려될 수밖에 없는 것은 신천지에 대처할 준비가 돼 있지 않은 외국 환경과 현실이다. 신천지가 한국에서 처음 포교를 시작하였을 때 신천지에 대한 지식이 없어 적절한 대처를 하지 못한 까닭에 현재 막대한 피해를 고스란히 입고 있는 것처럼 외국 역시 초기대응을 제대로 하지 못하면 같은 피해를 피하지 못할 것이다.

교단 별로 교류가 가능한 피해가 예상되는 국가의 기독교 단체를 통해 알려야 한다. 교단별로 선교지에 나가 있는 선교사들을 통하여 해당 국가의 기독교에 신천지의 포교 동향과 예상되는 피해 상황을 알려 대책을 세우게 하는 것은 좋은 방법이다. 이것을 위해 한국에서 파송된 선교사들을 대상으로 신천지 심화 교육을 통해 신천지의 정체와 실체에 대한 교육 능력을 키워 선교지 당국 혹은 기독교계를 훈련 및 교육을 시킴으로 신천지가 포교하지 못하도록 준비하게 해야 한다. 이미 포교가 이뤄지고 있는 지역에서는 선교사가 교육과 상담까지 맡을 실력을 갖추도록 도와야 한다.

신천지의 미래 포교 예측과 바라는 교회의 대응

신천지는 자체 보고서를 통해 2020년 1월 239,353명이라고 밝혔다.[224] 그런데 이들 신천지 사람들은 시한부종말론주의자들이다. 이 땅에서의 삶을 포기하고 오직 종말 이후의 삶을 준비하는 사람들이다. 학교, 직장은 물론 가족마저 안중에 없는 사람들이다. 신천지가 제시한 목표를 향해 자신의 모든 것을 쏟아붓는 사람들이다.

신천지는 대형집단이 되었고, 막대한 동산과 부동산을 보유하고 있다.[225] 자기 삶을 포기한 채로 신천지와 이만희에 절대복종할 20만 명 이상의 사람들과 막대한 자금이 마련돼 있다. 동원은 물론 자신들이 원하는 대로 조종할 수 있는 사람들이다. 혹시라도 잠시 발흥하였다 소멸될 것이라는 예상을 하고 있다면 치명적인 착각이 될 것이다. 정신적으로도, 물리적으로도 결코 무시할 수 없는 세력이다.

이런 신천지와 신천지 사람들의 관심은 첫 번째도, 두 번째도 포교이다. 간혹 신천지의 미래에 대한 예측들 중에는 나이가 많은 교주 이만희가 곧 죽을 것이기 때문에 이만희의 죽음을 전환점으로 신천지의 위세가 위축되고, 크게 약화 되지 않을까 하는 예측이 있다. 그러나 이러한 예측은 지나친 기대일 가능성이 크다.

신천지는 이만희가 죽지 않는다고 강설하지만 이미 이만희의 죽음을 준비하고 있다. 이만희는 절대로 죽지 않는다던 주장에서 죽지 않는다는 것이 아니라 오래 산다는 말이었다고 슬쩍 바꿔 말하는 곳들이 발견되고 있고,[226] 또 후계 구도에 대한 소문도 끊임없이 쏟아지고 있다.[227]

신천지 사람들에게 있어서 중요한 교리는 실상교리이다. 계시록에 기록된 예언이 성취된 현상을 실상이라 한다. 신천지 사람들이 신천지에 묶여있는 이유는 신천지가 실상이라고 확신하기 때문이다. 이만희가 죽으면 신천지 사람들이 동요할까? 어느 정도의 동요는 불가피하나 다수는 문제 삼지 못할 것이다. 실상교리를 바꾸면 되고, 실상교리를 바꾸는 것은 몇 개의 성경 구절을 사용하는 것으로 가능하다. 이런 정도의 준비는 이미 준비되고 있음이 상담을 통해서 확인되었다.

성경을 조작하여 이만희 죽음을 정당화하는 순간 신천지 사람들은 새로운 지도자와 교리에 끌려갈 것이다. 이만희의 죽음과 교리 변경에 대해 동의를 하지 못하고, 불편한 마음을 갖는 사람들도 있을 것이다. 이러한 경우에도 이미 구축된 생활 반경의 제약으로 신천지를 떠나지 못할 것이다.

발흥했다 사라진 다른 이단에 비해 두드러진 차이는 신천지의 무시할 수 없는 부동산, 돈, 조직이다. 전국적으로 뻗어있는 신천지의 부동산과 조직 그리고 자금으로 구축된 신천지 조직은 쉽게 무너질 수 있는 구조가 아니다.

이보다 더욱 확실한 무기가 있다. 그것은 세뇌된 신앙관과 이것을 바탕으로 구축된 교리에 대한 절대적 신뢰이다. 신천지 사람들의 특징은 자신들의 신앙을 점검할 생각을 아예 하지 못한다. 자신들의 신앙에 대해 논리적 분석을 허락하지 않는다. 자신들이 가지고 있는 지식과 같지 않으면 하나님의 영을 갖고 있지 않은 까닭이라며 대화 자체를 거부한다.

신천지 사람들이 논리적 설명을 하거나, 대화를 시도하는 경우는 자신들의 주장에 대해 받아칠 수 있는 능력이 없는 사람들에게 만이다. 자신들의 교리를, 주장을 반박할 능력을 갖춘 대상과는 자리도 만들지 않는다.

이만희의 죽음이 가지고 올 신천지의 붕괴는 부분적으로 일어날 가능성이 크고,

신천지를 떠나더라도 신천지 중심의 신앙에서 벗어나지 않고 새롭게 형성된 조직에 입교하는 형태로 마무리가 될 것이다. 전도관에서 나온 사람이 장막성전에 가고, 장막성전에 나온 사람이 재창조교회로 가고, 재창조교회에서 나온 사람이 신천지에 들어간 것과 같다.

만일 이러한 상황이 발생하면 교회는 신천지 하나를 상대하는 것에서부터 신천지를 잇는 주축 세력으로 자리 잡은 새로운 신천지를 상대하여야 한다. 또한 이들만이 아니라 신천지를 부정할 수밖에 없어서 신천지로부터 이탈은 하지만 신천지에서 습득된 교리와 정신을 버리지 못하고 새롭게 형성된 다수의 조직들까지 상대해야 하는 상황을 맞이할 것이다.

즉 신천지가 35년 동안 개발한 전략과 전술들이 그대로 전수된 다수의 분파 조직은 물론, 신천지에서 습득한 전략과 전술, 수법에 분파 별로 개발된 독창적인 교리를 덧붙여 활용하는 대상들을 상대해야 한다. 현재 교회가 신천지 하나를 대상으로 예방하고, 대처하는 것과는 비교할 수 없는 상황이 발생할 수 있다. 그러므로 이만희가 죽기 전에 신천지를 무력하게 할 방안을 마련해야 한다.

그런데 교회가 상대할 이단은 신천지만 있는 것이 아니다. 현대의 이단들은 다른 이단들의 효과적인 수단과 방법들을 모방하여 활용하기 때문에 이단을 상대하여야 하는 교회의 처지는 훨씬 힘겨워졌다. 고도의 정신 훈련, 엄청난 자금 동원 능력, 마음껏 이용할 수 있는 인원동원능력, 이런 모든 것을 활용하여 포교하는 것이 대부분의 이단에서 이미 확인되고 있다. 신천지의 추수를 활용한 포교방법도 다수의 이단이 이미 벤치마킹하여 활용하는 것으로 관찰되고 있다. 추수꾼 전략이 무엇인가? 위장한 상태로 교회에 침입해 성도들을 도둑질하는 것이 아닌가? 신천지의 성장이 바로 이 추수꾼 포교법의 결과가 아닌가? 신천지와 신천지에서 분파된 집단들, 그리고 다른 이단들까지 추수꾼 전략을 들고 교회에 침입한다면 어떠한 결과를 예측할 수 있을까?

2017년 집계된 한국 기독교인 수는 9,675,761명 이었다.[228] 이 중에는 이단에 속한 200만 가까운 사람들이 포함되어 있다. 미래에 정통교회의 전도와 이단들의 포교 양상은 어떠할까?

이단에 빠진 사람들의 수를 대략 200만이라고 한다면, 정통기독교인 767만 명과 이단에 빠진 사람들 200만 명이 대립하는 듯 보이지만 사실은 그렇지 않다. 왜냐하면 기독교인 중에 적극적으로 신앙 활동을 하는 비중을 대략 15%로 잡는데, 20%라고 하여도 기독교의 신앙 활동에 적극적인 성도는 대략 150만 명인 것이다. 그러면 미래는 정통기독교인 150만 명과 이단에 빠진 사람들 200만 명이 경쟁 구도 속에서 전도와 포교를 하는 것이다. 아닐 것이라고 부정한다고 부정할 수 있는 일이 아니다. 이단에 의해 포교되는 사람들의 수가 증가할 것이 분명하다. 이단의 포교 자체를 차단할 힘을 키우지 않는 한 예상은 빗나가지 않을 것이다.

이제까지 한국교회는 이단에 대해 염려를 하면서도 예방에 소극적이었다. 소극적인 태도는 여전히 달라지지 않고 있다. 혹 적극적인 예방을 한다고 하여도 숨어서 들어오는 이단들을 완벽하게 차단한다는 것은 불가능하다. 적극적인 예방뿐만 아니라 이단이 아예 주변에 발생하지 않도록, 발을 붙이지 못하도록 할 수 있는 적극적인 방편이 마련돼야 한다.

현재까지 교회들의 예방 및 대처가 대단히 미흡하였던 이유 중 하나는 개 교회 중심으로 교회 안에서의 예방에 치중하였기 때문이다. 이러한 교회의 대책들이 미흡했었다는 것은 예방을 위한 시도들이 적지 않게 있었음에도 이단의 세력이 성장해 온 사실로 알 수 있다. 만일 이후에 대책과 예방이 이러한 구조에서 벗어나지 못한다면 이단에 의한 예측 가능한 피해를 피할 수 없을 것이며, 암울한 미래를 현실로 마주할 수 밖에 없을 것이다.

지금껏 예방으로 완벽한 차단을 하지 못하였어도 앞으로도 예방에 적극적이어야 하는 것은 당연하다. 하지만 무엇보다도 이제는 지역 내에 이단이 아예 발을 붙이지 못하도록 하는 방편으로 지역 내의 모든 교회가 연합하여 대처해야 한다. 교회들이 연합하여 교회 내외적으로 성도들은 물론 지역 주민들을 대상으로도 적극적으로 홍보해 정체를 알리는 것으로 실제적이고 엄청난 효과를 낼 수 있다. 하나님을 사랑하고, 하나님의 나라를 사랑하고, 교회를 사랑하는 교회가, 목회자가, 성도가, 일어서야 한다.

04 · 신천지의 포교와 교육에 미혹되는 이유와 신천지 교육 현장이 발견되지 않는 이유

막을 수 없고 피할 수 없는 접근

신천지의 포교 방법의 절대 원칙은 수단과 방법을 가리지 않고 사람을 포섭하는 것이다. 다음 소개하는 내용은 신천지에 포섭된 세 개의 사례이다.

첫 번째 사례는 오랜 세월 교회를 출입하였으나 신앙생활을 제대로 하지 않던 딸이 권사이신 어머니를 포교한 이야기다. 어느날 엄마도 잘 알고 지냈던 딸의 친구가 찾아왔다. 딸의 친구가 딸과 함께 성경공부를 하고 싶은데, 딸이 이단이 아닌가 하는 의심 때문에 함께 가려고 하지 않는다는 것이다. 그러니 엄마께서 얼마 동안만 성경공부에 동석해 주시면 좋겠다는 제안을 했다. 딸이 신앙생활을 잘하지 않는 것을 안타깝게 생각하던 어머니는 딸의 친구 제안을 받아들였고, 결국은 신천지 교육을 받는 상황이 되어버렸다. 권사이신 엄마를 신천지 교육을 받게 한 딸의 포섭전략이었다.

두 번째 사례는 신앙생활을 전혀 하지 않은 첫 출산을 한 주부의 이야기이다. 출산 후 산후우울증이 있어 아기와 함께 공원 의자에 앉아 있곤 하였다. 어느 날 비슷한 또래의 주부가 자신도 출산 후 산후우울증을 앓고 있다고 하면서 사귀자고 접근해 친구 관계로 발전하였다. 얼마 후 자신의 산후우울증 극복 사례를 말하면서 강연을 소개하였다. 불경과 성경을 비롯하여 인문학 등 다양한 강의가 있다는 말에 의심 없이 인문학 강의를 듣기로 하였다. 결국 이 주부는 신천지에 입교하였다.

세 번째 사례는 대학교 입학생이다. 대학 선배라는 사람이 접근하여 과제물이 있는데 자신이 준비한 글을 누군가에게 발표하고 소감을 적는 것이라고 했다. 그 말에 어려운 일이 아니다 싶어 허락하였다. 신천지에 빠지게 된 첫걸음이 되었다.

사례와 같이 기본적인 포교전략 골격 위에 다양한 접촉점을 만들어 작정하고 접근해 오기 때문에 신천지 사람들을 막는다거나, 피하는 것이 사실상 어렵다.

신천지는 포교 대상을 정할 때, 성별, 연령, 직업, 생활수준, 성경에 대한 관심도, 가정형편, 가족관계, 신앙상태, 교회 생활을 포함한 분석 가능한 모든 특성에 따른 포교전략을 세워 놓고, 해당자에게 맞는 맞춤형 포교를 한다. 포교대상자가 속아 넘어가지 않을 수 없는 이유이다. 이것이 다른 이단에 비하여 신천지에 의한 피해가 많은 이유이다.

이 외에도 어떠한 전략들이 있는지 알면 나름대로 대처에 도움이 될 수 있으나 끝없이 새롭게 만들어지는 전략을 따라가기란 어려운 일이다. 신천지의 추수꾼 전략에 교회가 당한 이유이기도 하고, 교회가 풀어야 하는 숙제이기도 하다.

일반 성경 지식을 주제로 시작하는 복음방의 성경공부 방식

신천지와 만나서 하는 초기 성경공부 교재는 성도들이 가지고 있는 일반적인 신앙 지식에서 벗어나지 않는 익숙한 주제들로 구성되어 있다. 처음 성경을 공부하면서 자신들이 가지고 있는 성경 지식과 다르다는 판단이 들면 의심하게 되고, 거부할 수도 있기 때문이다. 그래서 철저히 준비된 첫 단추를 제공한다.

'성경 기본상식' '시대구분' '종교' '예수께서 십자가를 져야 하는 이유' '예언(약속) 성취' 등이 복음방에 가면 가장 먼저 대하는 주제들이다. 익숙한 주제인데다 속임 전략으로 이미 어느 정도 신뢰가 형성된 상태에서 공부하는 만큼 의심하기가 어렵다. 혹, 의심을 하는 듯하면 함께 배우는 동료로 침투해 있는 위장된 신천지 사람들이[229] 끼어드는 식으로 위기를 넘기기 때문에 쉽게 벗어날 수 없다.

탁월한 성경교육으로 받아들이게 하는 신천지식 성경공부 방법

성경을 배우면서 기존 교회에서 배운 정도의 내용 혹은 방식이라면 구태여 그곳에 머물 이유가 없다. 자연스럽게 성경을 공부하는 듯 유도하면서 자신들의 성경공부가 탁월하다는 생각을 하게 하는 것이 신천지의 중요한 수법 중 하나이다.

신천지에서 강사 생활을 하다가 탈퇴하여 목사가 돼 이단 상담을 통해 신천지 사람들을 신천지로부터 탈퇴시키고, 신앙회복을 돕고 있는 강성호 소장은[230] 처음 신천지와 접촉이 되어 성경을 공부하면서 느꼈던 감정에 대한 질문에 대해 다음과 같이 증언을 한다.

> 성경에서 찾기 때문에 재미있고, 단순하고, 간단하고, 이미 정해져 있는 과를 계속 강의하기 때문에 강의법이 탁월했습니다.[231]

　한 마디로 재미있고, 단순하고, 간단했기 때문이었다는 것인데 어떠한 방식이기에 이러한 반응을 하게 할까?

　예를 들어보자. 신천지는 '씨'에 관심이 많다. '씨'를 중요하게 여길 뿐 아니라 신천지 교리의 핵심으로 삼는 소재이다. 신천지 사람들을 만나면 '씨가 뭐냐?' 라는 질문을 해오는 것을 볼 수 있다.

　우선 일반 성도들에게 씨의 의미를 물으면 어떻게 대답할까? 교회 교사들에게 '씨'가 뭐냐고 물으면 어떻게 대답을 할까? 신앙 혹은 성경에 대한 질문을 받을 때 교회의 일반적 모습은 해석과 답을 위한 설명이 길고, 서술적이다.

　신천지의 교육 방식은 어떨까? 신천지는 마태복음 13장 24절에 기록된 '씨'가 무엇이냐고 묻고, 누가복음 8장 11절을 읽도록 안내한다. 그리고 다시 묻는다. 뭐라고 되어있냐? 이렇게 되면 마태복음 13장 24절의 '씨'는 누가복음 8장 11절에 근거해서 '말씀'이 된다.

　이같이 신천지의 성경공부는 질문하고, 성경을 찾아 주고, 성경에서 답을 직접 찾아내도록 하는 방식이다. 설명을 통한 주입식이 아니고, 자신이 직접 찾도록 돕는 방식이다. 그러므로 신천지의 학습은 신천지가 원하는 답을 학습자가 스스로 찾아내고백하게 하는 형식이다.

　질문하고, 성경을 찾아 주고, 성경을 읽게 하고, 읽은 구절에서 답을 찾게 하니 단순하면서 간결하고, 질문에 대한 답을 직접 눈으로 확인을 하게 하니 흥미가 일어날 수밖에 없다. 질문에 대한 답을 성경으로 찾아 알게 하니 혹 맞는 답이 아니더라도 의심하거나 믿지 못하여 질문한다는 것은 쉽지 않다. 답을 주입시키지 않고, 성경을 찾아 보여줌으로 성경적 답으로 받아들이게 하는 방식은 그 특성상 그러한 성경공부를 인도하는 선생에 대한 신뢰도 또한 높아지게 한다.

위의 방식으로 신천지식의 성경공부에 빠지면 그때부터는 신천지가 원하는 대로 끌려가게 된다. 물론 마태복음 13장 24절에 등장하는 '좋은 씨'는 '하나님의 말씀'이 아니다. 마태복음 13장 31절의 겨자씨 비유에도 '씨'가 등장하는데 이것 역시 말씀이 아니다. 신천지는 두 곳에 등장하는 '씨' 모두 하나님의 말씀으로 풀고 싶어 한다.

당연히 누가복음 8장 11절에서 '씨'가 '하나님의 말씀'이라고 교육이 된 사람들은 신천지가 강조하지 않아도 마태복음 13장 24절, 13장 31절에 있는 '씨'도 하나님의 말씀이라고 자연스럽게 동의하게 된다. 이런 과정을 거치면서 자연스럽게 신천지 사람이 만들어지는 것이다. 이것이 엉뚱한 것이고, 거짓이지만, 신천지가 힘을 발휘하는 교육 방식이다.

어떻게 하여야 할까? 교회도 같은 방식을 사용하면 되지 않을까? 안 하는 것일까? 못하는 것일까?

기존 교회가 신천지와 같은 방식으로 성경공부를 하지 않는 까닭은 방식 자체가 성경적으로 옳지 않기 때문이다. 간혹 이단이 보이는 장점을 보면서 기존 교회는 그러한 장점을 왜 갖고 있지 않나 하는 의문을 던지는 경우를 본다. 일반 교회가 하지 않거나 못하는 것이 아니고 이단이 쓰는 방식이 바르지 않아서이다. 바른 성경 지식을 가지고 있는 교회에서 동의할 수 없는 방식이기 때문이다. 이러한 사실들을 모르기에 성도 중에는 신천지의 성경공부가 탁월하다고 하는 엉뚱한 생각을 하곤 한다. 그러나 성경은 신천지 방식으로 풀어지는 것이 아니다.

신천지가 공개토론을 하자고 하면서도, 공개토론장에 나타나지 못하는 것은 자신들의 성경해석이 바르지 않다는 것을 알기 때문이다. 성경해석은 짝 맞추기로 되는 것이 아니다. 단지 위에서 설명한 과정에서 신천지의 해석이 바르고, 옳다는 인식 형성에 도움이 될 뿐이다.

성경해석은 언어, 문학, 역사, 배경, 문화 등 다양한 요소들이 복합적으로 동원이 되어 해석되어진다. 물론 성경이 하나님의 영감으로 쓰여진 책으로서 성령의 조명을 받아야 하는 것은 당연하다. 성령의 조명이라는 것은 환상이나, 꿈을 통해 알려주는 것이 아니다. 위에서 언급한 모든 요소를 통하여 하나님의 의도하신 바가 드러나도록 하시는 성령 하나님의 역사이다. 이것이 교회의 성경해석 방법이다. 따라서 교회가 신천지의 교육 방식을 갖고 있지 않은 것은, 내용은 물론 방편 역시 바람직하지 않기 때문이다. 그럼에도 교회는 바른 내용을 명확하게 알 수 있도록 성도들을 교육하는 일에 많은 투자를 하여야 하고, 바람직하고 효과적인 성경 교육 시스템과 교재들을 개발하는 데 최선을 다해야 한다.

두 번째 신천지 성경공부의 특징은 1주일에 4일을 두 시간씩 공부하는 것이다. 학습에 있어서 집중력은 학습효과를 올리는데 중요한 요소 중 하나이다. 집중해서 학습하면 더욱 깊이 빠져들고, 깊이 빠져들수록 학습효과는 높아진다. 신천지 사람들이 깊이 세뇌되는 이유이다.

사람들이 많은 시간을 들여야 하는데도 성경학습에 참여하는 것은 앞에서 언급한 신천지식의 공부에 끌려서이다. 이들의 주 포교 대상인 어린 자녀를 둔 주부들에게는 성경공부 시간이 자녀를 돌보는 것으로부터 해방되는(학습시간 중에 신천지 봉사자들이 아낌없이 자녀들을 돌봐 준다) 시간이 되기 때문에 2시간을 아낌없이 투자하는 등 다양한 이유로 사람들은 신천지 성경학습에 참여한다. 이러다 신천지의 목표대로, 포교 된 사람이 신천지 구원관의 덫에 걸리면 그때부터는 미래에 관심이 없어지면서 학업이나 직업이 아닌 신천지의 학습과 포교에 모든 시간과 열정을 쏟아붓는 삶을 살게 된다.

일반 교회에서 신천지와 같은 학습시간을 갖는다는 것은 불가능하기도 하고, 바람직하지도 않다. 교회교육은 모든 것에 앞서지만, 세상에서의 삶을 포기한 상태에서 교회교육과 활동에 참여하는 것을 성경이 가르치고 있지 않다. 많은 시간을 교회 밖에서 보내되, 신앙 정신을 갖고 살 수 있게 하는 정도의 교육환경과 교육 방식 그리고 교육시간이면 된다. 이런 교육이 실행될 수 있도록 교회와 성도들이 함께 힘을 모아야 신천지와 같은 이단에 빠지지 않을 수 있다.

성경에 근거하여 신천지에 빠진 사람들의 행동 조종

신천지는 미혹자들이 성경에 호기심을 갖게 하고, 자신들의 성경해석이 탁월하다는 인식을 갖게 한다. 그러한 다음에는 성경 말씀에 근거하여 행동을 제한하는 교육을 하여 신천지가 행동을 제어할 수 있도록 세뇌시킨다.

떠오르는 의문에 대해 누군가에게 묻지 못하게 하고, 교육 중에 있다는 사실을 아무에게도 발설하지 못하게 한다. 혹시라도 교회 밖에서 성경공부를 한다든지, 배운 내용에 대해 궁금한 것을 또 다른 곳에서 묻는다든지 하면 신천지에서 배우고 있다는 사실이 드러나서이다.

포섭 대상자들이 이러한 반응을 하지 못하게 하여야 하는데, 자신들의 말과 주문으로는 더 큰 의심을 살 수 있기에 성경에 근거하여 막는다. 이때 사용하는 대표적인 성경 구절이 창세기 3장의 '선악을 알게하는 나무'에 관련한 구절과[232] 마태복음 13장 44절의 '밭에 감추인 보화' 비유와 창세기 27장의 '야곱의 거짓말' 같은 것이다. 그럼, 구체적으로 살펴보자. 먼저 창세기 3장의 선악과를 통한 입을 막는 교리이다.

> 에덴동산에는 선악나무와 생명나무가 있다. 나무는 사람이다. 과일은 말씀이다. 생명나무는 선한 목자 즉 하나님의 사람이고, 선악나무는 악한 목자 즉 사단의 사람이다. 선악과는 사단의 조종을 받는 목자에게서 나오는 말씀이고, 생명과는 선한 목자에게서 나오는 말씀이다. 아담과 하와가 누구의 말을 듣고 죽었냐? 선악과 즉 사단의 목자에게서 나오는 말씀을 듣고 죽지 않았냐? 선악과를 먹어야 하겠냐, 먹지 말아야 하겠냐?

'지금 선악과를 주는 사람들은 누구이냐? 초대교회 때에 뱀과 독사의 자식이라는 말을 들은 사람들이 누구냐? 지금은 누구냐? 생명의 말씀을 가지고 있지 않은 목사들에게서 나오는 말씀이다. 이미 앞에서 살핀 대로 말씀을 들어보니 기존 교회 목사들이 말씀을 바르게 해석하여 가르치더냐? 아니면 그들은 뭐냐? 뱀이요, 독사의 자

식들이다. 그들이 전하는 말을 들으면 어떻게 되겠냐?'[233]

이런 논리로 정통교회 목회자들을 찾지 못하게 한다.

두 번째 이야기이다. 마태복음 13장 44절의 '밭에 감추인 보화' 비유를 통해 신천지와의 접촉을 누구에게도 발설하지 못하도록 한다.

농부가 자기 밭이 아닌 다른 사람의 밭에서 밭을 갈다가 보물을 발견하였다. 어떻게 하였는가? 다시 숨겨 놓고, 돌아가서 모든 재산을 다 팔아 밭을 샀다. 농부가 이렇게 한 이유가 무엇이냐? 밭을 산 뒤에야 자신의 보물이 되기 때문이다. 농부가 밭을 사기 전에 다른 사람들에게 보물 발견한 것을 알렸을까? 다른 사람들에게 알리면 어떻게 되겠는가? 밭을 사기 전에 보물을 발견한 사실을 알리면 자기 것이 되기 전에 주인이 찾을 수도 있고, 도둑을 맞을 수도 있다. 그러므로 절대로 알려서는 안 된다.

'성도들에게 보물이 무엇이겠는가? 말씀을 통해서 천국을 갖는 것이다. 우리를 만나서 성경을 알아가는 기쁨이 있는가? 성경에 대해서 충분히 알았나? 그렇지 않은 상태에서 누군가에게 알린다면 어떻게 되겠는가? 농부가 밭을 사기전 보물 발견한 것을 알리면 그의 것이 되지 못하는 것처럼 영적 보물도 어떻게 되겠는가? 나중에 알려도 늦지 않으니, 충분히 살핀 후에 알려라!'[234]

이러한 방식으로 행동에까지 세뇌를 시켜 혹 일어나는 의심이 있더라도 누구에게도 발설하지 않고, 숨긴 채로 세뇌되어 가는 것이다. 신천지 사람들이 충분히 교육을 받고 세뇌되기 전에 가족이나 주변 사람들이 알 수 없는 이유이다.

세 번째는 거짓말을 서슴지 않고 할 수 있도록 하는 교육이다. 신천지 사람들은 신천지 이외의 공간에서는 거짓말을 입에 달고 산다. 자신들을 위장하고 숨긴 채 활동해야만 하기에 거짓말을 안 할 수 없고, 신천지의 포교 역시 거짓말이 아니면 포교할 수 없으니 신천지 사람들이 거짓말을 일삼는 것은 그들의 일상이다.

사실 신천지가 세상 혹은 기독교를 향해서만 거짓을 일삼는 것이 아니라, 신천지 내 모든 것이 거짓말로 통한다. 지도부의 교육내용이 거짓이고, 거짓이어야만 어리석은 사람들을 미혹할 수 있고, 이끌어 갈 수 있다.

그렇다면 신천지 사람들은 거짓말을 하면서 마음에 부담이 없을까? 신천지 사람들이 거짓을 말하는 것에 대한 부담과 어려움에 봉착하였을 때 거짓말을 당연히 할수 있도록 달래는 데 사용하는 본문이 창세기 27장의 야곱의 거짓말과 여호수아 2장의 라합의 거짓말이다.

야곱이 아버지 이삭에게 거짓말을 하고 복을 받았다는 것과 라합이 정탐꾼들을 숨겨주고 거짓말을 하는 것으로 온 가족이 살게 되었다는 내용에 근거하여 복을 받는 거짓말과 저주를 받는 거짓말이 있다고 한다. 즉 거짓말에도 하나님의 뜻에 합당한 거짓말이 있고, 합당하지 않은 거짓말이 있는데 하나님의 뜻에 합당한 거짓말은 저주받지 않고, 복을 받는다고 하면서 신천지의 거짓말은 생명을 살리는 거짓말이기 때문에 복을 받는다고 가르친다.

포교를 하면서 하는 거짓말을 생명을 살리기 위한 거짓말로 만들어 놓으니 마음에 부담을 내려놓고, 거짓말을 하면서도 당당하게 포교를 한다. 말씀을 바르게 가르치지 못하는 목사들에게 속으며 신앙생활을 하는 성도들을 구원해야겠다는 생각에 사람들을 살려내야겠다는 일념에 주저 없이 거짓을 말한다.

거짓말을 하지 않고, 위장 없이 당당하게 자신들을 드러내야 교회가 적절한 대응을 할 수 있는데, 이렇게 철저하게 훈련되어 성경도 허락하였다는 얼토당토않은 생각 속에 거짓말을 떳떳이 하며 숨기기 때문에 교회가 대처하기란 쉽지 않다.

기존 교회와의 신앙의 끈을 끊어 놓게 하는 비유풀이 성경공부

신천지 방식의 성경공부에 빠져들면 점차 기존 교회의 성경해석은 틀렸고 신천지 성경공부는 성경적이라는 틀이 만들어진다. 특히 비유풀이 성경해석 단계에 들어가면 절정에 이른다. 돌이킬 수 없는 경계선을 넘게 된다.

신천지 사람을 만들려면 신천지의 시각을 갖게 하여 신천지의 시각으로 성경을 보도록 해야 한다. 이렇게 만들기 위해선 신천지의 교육에 대한 신뢰도를 높이면서 성경의 기초 개념들을 바꾸어 놓아야 한다. 개념들을 바꾸어 놓기 위해선 성경에 사용된 단어나 용어들이 전달하는 의미도 바꾸어 놓아야 한다. 이것이 신천지의 기본 전략이다.

기독교의 모든 성도는 성경에 있는 단어나 같은 신학 용어에 대해 같은 개념으로 공유한다. 성부, 성자, 성령, 영생, 창조, 구원, 부활, 옛 언약과 새 언약, 유월절 등 모든 용어에 대해 국어학적으로 같은 의미로 공유하면서 함께 하고 있다.

어느 이단과 기존 교회가 다름을 알아보려고 한다면, 기존 교회가 가지고 있는 단어나 용어의 개념과 해당 이단이 가지고 있는 단어나 용어의 개념이 모두가 공유하고 있는 개념에 비교하여 어느 쪽이 옳고 그른지 살피면 된다.

신천지는 비유풀이를 통하여 단어와 용어의 개념을 바꾸어 놓는다. 그렇게 신천지 성경해석 방식에 의해 새롭게 만들어 놓은 개념을, 이미 형성된 신뢰에 근거하여 미혹된 자들이 성경적 개념으로 인식하도록 세뇌시킨다. 이렇게 되면 본래의 성경 내용과 전혀 다른 엉뚱한 개념을 성경의 뜻이라고 받아들이게 된다.

이러한 과정을 거쳐 신천지의 성경해석은 뛰어나고 바르고 성경적이며, 기존 교회의 성경해석은 오류가 많고 바르지 않고 성경적이지 않다는 고정된 관념을 갖게 된다. 그 이후로는 신천지식의 성경해석이 아닌 것은 바르지 않은 성경해석이라며 배척하게 되어 아예 대화 자체가 불가능하다.

이후에는 차곡차곡 축적된 신천지에서 받은 성경 지식이 결정적인 빌미가 있어서 의심하게 되기 전까지는 절대적 진리로 자리를 잡는다.

기존 교회가 보기에는 비상식적인 것도 신천지 사람들에게는 진리가 되고, 자신들의 지식을 받아들이지 못하는 것은 무지하기 때문이라고 무시하며 대화 자체를 시도하지 않는다. 이 모든 것이 신천지의 비유풀이 교육의 결과이다. 신천지가 틀린 것을 알리려면 접촉이 이뤄져야 하는데, 자신들의 것에 동의하지 않으면 접근 자체를 거부하기 때문에 신천지에 빠진 사람을 되돌린다는 것은 그만큼 어렵다.

05 · 신천지가 교회에 미치는 영향

이미지 훼손

세상은 이단과 정통교회를 분리하여 판단하지 않는다. 이단에 의해 사회적으로 비판받을 만한 피해가 발생했을 때 어렵지 않게 가해 단체가 이단임이 밝혀지길 바라는 심리들을 볼 수 있다. 이단으로 인해 정통 기독교가 비판을 받는 것이 합당하지 않다는 판단과 이단 때문에 정통 기독교가 사회로부터 욕을 먹는 것에 대한 거북함 때문이다. 또한 사회가 이단에 의해 발생된 사실을 알면 정통 기독교와 이단을 구별하여 판단하고 비판할 것이라는 믿음 때문일 것이다. 하지만 현실은 그렇지 않다. 이단에 의한 피해인 줄 알면서도, 이단과 정통 기독교를 구분하려 하지 않고, 정통 기독교를 부정하는 데 활용한다. 그래서 이단에 의해 발생 되는 사건임에도 정통 기독교의 이미지는 훼손된다.

현대는 전체에 묻혀서 문제를 일으킨 일부가 숨겨지기보다는 문제를 일으킨 일부에 의해서 전체가 일방적으로 부정당하는 시대이다. 이단에 의한 기독교의 이미지 훼손은 세상에서의 교회 존립과 역할 그리고 전도의 문을 더욱 좁게 만들고 있다.

교회 안의 불신조장

위장하여 교회를 침입하는 신천지 추수꾼 포교방법은 성도들로 하여금 서로 의심하게 만들었다. 오랜 잠복 기간동안 철두철미하게 자신을 관리하며 교회의 일원으로서 위장된 상태에서 포교하기 때문에 한 번 당한 교회나 성도들은 원치 않아도 일단 의심을 하지 않을 수 없는 상황에 직면한다.

교회의 사명은 전도이다. 영혼 구원이다. 새로운 성도가 교회에 들어올 때마다 온 교회가 기뻐하고 감사해 왔다. 그런데 신천지의 추수꾼 포교전략은 이러한 교회의 기쁨을 앗아가고 있다. 새로운 성도의 유입을 감사한 마음으로만 대할 수 없는 상황이 되었다. 간혹 새 신자들에게 주민등록증 제시를 요구하는 교회도 있고, 아예 일정 기간 새 신자 등록을 허락하지 않는 교회도 있다고 하니 피해가 적지 않다. 반대로 조그마한 특이점에도 기존의 성도들이 신천지 사람이 아닌가 하는 의심을 하니 새 신자들 역시 위축된다.

교회 파괴

신천지 추수꾼 포교전략과 또 다른 방법인 산 옮기기 포교방법에 의해 교회가 폐쇄되거나 분쟁하다 분리된 교회들이 있다. 정체를 숨기고 숨어들어와 성도들을 포섭하는 포교방법에 성도들이 속수무책으로 당한 경우들이다. 그러나 신천지 사람들은 자신들이 진리이기에 일어난 일이지 자신들 때문에 발생한 것이 아니라고 항변한다. 그러나 주된 원인은 신천지의 위장과 거짓 그리고 속임 때문에 일어난 일들이다.

2020년 현재 23만 명에 가까운 신천지 사람들 대부분이 교회로부터 옮겨간 사람들인데, 신천지가 진리를 가지고 있어서 신천지로 옮겨갔을 리는 없다. 신천지는 진리를 갖고 있지 않다. 다만 사람들로 하여금 신천지에 진리가 있다는 착각을 하게 했을 뿐이다.

그렇다면, 위장 상태로 침입한 신천지 사람과 쌓은 단순한 친분으로 신천지로 옮겼을까? 그렇지도 않다. 위장한 신천지 사람들이 성도들과 친분을 쌓는 것은 포교 단계에 있어서 첫발에 불과하다. 그렇다면 무엇에 의해 신천지로 옮겨간 것일까?

결정적인 이유는 성도들이 가지고 있는 빈약한 신앙 지식과 성경 지식이다. 정확하지 않은 지식이나 정보를 가지고 있는 성도가 지식이 전무 하거나, 정보에 관심이 아예 없는 성도에 비하여 훨씬 치명적이다. 성경적 질문에 대해 성도들의 답변에 빈틈이 보이거나, 배경에 대한 충분한 지식을 갖고 있지 않다는 것을 보이는 순간, 적당한 성경 구절과 사실을 왜곡시킬 만한 조작된 배경이 되는 자료를 제시하면 성도들은 자신이 가지고 있는 지식과 정보에 대한 신뢰가 무너지면서 무장해제가 된다.

자신이 가지고 있는 신앙과 성경 지식이 틀렸다는 인식을 하게 되면 곧바로 교회를 부정하고, 자신을 양육한 목회자를 부정하게 된다. 이것이 신천지로 옮기는 가장 큰 이유이다.

성경에 무지하고, 무관심한 성도들이 이단에 빠질 것이라는 생각과 예상은 사실과 다르다. 생각과는 달리 신천지는 성경에 관심이 없거나, 성경을 무시하는 사람들은 신천지의 포교 대상 중 F급으로 사실상 포교 제외 대상이다. 신천지 시스템에 녹아들지를 못하여 신천지 식 포교에 통하지 않기 때문이다.

문제는 대한민국 성도들의 다수가 무지와 무관심 군(群)에도, 탁월한 정보와 지식을 습득한 군(群)에도 속해 있지 않다는 것이다.[235] 대부분이 신앙 지식과 성경 지식을 가지고는 있으나 정확하게 알고 있지 않은 어정쩡한 상태인데 신앙적 정서 차원에서는 종교적 열정이 많은 편이다. 이것은 대한민국 교회의 교육이 성경 내용에 대해, 신앙의 역사와 배경에 대해 철저하게 교육하고 훈련 시키는 구조이기보다는 신앙심과 신앙적인 열심을 절대적인 신앙관으로 형성하게 하는 구조이기 때문이다. 이것이 신천지 같은 이단에 속수무책으로 당하는 배경이 되고 있다. 이렇게 해서 교회의 피해는 늘어가고 있다.

교회의 규모에 따라 신천지의 피해 크기가 다양하게 나타나는데, 작은 규모의 교회들은 한 번의 피해만으로도 치명적인 중상을 입는다. 성도들을 잃는 것은 물론, 교회가 통째로 신천지에 넘어가기도 한다. 교회의 파괴와 피해는 지금도 진행 중이다.

06 · 신천지가 인생과 가정에 미치는 영향

인생파괴

신천지에 빠지는 순간 인생은 파괴된다. '조건부 시한부 종말설'을 따르는 사람들은 이 땅에서의 미래에 미련을 두지 않는다. 반면에 말세에 있다는 구원을 위해 입교한 만큼 교주와 조직의 명에 철저히 따른다. 학업과 직장을 포기하는 것은 당연하다. 그들에게 내일이 없는데 학업과 직장을 통해 내일을 준비하는 것은 어리석은 일이다. 구원이 눈앞에 있는데 가족이 반대한다고 해서, 가족 간에 갈등이 발생한다고 해서 구원을 포기할 수는 없기 때문이다.

신천지에서는 144,000명 제사장 그룹에 포함되어야 후에 가족들을 도울 수 있다고 말하기 때문에 가족 간의 충돌은 물론이고, 이혼을 하더라도, 신천지를 포기하지 못한다. 신천지가 1984년에 시작하였으니 36년째이다. 신천지의 종이 되어, 좀비가 되어 수년에서 수십 년을 보낸 사람들에게 다가오는 내일은 악몽이다. 신천지에 의해 한 번 파괴된 인생은 되돌리기 어렵다.

근래 상담 과정 중에 특이했던 사항은 신천지가 학업을 계속하도록, 직장을 다니도록 하는 것이다. 한편으로는 다행이다 싶으나 오히려 이만희와 신천지 조직과 신천지의 사악함에 계속해서 속아 넘어가 인생을 허비하고 살 사람들을 생각하니 분통이 터진다.

그들 말대로라면 말일이 다가오는데 학업을 지속하고, 직장을 다니는 것도 말이 되지 않는다. 말일에 대한 신천지의 시한부종말론이 잘못되었다고 시인을 하고 학업을 지속하고, 직장을 다니라고 한다면 마땅하지만, 말일이 다가온다고 속이면서 학교에 다니라 하고, 직장에 다니라고 하는 것은, 고도의 속임으로서 신천지 스스로가 자신들에게 미혹된 사람들의 피와 살을 빨아먹는 존재임을 확인시켜 주는 증거이다. 그러나 신천지에 빠진 사람들은 스스로 귀를 막고, 눈을 감고, 악의 구덩이에서 나올 생각을 하지 못한다. 이들은 계속해서 세상에 적응할 수 없는 무능하고, 무력한 인간으로 만들어져 정상적인 인생을 살 수 없는 존재들이 되어가고 있다. 현재에도 신천지에 빠진 사람들의 인생은 계속 망가지고 있다.

신천지로 인해 파괴되는 가정

조건부 시한부 종말설을 추종하는 사람들은 미래를 준비할 이유를 갖지 못한다. 교주와 조직이 명령하는 대로 좀비와 같이 움직일 뿐이다. 말일이 다가옴으로 학생들에게는 학교가, 직장인들에게는 직장이, 가정주부들에게는 가정이 중요하게 여겨지지 않는다. 학생은 학교를 떠나고, 직장인은 직장을 떠나고, 가정주부들은 가족을 떠난다. 남은 가족들은 이단에 빠진 가족을 찾아 신천지에서 빼내기 위해 생업을 포기하고 마르지 않는 눈물을 흘리며 전국을 헤맨다. 그들은 신천지에 빠진 가족 구성원에게 신경을 집중하면서 남은 가족에게는 마음을 줄 수도 없게 되고 남은 가족들 중에는 자신들에게 마음을 주지 못하는 부모를 향한 서운한 마음에 등을 돌리기도 하고, 평안한 가정의 일상을 파괴한 형제에 대해 분한 마음을 품기도 한다. 당연히 부부 사이에도 갈등이 일어나며, 그러면서 가정의 생활기반이 무너져 정상적이고 평안한 가정으로 살아갈 수 없게 된다.

신천지에 의해 파괴되는 가정들은 전국적으로 늘어가고 있다. 그러나 신천지는 모든 책임이 자신들에게 있지 않다고 항변할 뿐 아니라 오히려 신천지를 택한 것에 대해 인정하지 않는 가족에게 그 책임을 전가한다. 만약 신천지가 이단이 아니면 어떤 가족이 반대하겠는가? 신천지는 자신들이 진리라고 떠들지만, 스스로 진리임을 밝힐 수 있는 현장을 마련해 줘도 단 한 번도 나오지 못한 떳떳하지 못한 집단이다. 무수한 사람들이 가정이 무너지는 것을 당연한 것으로 여기는 이런 신천지에 빠져, 자신의 가정을 돌아보지 않고 있다. 지금도 어디선가 속아서 빠져들어 가는 사람들이 안타깝기만 하다.

07 · 신천지가 국가와 사회에 미치는 영향

기독교에 대한 사회의 불신조장

신천지의 존립 수법은 거짓과 속임이다. 거짓과 속임을 빼면 신천지는 존립할 수 없다. 그런데 신천지의 교주 이만희가 스스로 말하길 거짓과 속임은 이단이나 할 짓이라고 하였다. 이는 신천지의 거짓과 속임의 극치를 보여주는 것이라 할 수 있다. 신천지가 거짓과 속임을 일삼고 있다는 것은 신천지 사람 모두가 알고 있다. 자신들 스스로 거짓을 말하고 속이고 있기 때문이다.

거짓을 말하면서 신천지와 신천지에 빠진 사람들은 스스로 이단임을 깨달아야 하는데 그렇지가 않다. 그들만의 교육의 효과로 자신들의 거짓말과 속임이 구원과 생명을 주기 위한 것이라고 믿기 때문이다.[236]

이러한 까닭에 신천지의 거짓과 속임은 이중적 모습으로 나타난다. 겉으로 드러내는 선한 모습과 숨겨져 있는 사악한 모습, 이 두 모습은 반복적으로 나타난다. 이러한 신천지의 이중적인 모습은 신천지를 기독교와 동일시하는 세상 사람들에게 기독교에 대한 불신을 일으킨다. 신천지를 방관할 수 없어 신천지 퇴치 운동을 벌이는 중에 기독교와 신천지가 대립하는 모습도 세상 사람은 기독교에 안에서의 싸움으로 본다.

신천지는 오랫동안 기독교인 만을 대상으로 포교를 하다 2017년을 전환점으로 비기독교인을 대상으로 포교를 하고 있다. 신천지로 인한 피해가 기독교도가 아닌 일반 사람들과 가정에서도 일어나면서 기독교에 대한 불신이 가중된 것은 말할 것도 없다. 교회에 대한 평가에 좋지 않은 영향을 준 것은 물론이고, 교회 존립을 원치 않는 사람들이 교회에 대한 부정적인 표현을 하는 데 근거가 되기도 한다. 세상 사람들이 흑인지, 백인지 구분하여 평가할 필요조차도 갖지 못하게 할 만큼 혼란을 가져 왔다.

2007년 공영방송인 MBC가 신천지의 문제점을 방영하였다. 이에 신천지는 MBC PD수첩이 거짓방송을 하였다고 반박했다. 2015년에는 기독교방송국인 CBS가 8부작으로 '신천지에 빠진 사람들'을 방영하였다. CBS에 대해서도 거짓 방송하였다고 반박하며, CBS청사 앞에서 대대적인 시위를 하였고, 당연히 사실들을 왜곡시켜 홍보했다. 특히 방영과 관련하여 소송이 진행되었는데, 신천지는 재판부가 모든 부분에서 자신들의 손을 들어주었다고 홍보를 했고, 신천지 사람들은 그대로 믿는 실정이다.[237] 그러나 대법원 제2부(재판장 권○일)는 신천지 측이 CBS의 '신천지에 빠진 사람들' 방송 내용을 문제 삼아 제기한 '손해배상 및 정정, 반론 보도 청구(2017다259476)' 상고심에서 신천지 측의 상고를 모두 기각한다고 판결했다. CBS와 신천지 사이에 생긴 비용 부분에 대해서도 90%를 신천지에 부담하라고 결정하였다. 단지 몇 가지 반론의 기회를 주지 않은 것에 대해 방송 규정상 반론의 기회를 주라고 한 것과 대단히 사소한(개인적인 부분) 몇 가지 사항에 대해 정정 보도 및 손해배상을 하도록 한 것 외에는 신천지의 모든 신청이 기각되었다. 이는 인터넷 검색만으로도 사실 확인이 가능하다. 그러나 신천지 사람들은 진의를 알려고 하는 시도를 할 생각조차 하지 않는다. 짜 맞춰진 성경공부를 통하여 만들어진 신뢰를 무너트리고 싶어 하지 않는 심리와 신천지의 교묘한 예방 교육의 효과이다.

이러한 이유로 신천지 사람들은 여전히 소송에서 CBS가 패소하였다고 알고 있다. 교묘하게 작성한 자료들을 만들어 속이는 것이다. 이미 속고 사는 신천지 사람들은 물론이고, 종교에 아예 관심이 없던 사람들까지도 어느 순간 포섭되었을 때 진의를 알려고 하지 않고 무조건 동의하게 되는 것을 볼 때, 기독교에 대한 왜곡과 불신이 신천지와 같은 이단에 의해 어느 정도 쌓였는지 알 수 있다.

이단에게 이미지는 생명이다. 좋고 선한 모습은 사회적 동의를 이끄는 데 좋은 수단이기 때문이다. 그래서 이미지 확보를 위한 투자를 아끼지 않는다. 막대한 자금과 인원을 동원한다. 이러한 까닭에 어느 정도 규모가 있는 이단들은 대부분 문화 활동, 봉사활동, 지역 연합활동, 구제 활동 등에 적극적이다.

이와 같은 이단들의 속셈을 알지 못하는 상태에서, 혹은 알더라도 자신에게 유익이 있다고 판단이 되면 지방의 기관장, 국회의원들이 그들의 활동에 표창장을 수여해 왔다. 그리고 이러한 표창장은 최고의 홍보 효과를 발휘하였다. 이러한 일련의 과정에서 자연스럽게 이단에 도움을 주는 기관장들과 국회의원들은 정통기독교인들의 반발을 사게 되고 새로운 불신을 낳는다. 기독교로서는 가정을 무너트리고, 반사회적인 이단 신천지 집단에게 기관장들이나, 정치인들이 표창장을 발행해 이단의 존립에 도움을 주는 것을 용납할 수 없기 때문이다.

이단이 조직화되고, 세력화가 되는 상황을 고려할 때 이러한 불신은 더욱 확대되어 악순환이 계속될 것이다. 기독교에 대한 불신이 조장되면, 국가와 사회적으로 기독교가 감당하여야 하는 부분에 있는데, 기독교가 그 역할을 해내지 못할 것이고, 이것은 국가와 사회, 기독교 모두에게 커다란 손실이다.

종말론에 의한 혼란

종말이라고 퍼트리는 이단들에게 사람들이 쉽게 무너지는 이유는 우리가 살아가고 있는 현시대가 종말 시대일 것이라는 막연한 종말적 사색이 사람들에게 있기 때문이다. 이는 성도들은 물론이고, 따로 배우거나 하지 않은 일반인들에게도 있다.

성도들에게는 기본적으로 종말론적 신앙관이 형성되어 있다. 구원과 천국 그리고 부활과 영생 모두가 종말과 관련되어 있기 때문이다. 그렇지만 성경은 종말의 때와 시기는 아무도 알 수 없다고 분명히 하고 있다. 성경이 종말의 때를 알리지 않는 것은 종말의 때와 시기가 언제인지 아는 것이 중요하지 않고, 알 필요가 없어서이다. 그러함에도 성도들은 물론이고 비기독교인들조차도 종말의 때와 시기에 대해 관심이 많다. 그래서 종말의 때와 시기를 가지고 장난치는 사람과 단체들이 끊임없이 있어 왔고, 지금도 일어나고 있다.

우리는 그간의 시한부종말론자들의 주장이 거짓이며, 사기였다는 것을 역사적으로 확인해 왔다. 이렇게 현실에서 반복적으로 경험하고 있음에도[238] 여전히 종말의 때와 시를 가지고 장난치는 사람들에게 속아 넘어가는 것은 종교적이고 본성적인 것과 관련됨을 알 수 있다.

사람들의 마음 바탕에 있는 종말 사상은 종말론을 가지고 출현하는 이단들이 신나게 한판 벌여 춤출 수 있는 마당을 만들어 준다. 그래서 종말론을 들고 나오는 이단들이 발생할 때마다 국가적 · 사회적으로도 혼란의 소용돌이에 빠진다.

다미선교회가 종말일로 정한 1992년 10월 28일, 수많은 국민의 지대한 관심 속에 생방송으로 방영되는 방송을 시청하였다. 이는 대한민국의 대표 방송국들이 대거 동원된 방송이었다. 1987년 8월 29일 종말론에 빠져 단체로 자살한 오대양 사건도 있다.[239] 최근에는 종말이 다가왔으니 도피처로 도피해야 한다고 속여 가정을 버리고 재산을 팔아 바치게 하여 머나먼 남태평양 피지섬으로 이주시켜 집단농장 생활을 하게 한 은혜로교회(신옥주) 사건도 있다.[240] 신천지도 조건부 시한부 종말론주의자들이기 때문에 유사한 피해가 일어나고 있고, 이후로도 예상을 뛰어넘는 일들이 일어날 것이다.

반사회적, 반국가적인 신천지

양심적 병역거부와 대체복무제가 실행되었다. 관련 단체는 기독교 이단인 '여호와증인'이다. 신앙적 양심에 의한 결정을 존중하는 것을 인권이라고 여기는 국민적 동의로 만들어진 제도이다. 하지만 과연 신앙적 양심의 호소일까?

여호와증인은 성경에 나타나는 아마겟돈 전쟁[241]을 마지막에 있을 세속정부와 여호와증인과의 전쟁으로 인식하고 있다.[242] 자신들이 세속정부의 군대에 들어가면 여호와증인을 향해 총을 겨눠야 하는 상황이 발생하기 때문에 군대 입대를 거부하는 것이다. 결국은 국가를 상대로 총을 겨누겠다는 의지의 표현이다. 반국가적 집단이 아닐 수 없다.

한편 신천지는 국가의 미래는 물론 사회의 안정에도 훼손을 가하는 집단이다. 젊은이들에게 학업과 직장을 포기하게 하고, 가정의 주부들에게 자녀와 가정을 포기하게 한다.

국가의 미래를 짊어질 젊은이들과 그들을 보호하고 양육하는 가정을 붕괴시킴에도 사회가 속고, 국가가 속고 있다. 신천지의 실체를 알지 못하는 사회와 국가에 신천지의 정체를 알게 하는 것은 또 하나의 교회의 사명이자 숙제이다. 2020년 코로나 19감염 사태로 대한민국 국민과 온 세계가 신천지의 정체를 확인할 수 있었던 것은 큰 수확이었다.

국가 미래 동력 상실

신천지에 속한 약 23만 명 중 6~8만 명이 청소년들이다. 이 중에 30%가 학업 중단 및 직장을 포기한 상태에서 살아가고 있다고 한다. 저출산으로 국가의 산업기반에 대해 염려를 하는 상황에서 2만 명 이상의 젊은이들이 미래를 준비하지 않고 살고 있다. 이들은 단순하게 사회구성원으로서 역할을 해내지 못하는 청소년들이 아니라 국가의 미래에 골칫거리가 될 수 있는 청소년들이다. 신천지의 정체를 파악한 젊은이 중에 신천지를 이탈했음에도 무기력한 상태로 사는 경우를 볼 때 매우 심각하다.

군대 내에서의 포교로 인한 피해

신천지에 빠진 청소년들은 학업을 포기하거나 소홀히 여기고, 정규직도 포기하고 시간 조율이 자유로운 아르바이트를 택한다. 이러한 사실이 드러나면서 최근 사회적인 비난을 받자 포교에 방해 요소가 될까 은근슬쩍 학교로 돌아가게 하고, 직장에 다니도록 하기도 한다.

금새 종말이 온다는 신천지의 교리대로라면 신천지에 빠진 젊은이들을 학교를 중단시키고, 직업을 포기하게 하는 것이 맞다. 사실은 자신들 스스로 진리를 가지고 있다는 확신이 있고, 확신 속에 행해지는 모든 행동이 진정성에 근거한 것이라면 마땅히 포기하게 해야 한다.

같은 맥락에서 신천지는 젊은이들이 군대에 가는 것을 금해야 한다. 곧 천국이 완성되는데 군대에 가게 한다는 것이 합당한가? 초기 신천지 청소년들은 군대에 가지 않는 것을 당연하게 여겼다. 군대에 들어가지 않고 기다리면 천국이 이뤄진다고 속아서이다. 현재에는 군대에 가서 포교하도록 유도한다는 소문이다. 군대를 기피 하도록 만든다는 의심을 사는 경우 신천지 조직에 쏟아질 비난에 대한 대비 차원이자 군대에 가는 것을 현실적으로 막을 방법이 없는 중에 의미를 부여하여 보내는 것이 신천지로서는 최선이기 때문이다.

군대 입대에 관심이 없으나 신천지의 교육을 받아 천국만을 바라보고 사는 청소년들에게 의미 부여를 하여 군대 입대를 하도록 유도함으로 군대라는 조직에서 새로운 좀비 신자들을 만들고 있다. 국가 안보보다 포교에 주된 관심을 둔 군인을 상상해 보라. 이 또한 국가를 위협하는 요소임이 틀림없다.

08 · 신천지에서 돌아오게 하는 방법

신앙회복을 위한 상담의 위력

신천지에 빠진 사람들을 돌아오게 할 수는 없을까? 신천지포교 핵심은 '세뇌'이다. 신천지의 세뇌는 정통교회를 부정하고, 신천지에서의 신앙을 반대하는 가족들의 요구를 극복하고, 신천지의 정체를 확인할 방법을 차단하고, 의심 없이 신천지 교육에 임하도록 하고, 상담을 피하거나 거부하게 하는데 사용된다. 세뇌는 신천지에 빠진 사람으로 하여금 앞서 언급한 모든 것을 가능하게 할 뿐 아니라 신천지 중심의 사고와 판단 그리고 행동을 하게 만든다.

신천지식의 성경해석과 교리에 대한 세뇌 외에도 신천지 내에서, 가정에서, 교회에서, 직장에서 즉 어디서든지 신천지 사람으로서 어떻게 행동하여야 하는가를 세뇌시켜 놓았기에 신천지 사람을 정상적으로 돌려놓는 것은 쉬운 일이 아니다.

그래서 신천지에 발을 담갔다가 나름 빨리 빠져나오는 사람들은 신앙에 아예 무관심한 사람들이거나 신천지가 요구하는 만큼 시간을 내줄 수 없는 사람들, 의문과 의심이 많아서 질문을 쏟아내는 사람들, 혹은 정서적·육체적으로 적응이 어려운 사람들이다. 이 외의 대부분은 신천지 방식의 교육으로 세뇌되어 빠져나오기 어렵다.

하지만 의외로 다른 이단보다도 많은 사람이 신천지에서 빠져나오고 있는 것도 사실이다. 상담소를 찾는 사람 중에 다수가 신천지에 빠졌던 사람들인데 그럴만한 이유가 있다.

신천지의 교육 소재 중 하나는 흑백 논리이다. 흑백 논리 교육은 몰입하게 하는 힘이 있지만 동시에 실체를 알면 바로 꺾이는 특성이 있다. 순간적으로 믿음에 의심이 들면, 의심은 검증을, 검증은 분노와 회심을 일으킨다. 어렵지만 다른 이단에 소속되어 있었던 사람들보다 많은 사람이 상담소를 찾는 이유이다.

두 번째 신천지식의 교육 방식은 짝 맞추기 해석이다.[243] 이것은 신천지 교육을 받아들이게 되는 이유이기도 하지만, 신천지의 교육이 조작인 것을 확인해주는 요소이기도 하다. 짝맞추기 식으로 해석된 성경해석은 신천지 사람들에게는 가장 큰 걸림돌이 된다.

셋째로는 어떤 주제에 관해 설명할 때에도 주제의 핵심 열쇠 역할을 하는 단어와 같은 단어를 포함한 다른 문장에서 자신들의 해석에 도움이 되는 것을 찾아서 맞추는 교육이다.[244] 이렇게 해석된 내용은 대부분 성경 본문의 의도하고는 거리가 멀다. 검증에 들어가면 신천지 사람들에게는 커다란 걸림돌이 될 수밖에 없다.

이러한 이유로 신천지 사람들이 알고 있는 신천지 교육내용이 사실이 아니고, 성경을 왜곡한 것이며, 거짓과 속임의 결과물인 것을 드러내 주면 내담자들은 속절없이 무너진다. 이것이 상담의 위력이다. 상담소를 찾도록 하는 것과 정상적·상식적 수준의 대화하기까지가 어렵지 이성적인 대화를 할 수 있는 분위기가 만들어지면 신앙회복은 어렵지 않다. 조건없이 상담소를 찾는 경우 100% 가까이 회심이 일어난다. 이성적 사고가 되살아나는 순간 신천지의 거짓됨과 사기성은 신천지 내부에서 직접 겪고 경험하여 잠재되어 있기에 스스로 돌아서지 않고는 견딜 수 없는 심리 상태가 만들어지기 때문이다.

이러한 상황을 신천지 조직도 인식하고 있어서 상담 자체를 거부하도록 안내를 하고 있으며,[245] 상담소를 찾을 수밖에 없는 상황에서는 실제적인 상담이 이뤄지지 못하도록 철저하게 교육하고 있다.[246]

예를 들어, 상담이 이뤄지지 못하도록 '대응하지 마라', '소리를 질러라', '비판하지 마라', '조작된 자료 갖고 장난치지 마라', '성경만 가지고 얘기하라', '실상을 보지도 못했으면서 실상을 얘기하는 것이 옳으냐?', '꼬리(계시록에서 비유풀이 식으로 의미를 부여해 놓은 단어를 대면서 의미를 묻는다. 모른다고 하면 그것도 모르면서 무슨 상담이냐고 따지기 위해서이고, 답을 하려고 하면 실상을 보지도 않고 책에서 보고, 누군가에게서 듣고 말하는 얘기로는 소용이 없다는 식으로 딴지를 걸고자 함이다)가 뭐냐? 꼬리가 뭔지도 모르면서 무슨 상담이냐?', '교인 수가 몇 명이냐? 진리를 갖고 있다면 교인 수가 왜 이렇게 적으냐? 신천지는 진리를 갖고 있어서 사람들이 많이 찾는 것이다', '돈 벌려고 개종상담을 하냐?', '왜 가정을 파탄케 하냐?', '왜 조종하냐?', '대화하러 왔지, 상담을 받으러 온 것 아니다' 등의 말과 행동을 하게한다.

신천지만큼 상담소를 두려워하는 집단이 없다. 상담만큼 신천지 사람들을 회심하게 하는 강력한 카드가 없다. 신천지에 있는 동안 오직 성경만을 가르치고 배웠으며, 배운 내용들이 틀린 것이 없다고 확신하고 있기에 신천지에 머물러 있었던 기간에 비례하여 무너지는 속도도 빠르다.

신천지 조직이 상담을 어떻게 해서라도 피하게 하려는 시도가 그들이 거짓을 갖고 있다는 가장 확실한 반증이다. 거짓이 진리를 이길 수 없고, 어둠이 빛을 이길 수 없다는 것을 알기 때문이다.

가족의 역할과 가족관계의 위력

앞서 살펴보았듯이 상담을 하기까지 가장 어려운 것은 상담소에 오게 하는 것이다. 일단 상담소에 와 제대로 상담을 받게 되면 결국 회심하지 않을 수 없다. 회심은 강제와 강요로 이뤄지지 않는다. 강제와 강요로 회심을 하게 한다 해서 철저하게 훈련받고, 세뇌된 사람들이 돌아설 리 없다. 이성적 사고와 판단을 하게 도와주면 스스로 돌이키지 않고는 견딜 수 없는 상태가 되기 때문에 회심이 일어나는 것이다.

상담소의 역할과 기능 그리고 상담소에서의 결실을 생각할 때에 상담소를 활용하는 것이 최선임은 분명한데, 상담소를 활용함에 있어서 상담소를 찾아 원활하게 상담에 임하게 하기까지가 가장 큰 숙제이다. 그래서 상담소를 찾을 뿐 아니라 상담이 원활하도록 진행될 수 있기 위해선 충분한 준비가 선행되어야 한다.

이러한 준비는 거의 가족의 몫이다. 그러므로 가족 구성원 중 한 명이 신천지에 빠졌다는 사실을 알게 되었을 때 초기대응이 중요하다. 보통의 경우 가족이 이단에 빠진 사실을 알게 되는 순간 급해지고, 당황해서 이성적인 대응을 해야 하는 결정적인 순간에 감정적으로 대응하여 대치상태를 만든다. 이는 가장 잘못된 초기 접근 방법인데, 상담 경험에 비추어 볼 때 잘못된 초기대응은 상황을 더 악화시킨다.

가족이 할 수 있는 초기대응은 먼저 교회에 알려 상의하는 것이다. 그 후, 교회의 안내로 상담소를 결정하고, 상담소를 통하여 신천지의 특성, 상담 중에 예상되는 되는 일 등 상담의 시작과 진행 그리고 결과까지의 전체 과정에 대해 충분히 안내를 받은 후, 지혜롭게 대처를 해야 한다.

가족들의 초기대응 다음으로 상담에 크게 영향을 미치는 요소는 가족관계이다. 상담사례를 볼 때, 가족관계가 좋을수록 상담의 결과는 좋다.

신천지에 미혹된 사람 중에는 신천지가 진리를 가지고 있고, 진리를 가르치고 있다고 믿고 확신하기 때문에 찾았고 머물러 있는 사람들도 있고, 한편 교리와 무관하게 조직으로부터 받는 위로와 위안 때문에 머물러 있는 사람들도 있으며, 혹은 신천지의 문제를 발견한 후이지만 기독교 역시 별반 다를 것이 없다는 판단 때문에 구태여 기독교로 돌아가야 할 이유가 없다는 사람들도 있다.

이러한 다양한 이유로 신천지에 계속 머물러 있는 상황에서 공통적으로 그들에게 가장 큰 장애로 인식되는 요소가 가정이다. 당사자가 가정에 대한 미련이 없다든지, 가정과의 관계가 끊어지는 것에 대한 두려움이 없는 경우라면 가족들의 웬만한 노력으로는 신천지에서 빼내기 쉽지 않다. 가족관계가 원만치 않으면 상담소까지 오는 것도 어렵다. 반면에 가족관계가 화목하고, 가족에 대한 의존도가 높은 경우 가족관계가 끊어지는 것에 대해 두려운 심리가 공존하기 때문에 관계가 원만하지 못한 가정에 비해 훨씬 쉽게 가족들의 손에 이끌려 상담소를 찾는다.

신천지 교육 중에는 심리상담 과정을 통해 가족과의 관계 중에서 좋지 않은 기억을 되살려 놓고, 부풀려 인지하게 하여, 가족에 대한 마음과 미련을 놓게 만드는 과정이 있음을 상담을 통해 돌아온 피해자들에게서 확인하였다. 이처럼 신천지에 빠진 가족을 빼내는 일에 있어서 가족관계는 대단히 중요하다. 그러므로 신천지에 가족이 빠져 있는 경우 가족관계가 훼손되지 않도록 각별히 조심해야 하고, 이전부터 가족관계가 원만하지 않았던 가정은 가족관계를 회복시키고자 하는 노력이 우선되어야 한다.

좋은 가족관계가 내담자를 상담소까지 오게 하는 데 핵심과 소임을 소개했다. 다음으로 상담에 중요하게 영향을 미치는 것이 가족들의 하나 된 모습이다. 신천지를 알지 못하는 가족들은 신천지에 빠진 가족이 여전히 설득 가능할 것이라는 막연한 기대를 한다. 그저 이전의 착하고, 다정했던 존재로만 생각한다. 아이들을 위해서라면 무엇도 아끼지 않던 착한 아내, 집과 교회밖에 모르고 남편만 바라보는 가정적인 아내라고 생각한다. 안타깝지만 이것은 착각이다. 가족이 신천지에 있는 것을 동의하지 않고, 신천지에서 빼내려고 한다는 사실을 안 순간 자식도, 아내도, 부모도 신앙의 방해 요소일 뿐이며, 이때부터는 이성적인 대화와 상식적인 설득이 통하지 않는다.

이상과 같은 상태에 있는 사람을 홀로 대응하기란 매우 어렵기에 가족 모두가 힘을 모아야 한다. 간혹 가족 구성원 중 하나가 이단에 빠진 사실을 가족 전체에 알리는 것을 부담스러워하는 것을 보는데 이럴수록 상담은 늦어지고, 더 힘든 과정을 거쳐야 한다. 반대로 가족 전체가 관심을 가지고 상담 과정에 함께 힘을 보태는 경우, 상담 결과가 더 양호하고, 신앙회복이 빠르게 진행된다. 더불어 신천지에 빠졌던 가족뿐만 아니라 가족 전체의 신앙회복과 가족관계가 회복하는 것을 종종 본다.

가까운 누군가가 이단에 빠진다는 것은 생각조차 하고 싶지 않은 힘든 일이다. 그렇지만 간혹 상담을 통해 돌아오는 과정에서 피해자의 신앙회복과 함께 가족들의 신앙 회복까지 일어나는 것을 보면서 가정에 주시는 하나님의 선물이라는 생각을 한다. 신천지에 빠진 모든 사람과 그 가정에 이러한 복이 있기를 소망한다.

교회의 이단 교육

교회의 이단 교육은 가장 쉬운 예방책이며, 방지책인 동시에 이단에 미혹 당한 성도를 돌아오게 하는 좋은 방법이다. 그렇다고 예배 시간마다 이단 교육을 할 수는 없다. 교회마다 예배를 통하여 신천지 교육을 한다는 것은 사실상 어려운 일이고, 좋은 선택도 아니다.

경험에 비추어 제안해 보건대, 신천지에 대한 교육은 일 년에 두 차례 정도가 적당하다. 그리고 비정기적으로 하기보다는 이단 세미나를 하는 주일을 정해 놓고 정기적으로 하면 효과가 크다. 정기적인 이단 세미나는 성도 개인적으로는 이단에 대한 경계심을 고취시키고, 세미나를 통해 축적된 정보는 미혹이 이뤄지는 중에 벌어지는 일에 대한 바른 판단과 결정에 유효하게 쓰인다. 교회적으로는 잠입해 있는 추수꾼들에게 위협이 되어 추수꾼들로 인한 교회의 피해가 줄게 하고, 이단에 대한 염려로 인한 심리적 위축과 불안을 없애는 동시에 이단을 향한 담대한 마음을 일으킨다. 뿐만 아니라 동시에 섬기는 교회와 목회자에 대한 안심과 신뢰도 함께 높아지게 한다.

반대로 이단 세미나를 간헐적으로 하는 경우, 당장에는 경계심을 갖게 할 수는 있다. 하지만 감당할 만큼의 담력과 충분한 교육이 이뤄지지 않은 상태에서 이단과 부딪히는 실제 상황이 발생하면 오히려 막연한 자신감 때문에 더 안좋은 결과를 내기도 한다. 이것이 정기적인 세미나가 필요한 이유이다.

정기적으로 이단 세미나를 열되, 경계심은 물론이고 이단에 대한 폭넓은 정보와 실질적인 예방 및 대처 능력을 갖출 수 있도록 전문가의 도움을 받는 것이 좋다. 매번 강사를 바꾸기보다는 일정 기간 한 강사를 통해 단계별로 깊이 있게 교육 받는 것이 효과적이다.

이단이 성도들을 포교하기 위해서 기존 교회와 교회의 가르침과 목회자에 대해 부정하게 한다는 것은 앞서 언급했다. 이를 위해 신천지가 사용하는 방법은 기존 교회가 주요하게 다루는 신앙의 주제들을 비틀어 왜곡시켜 교육하는 것이다. 그러므로 교회는 성도들이 설교와 성경공부를 통하여 신앙 용어들의 개념을 충분히 정립할 수 있도록 도와야 한다. 이를 위한 방법으로 신앙고백서를 교재로 반복적으로 교육하는 것은 대단히 유효하다.

이단 교육은 이단에 빠진 사람을 빼내는데도 유효하다. 신천지 사람들은 자신들보다 뛰어난 성경 지식을 가진 사람은 절대 상대하지 않는다. 이단에 대해 준비된 목회자들이 신천지에 빠진 사람과 대화가 어려운 이유이다. 만남 자체가 이뤄지지 않는다. 신천지에 빠진 사람을 만날 수 있는 가장 좋은 기회는 성도들을 미혹하고자 접근해 올 때이다. 이때 미혹하려고 온 추수꾼에게 정확한 신앙 지식을 전달할 수만 있

다면 오히려 신천지 집단에서 빼낼 수도 있다. 이단과 관련한 충분한 신앙교육을 성
도들에게 시켰을 때 기대할 수 있는 효과이다.

신천지 사람들 스스로가 추수꾼으로 침투하기를 어려워하는 교회가 있다. 그것은
성경 중심의 설교를 하는 교회이다. 신천지에 빠진 사람들은 신천지에서 성경을 가
장 정확하게 배우고 있다는 자부심으로 가득 차 있다. 반면에 기독교는 성경은 가르
치지 않고 세상 얘기만 다루는 곳으로 세뇌돼 있다. 물론 신천지의 왜곡된 사고이지
만 이러한 까닭에 성경 중심의 설교를 하는 교회에는 추수꾼을 보내는 것을 어려워
한다.

사실, 교회가 교회로서 역할을 하는 것만으로도 이단의 확산을 막을 수 있다. 반
대로 역할을 하지 못하면 이단을 없애기는 불가능하다. 이단의 발생을 억제하고, 발
생된 이단을 퇴치하는 최선은 바른 교회가 세워지는 것이고 많아지는 것이다. 이러
한 점을 고려할 때 사회, 국가는 바르고 좋은 교회들이 세워질 수 있도록 협력해야 하
고, 보존되도록 하는 역할을 하여 국가와 교회가, 사회와 교회가 함께 상생 할 수 있
는 환경을 만들어야 한다.

지역교회의 연합운동

이단으로부터 성도들이 돌아오게 하는 효과적인 방법은 지역교회들의 연합운동
이다. 지역교회들의 연합만으로도 신천지 퇴치가 가능하고, 신천지를 찾는 많은 사
람을 돌아서도록 할 수 있다.

신천지의 포교 과정은 포교 대상을 선택하고, 복음방에서 신천지 교육을 받을 수
있는 기초를 다지게 한 다음, 무료성경신학원(센터)에서 완전히 신천지 사람으로 만드
는 과정으로 진행된다.

신천지는 센터 교육과정 중 신천지인 것이 드러나더라도 교육받기를 포기하지 않
을 단계에 이르기까지 당사자가 신천지 교육을 받고 있음을 인지하지 못한 채 교육
을 받게 하는 것을 최우선으로 한다. 자신이 받는 교육이 이단 신천지 교육이라는 사

실을 알고 교육을 받을 사람은 많지 않기 때문이다. 신천지라는 사실을 알고 교육을 받는다고 하여도 신천지 교육 센터임을 밝히는 곳에서 교육을 받는 것은 부담스러운 일이다. 그러므로 신천지가 확장되지 못하도록, 포교활동이 이뤄지지 못하도록 하는 최선은 신천지교육센터의 소재지를 찾아서 반복적으로 알리는 것이다.

신천지 교육 장소인 것을 알림으로 크게 효과를 본 대표적인 도시가 천안이다. 천안은 신천지가 전국적으로 주요 집회 장소를 세울 때 초기에 세운 지역 중 한 곳이다.[247] 그런데 천안을 제외한 대부분의 지역에서 신천지가 급성장해 갈 때, 천안에서만은 그렇지 못했다. 천안 신천지의 활동이 적어서가 아니고 신천지모임 장소를 찾아 신천지 집회 장소임을 알리는 시위를 꾸준히 하는 성도들이 있기 때문이다. 그중에 우송균 집사는[248] 개인 사업을 하는 중에도 지난 13년간 1인 시위를 하여 신천지 센터를 알려왔다. 신천지 센터 장소인 것을 알리면 교육수강 숫자가 1/4로 줄어드는 것을 확인할 수 있다. 몇 사람의 수고가 이러한 결과를 냈다면 지역교회가 연합하여 감당하면 신천지 같은 집단은 지역에 결코 발붙일 수 없을 것이다.

비록 이 일은 한 개인이 용기 내서 해낸 사례이지만, 어느 한 사람이, 어느 한 교회가 감당한다는 것은 쉽지 않다. 시위에 나선 사람이나 교회는 신천지의 집중포화 대상이 되고, 신천지와 길고도 피곤한 싸움을 계속해야 하기 때문이다. 앞서서 소개한 1인 시위를 지역교회가 연합하여 체계적인 계획을 갖고 해낸다면 수월하면서도 강력한 결과를 만들어 낼 수 있을 것이다.

이단들이 퇴치되지 않고 성장하는 것은 교회의 연합이 이뤄지지 않기 때문이라고 하여도 과언이 아니다. 그럼에도 연합이 이루어지지 않는 이유 중 하나는 교회 스스로가 이단 문제 다루는 것을 불편해 하기 때문이다. 이단 문제를 언급하기조차 불편해하는 교회들과 목회자들이 적지 않다. 짐작하건대, 괜한 불씨를 제공하여 이단과의 불필요한 싸움을 할 필요가 없다는 판단이거나, 문제가 발생하지도 않았는데 성도들에게 이단에 대해 알리는 것이 목회에 도움이 되지 않는다는 생각을 하고 있기 때문이지 싶다. 이처럼 이단 문제가 발생하기 전에는 이단에 대한 교육은 물론, 경계의 필요성조차 언급하지 않는 경우가 적지 않다.

그러나 신천지는 대부분의 교회에 침입해 있다. 자신들이 신천지임을 밝히고 교회에 들어와 있다면 좋으련만 교묘히 숨기고 들어와 있다. 그들이 교회에 침입한 목적은 하나다. 성도들을 미혹하든지 교회를 빼앗는 것이다. 이렇게 당하는 교회들이 산재해 있다.

보통은 교회들이 추수꾼들에 의해 신천지로 성도를 빼앗긴 뒤에야 관심을 두는 경우가 많다. 그러나 이단에 빠지는 것을 예방하는 것은 쉽지만, 이미 빠진 사람을 회복시키는 것이 어렵듯이, 이단 대처를 미리하여 포교를 막는 것은 쉬워도 성도와 교회를 빼앗긴 뒤 되찾기란 매우 어렵다. 그러므로 피해를 보기 전에 이단에 관심을 두고 교육과 이단 퇴치의 길을 찾아야 한다.

가장 나은 방법은 신천지 관련 건물을 찾아 그 주위에서 신천지의 활동을 알리는 것이다. 이렇게 되면 교회에 몰래 들어와 성도를 포섭해 간다고 하여도 정착을 시킬 수 없으니 자연스럽게 해당 교회에서는 위장 포교를 포기할 수밖에 없다.

2017년경부터 신천지가 거리에 나와 포교활동을 하고 있다. 그들이 거리에서의 포교에 막대한 투자를 하는 듯하나 효과는 크지 않다. 신천지에 빠진 사람이 상담실을 찾는 것이 어렵다는 것을 앞에서 지적하였다. 그러나 스스로 상담실을 찾는 사람들이 있는데, 80% 이상이 거리에서 포섭된 불신자 출신의 사람들이다. 신천지에 대한 정보가 없어 쉽게 미혹은 될 수 있어도 신앙 배경이 없이 신천지 교육을 받는 것이 어렵다는 것을 고려할 때 정착하는 결실이 크지 않을 것을 예상할 수 있다.

신천지가 거리 포교를 하는 여러 이유가 있다. 그 중에 교회 내에서의 포교가 어려워진 배경도 있지만, 신천지에 대한 부정적인 시선이 많아지면서 자신들을 노출하여 전도하지 못하게 하는 신천지 조직에 대한 의문에 충성도가 낮아지면서 압박과 부담을 안게 되었기 때문이다.

그러므로 거리 포교는 잠정적인 이탈을 방지하려는 목적으로 단속 및 관리 차원에서 하는 전술이고, 여전히 포교 결실의 대부분은 위장 접근으로 이뤄지고 있다.

그러므로 신천지 사람인 줄 알지 못한 채 신천지 교육을 받는 사람에게 그 실체를 알려주는 일은 여러모로 효과를 발휘하는 것이다. 이러한 이유로 지역마다 있는 교육 센터를 중심으로 교회가 연합하여 신천지임을 반복적으로 알리는 작업만으로도 신천지 퇴치가 가능하며, 미혹된 사람들이 신천지에 깊이 빠지기 전에 돌아오게 할 수 있다. 점점 더 대형화되고, 조직화 되어가는 이단을 퇴치하기 위해서 이 시대에 무엇보다 필요한 것은 지역교회 연합운동이다.

지역 연합과 함께 필요한 것이 이단 전문가를 세우고 협력하는 일이다. 이단 전문가 없이 이단 퇴치를 위한 연합은 그 자체가 어려울 뿐만 아니라, 효과적인 결과를 만들어 내기가 쉽지 않다. 천안지역은 기독교연합회와 이단 전문가와 협력체계가 잘 이뤄지는 곳으로 기대 이상의 결과를 만들어 내는 좋은 사례를 보여주고 있다. 이단 전문가 양성이 이루어지면 그룹을 이뤄 보다 전투적이고, 위력적인 활동도 할 수 있을 것이다. 지역에서 이단과의 싸움에 연합이 이뤄지지 않고, 효과적인 대안이 마련되지 않으며, 효과가 없는 것은 유능하고 연합을 이뤄 싸움을 할 수 있는 이단 전문가들이 없기 때문이기도 하다.

09 · 신천지에서 빠져나온 사람들은 어떻게 지내는가?

신앙 포기

신천지를 이탈하는 사람들이 꾸준히 늘어가고 있다. 신천지에서 빠져나오는 것만으로도 다행이며 감사한 일이나 신천지로부터 나온 사람 중에는 신앙을 포기하거나 무기력증에 시달리는 사람들이 있다.

기존 교회의 성도가 신천지로 옮겨서 신앙하려면 정통교회의 신학과 신앙을 부정하고서야 가능하다. 신천지에 머물러 있다는 것은 이미 정통교회의 신학과 신앙을 부정한 이후이다. 그들에게 이미 신천지는 진리를 가진 유일한 교회이고, 조건부 시한부 종말론적 신앙에 갇혀 학교와 직장 그리고 가정을 포기한 상태이다.

이러한 상태이기에 신천지의 교리가 거짓이고, 가짜라는 사실을 알게 되더라도 그들은 돌아갈 곳을 찾지 못한다. 의지할 것도, 갈 곳도 잃어버린 상태인 것이다. 안타깝지만 그들의 상태를 심각하게 표현하자면 그들은 새로운 도전을 어려워하며, 마땅하고 당연한 자기 발전에 대한 의지를 갖지 못한다. 어떤 이들은 자기를 표현하는 것마저 어색해한다. 이것은 신앙에 대한 포기가 아니라, 어쩌면 의지할 신앙을 갖지 못하는 것이라 하겠다. 동시에 삶에 대한 소망도 갖지 못하기 때문에 자연스럽게 무기력한 상태로 빠져들 수밖에 없다.

이것이 신천지에 빠졌다 돌아온 사람들에게서 나타나는 최악의 유형이다. 이것은 신천지 탈퇴 과정 중에 신앙회복을 할 수 있는 도움을 받아야 하는데 그렇지 못하거나, 잘못된 도움을 받을 때 일어나는 현상이다.

다른 유사 이단 집단으로의 이동

이단에 빠졌던 사람들에게서 나타나는 공통적인 현상 중 또 다른 하나는 다른 이단 집단으로의 이동이다. 어느 이단에든 빠졌다는 것은 기본적으로 정통 기독교에 대한 신앙적 신념과 신뢰를 상실했음을 의미한다. 새롭게 찾은 종교집단에 대한 충성도를 생각할 때에 그곳에서 이탈하는 것이란 쉽지 않은 일이다. 혹 이탈한다 하더라도 대부분 교리적인 이유보다는 내부에서 발생하는 반도덕적·반윤리적인 사건들을 목격해서일 가능성이 크다. 이런 경우 이탈을 결정하면서 교리에 대한 부정은 없기에 유사한 교리를 가지고 있는 집단을 찾게 되는 것이다. 상담자 중에 오랜 세월 동안 이단을 찾았던 사람들에게서 대체로 많이 나타나는 현상인데, 적게는 두 곳, 많게는 네 곳 이상 옮기다 상담을 오는 사람들이 있다.

신천지에 빠져있던 사람이 다행히 탈퇴를 결심한 경우 자신이 몸담았던 집단이 비윤리적이고, 비도덕적이어서 떠나야겠다는 판단을 내렸을 때, 소속 집단의 정체성에 대해 파헤쳐 보고 결정할 것을 권면해야한다. 그렇지 않으면 더욱 깊은 구덩이에 빠지게 되고, 더 큰 해를 입고 나서야 후회하게 된다. 동시에 교회를 이탈한 성도들의 이러한 신앙적 방황과 배회를 고려할 때 교회는 원천적으로 성도들이 교회를 다시 떠나지 않게 해야 하고, 돌아오고자 할 때 품을 수 있는 능력을 갖추고 있어야 한다.

무력한 신앙 활동

신천지를 떠나 교회로 돌아왔으나, 능동적인 신앙생활을 하지 못하고 수동적인 신앙생활을 하는 경우가 있다. 성도는 신앙적 신념을 가지고 하나님과의 교통을 활발하게 할 수 있어야 한다. 하지만 이단에서 돌아온 성도 중 다수에게서 몸은 교회에 속해 있는데, 정신적·신앙적으로 정상적인 활동을 하지 못하는 것을 본다.

이런 경우, 본인이 힘든 것은 물론이고, 교회도 신천지에서 돌아온 성도가 신앙회복을 잘하도록 돕는 데에 한계를 마주하게 된다. 본인 스스로 의지가 없는 중에는 교회의 관심이 심리적인 압박과 불편으로 느껴져 신앙회복에 오히려 역효과를 내기 때문이다. 이러한 무기력한 신앙 양상은 그 회복에 오랜 시간이 소요될 뿐 아니라, 노력을 기울인 시간에 비해 그 회복세가 매우 느리며, 때로는 무기력한 상태로 굳어지기도 한다. 이런 현상은 돌아오는 과정에 상담과 교육이 제대로 이뤄지지 않은 결과이기도 하기에 상담은 신앙회복에 매우 중요한 요소이다.

적극적 신앙 활동

신천지에서 돌아온 사람들의 유형 중 가장 바람직한 경우이다. 신천지로 옮긴다는 것은 대단한 용기가 요구된다. 가족을 등져야 하고, 일상생활이었던 학교와 직장을 포기하여야 한다. 각별한 각오 없이는 쉽지 않은 선택이다. 신천지 선택 후 신천지로부터 돌아오게 하고자 하는 가족과 주변의 모든 노력에 대해 완강한 거부를 보이는 이유는 그만큼 각오하고 결정한 결단이기 때문이다. 진정한 영생과 구원을 찾아간 것이고, 바른 구원의 길을 찾았다는 확신 때문에 선택한 길이다. 신천지가 우선이 아니고, 신천지에 의해 제시된 구원의 길이 우선이다. 신천지에서 제시되 구원관이 만들어지면 신천지를 선택하기 전 교회가 제시하지 못했던 적극적인 신앙관이 만들어진다. 자신이 발견하고 찾은 구원의 길인만큼 자기 것으로 만들기 위해 신천지의 모든 지시에 복종한다. 신천지에 복종하는 것은 신천지 때문이 아니고, 이만희 때문이 아니며, 신천지를 통해 확인한 진리 때문이다.

이러한 상황에서 어느 날 신천지로부터 배운 내용이 사실이 아니고, 거짓이고, 자신이 속았다는 사실을 알게 되는 순간 앞서 다룬 것처럼 같은 상황에서 모든 것을 포기하는 경우와는 달리, 진리는 교회가 있다는 사실을 확인하면서 모호하게 가지고 있던 신앙 지식과 정보를 정확히 학습하는 것은 물론, 새롭게 습득한 바른 지식과 정보에 신천지에서 습득된 열심까지 더해져 훨씬 적극적인 신앙관을 갖는 경우도 많다.

신천지에서 돌아오는 사람들이 모두가 이 유형에 속하기를 바란다. 이 경우는 상담과 신앙회복의 과정 모두가 아주 잘 된 경우이다. 상담은 신천지의 거짓과 속임만을 알리는 장(場)이 아니다. 신천지 주장의 오류와 왜곡시킨 거짓을 알리면서 동시에 기독교의 교훈과 지식과 정보가 잘못된 것이 아니었음을 하나하나 정확하게 짚어주는 것이다. 이를 통해 교회를 부정했던 과거의 어리석음을 인정하게 하고, 동시에 기독교에 대한 신뢰가 회복되면서 보상적인 심리가 아닌 신앙적·신념적 차원에서 훨씬 강한 신앙심을 발동하게 하는 것이다. 이렇게 돌아와 하나님 나라와 교회에 크게 쓰임 받는 사람들이 적지 않다.

10 · 신천지를 대하는 자세의 문제점

예방에 대한 무관심과 사후 대처의 어리석음

신천지에 대한 대처와 관련하여 교회의 가장 어리석은 선택은 예방하지 못하고, 피해가 일어난 후 대처하는 것이다. 이단 예방 교육과 훈련은 이단으로부터의 피해가 예상되거나 혹은 피해당한 후에 할 일이 아니라 이단과 관련하여 아무런 영향이 없을 때 해야 한다. 하지만 여전히 이단 교육에 적극적인 교회들이 많지 않다. 교회가 이단 예방을 위한 수고에 적극적이지 않은 몇 가지 이유를 살펴보자.

첫째, 자신의 교회가 이단과 무관하고 이단에 의해 피해를 보지 않을 것이라는 막연한 확신 때문이다.

둘째, 예방하지 않아도 이단으로부터 피해를 보지 않을 만큼 충분한 교육과 훈련이 돼 있다는 자신감 때문이다.

셋째, 작은 교회의 경우 예방을 위해 지출되는 비용에 대한 부담이 있다.

넷째, 이단에 관심을 표하는 것이 성도들의 신앙적 관심을 교회의 목양 정책 방향이 아닌 다른 방향으로 향하게 할 수도 있다는 목회자의 우려 때문이다.

다섯째, 이단 예방을 위한 사역들이 오히려 이단에 의해 어려움을 당하는 계기가 되지 않을까 하는 우려 때문이다.

여섯째, 현대에는 신천지 집단과 같은 공공의 이단만 있는 것이 아니라, 교단과 교파 간에 각각의 규칙에 따라 이단 결정에 있어서 다양함을 보인다. 이런 환경에서 이단 교육이 갈등을 가져올 가능성에 대한 염려가 있기 때문이다.

이상에서 언급한 이유로 이단 예방 교육과 훈련을 기피할 수 있다. 그러나 교회마다 이단 예방 교육은 꼭 필요한 필수사항이다. 이단은 이미 다수의 교회에 침투해 있고, 성도들 주변을 우는 사자와 같이 맴돌고 있다. 이단 예방 교육을 하지 않아도 될 만큼 신앙교육이 잘 돼 있는 교회도 있고 그렇지 않은 교회도 있어 그 피해에는 차이가 있겠지만 피해는 여전히 진행 중이다. 적합한 방법을 찾아 이단 예방 교육과 훈련을 반드시 시행하여야 한다.

신천지에 대한 무지

기독교는 진리를, 신천지는 거짓을 가지고 있다는 것은 상식이다. 하지만 신천지 사람 23만여 명은 이와는 반대되는 생각과 확신으로 살아가고 있다.

기독교인과 신천지 사람이 만나 신앙 혹은 성경에 관하여 논쟁을 한다고 가정해 보자. 기독교인에게는 바른 시각으로 성경을 해석하고 있으니, 논리와 이치에 맞지 않는 신천지 사람이 이해할 수 없는 존재로 보인다. 그러나 신천지 사람에게는 자신들이 가진 틀과 주입된 새로운 논리에 비추어 듣고 말하기 때문에 기독교인들이 무식하고 무지하게 보인다.

신천지 사람의 비논리성은 그 내용에만 있지 않다. 대화가 오가는 도중에 자신들이 논리적으로 밀린다 판단이 서면 대화 자체를 비논리적·비상식적으로 끌고 간다. 스스로 자신들의 모습이 비상식적임을 알 것 같지만 신천지 사람들의 모습 속에서 그런 인식적 반응은 찾아보기 어렵다. 오히려 비논리적인 말과 비상식적인 행동이라는 생각보다는 혹시나 구원을 빼앗기지 않을까 하는 염려에서 나온 당연한 말이고, 구원을 잃지 않기 위한 당연한 행동으로 생각하는 듯하다. 기독교인 입장에서 볼 때는 더욱 황당한 모습이지만 신천지 사람들에게는 전혀 문제가 되지 않는다.

신천지를 이탈한 사람들의 증언 중에 웃지 않을 수 없는 이야기가 있다.

신천지의 교주 이만희가 연설할 때 신천지 사람들도 잘 알아듣지 못한다고 한다. 이만희 연설 내용의 전개와 논리가 난해해서가 아니고 그의 언변 때문이다. 증언자의 말에 의하면, 신천지에 있었을 때 이만희의 말이 이해가 되지 않았던 것을 자신들의 어리석음과 무지 때문이라 생각했었는데, 나와서 생각해 보니 이만희의 말이 어눌하고 논리적이지 않은 까닭이었다는 것이다. 이만희가 연설할 때에 무슨 소리를 하고 있는지 이해하지 못하는 것은 이만희의 무능 때문이지만 신천지 사람들은 이만희에게 탓을 돌리지 않고, 자신에게 돌린다고 한다. 하나님의 말씀을 직접 받아먹은 목자의 말을 쉽게 이해하고 알아들을 수 없는 것이 당연하다고 생각한다는 것이다.

이만희는 유사한 내용의 연설을 여러 번에 걸쳐서 하는 습관도 갖고 있는데 이 경우에도 신천지 사람들은 자신들을 위한 이만희의 배려라고 생각한다고 한다.[249] 이렇게 세뇌된 사람들이기 때문에, 기독교인의 시각으로 볼 때 비상식이고, 비논리적인 내용이, 신천지 사람들에게는 기독교인이 무식해서 알아듣지 못하는 내용인 것이다.

신천지 사람들에게 만들어진 이런 사고의 틀을 알지 못하면 대화는 이뤄질 수 없다. 신천지를 상대하려면 신천지 사람들의 사고의 틀과 신천지 사람들이 새롭게 정한 신학과 신앙의 개념들을 알고 있어야 한다. 대화라는 것은 대화를 가능하게 하는 공통 언어가 있어야 하고, 같은 개념으로 정리된 단어와 용어를 사용하여야 한다. 그런데 기독교의 성령과 신천지의 성령에 대한 개념이 다르다. 개념이 다른데 '성령'에 대한 대화가 이뤄질까? 기독교의 영생과 신천지의 영생, 기독교의 창조와 신천지의 창조에 대한 개념이 전혀 다르다. 대화가 원만하게 이루어지기는커녕 아예 이뤄질 수 없는 이유이다.

이처럼 신천지는 신앙과 성경과 관련된 용어와 그 개념을 바꾸어 세뇌시켜 놓았다. 이것이 신천지 사람을 상대로 대화나 상담이 어려운 이유이다. 그렇다고 신천지 사람들과 대화를 위해 비상식적이고, 비성경적인 신천지의 지식을 배운다는 것 역시 합당하지 않다. 단지 신천지 사람들이 어떠한 사고체계를 가지고 있고, 어떠한 행동을 하는지 알고 있어야 대처도 하고, 설득의 가능성도 열릴 것이기에 이런 정도의 선에서 신천지에 대한 교육이 있어야 하고, 교육을 통하여 알아야 한다.

대형화된 신천지에 비하여 무력한 대응

신천지는 2020년 1월을 기준으로 239,353명의 신자와 12개 지파 내에 503개소의 성경교육 센터가 있다고 발표하였다.[250] 이들 중 대다수가 종말론자들로서 신천지에 절대 충성하는 사람들이다. 모든 동원 가능 인력이 신천지 조직의 발전을 위해서 투

입되고 있다. 이들은 접해보지 못한 포교전략과 전술들을 계속 만들어 내고 있다.

수단과 과정은 신천지에는 전혀 문제가 되지 않는다. 신천지에게는 사람들이 모이는 모든 곳이 포교 대상지이고, 만나는 모든 사람이 접촉점이다.

이러한 신천지의 포교전략과 포교능력의 발전에 비하여 교회는 전략과 전술의 부재는 물론 실질적인 대안조차도 마련하고 있지 못할 만큼 무력한 것이 현실이다.

11 · 신천지에서 빠져나오는 사람들을 위해 교회가 할 일

교리교육

신천지는 한국기독교총연합회(이하 한기총)와 칼빈에 대해 대단히 공격적이다. 신천지의 이 전술은 결론적으로 대성공이었다. 사람들이 신천지를 택하려면 교회를 부정해야만 가능한데, 한기총과 칼빈을 부정하게 하는 것으로 자신이 신앙하였던 교회를 부정하게 만들 수 있었기 때문이다. 이것이 어떻게 가능하였을까?

먼저는 한기총과 한국기독교를 동일시시키는 일이었다. 동일시되면 한기총이 한국기독교가 되고, 한기총의 부패가 한국기독교의 부패가 되기 때문이다. 한국기독교 전체의 문제를 찾아 비판하게 하는 것은 불가능하지만, 한기총이라는 한 단체의 문제를 찾아 비판하게 하는 것은 어렵지 않기 때문이다. 정치에 관심이 없는 성도라도 '한기총'이 대표 기독교 연합기관이었다는 정도는 안다. 대표 연합기관으로서 한기총과 한국기독교와의 관계는 평시에는 전체와 전체를 대표하는 기관이지만, 둘을 하나로 인식시켜야 할 필요성을 느끼면, 자연스럽게 둘을 하나로 보게 한다. 신천지가 둘을 동일시시키는 일은 사실상 어려운 일이 아니다. 일단 둘을 하나로 보게 하였다면 다음은 한기총의 문제를 확대하여 인식하게 하는 것이다.

두 번째는 한기총의 부패를 찾아 확대하여 사실화하는 작업을 통해 결국은 한국기독교가 타락하였고, 부패하였으며, 하나님 편에 있지 않고, 사단의 종노릇을 하고 있다고 신천지 사람들을 세뇌시키는 것이다.

성도들은 한기총이 가지고 있는 부정적인 문제가 무엇인지 정확히는 알 수 없으나 매스컴을 통해 막연하게 문제가 있다는 정도로 인식하고 있다. 이런 성도들의 막연한 공감에 의도적으로 불을 지피고 기름을 부어 문제를 크게 부각시켜 한기총을 부패의 온상으로 인식시키는 것이다. 이렇게 하면 한기총의 부패가 한국기독교의 부패가 되고, 한국기독교는 하나님의 편에 있는 것이 아니라, 하나님의 이름을 빌려 자기들의 배를 채우는 단체가 된다.

신천지의 1,999년 판 책 '주제별 요약'에, 한국기독교 언론협회가 주관한 '한기총 현실과 그 대책'이라는 주제로 2008년 4월에 열린 제7회 기독 언론 포럼에서 발표한 내용을 실어놓았다. 신천지의 책에 무슨 이유로 기독교의 포럼 발표문을 실어놓았을까? 포럼 내용은 한기총의 발전을 위해 당시 한기총을 진단하는 것이었다. 현재를 진단하고, 미래를 위한 대안을 제시하는 포럼으로서 한기총의 부정적인 모습을 적나라하게 지적한 내용을 다소 포함하고 있었다.[251]

그러나 기독교를 부정시키기를 바라는 신천지에게는 기독교가 기독교의 문제를 스스로 인정하는 것으로 사용할 수 있는 좋은 자료가 되었다. 처음 자료의 의도하고는 전혀 다르게 엉뚱하게도 신천지 사람들에게 한기총 곧 한국기독교가 하나님 편에 있지 않고, 사단 아래 있다고 생각하게 하고, 받아들이도록 하는 자료가 되었다.

그렇다면, 칼빈을 공격하는 이유는 무엇인가? 한기총의 타락과 부패 문제만으로는 한국기독교를 부정하게 하고, 신천지를 찾도록 하기에는 부족하다고 생각하기 때문이다. 신앙에 있어서 도덕적, 윤리적 문제를 배제할 수는 없으나 본질적이고, 핵심적인 것은 아니기 때문이다. 결국은 절대적이고, 완벽한 것이 필요한데, 이것을 위해서 칼빈을 공격하면서 한기총과 칼빈의 관계를 엮었다.

기독교를 떠나 신천지로 옮기게 하려면 결국 구원의 방법을 다룰 수밖에 없다. 우선 사람들의 마음에 있는 구원의 방법이 틀렸다는 인식을 하게 해야 했다. 이러한 이유로 신천지는 미혹의 대상자인 모든 기독교인이 가지고 있는 구원의 방법인 '오직 믿음으로 말미암는 구원'이 틀렸음을 받아들이도록 이를 체계화시킨 칼빈을 부정시키는 방법을 찾아냈다.

우선 신천지는, 한기총의 창립 멤버들 대부분이 칼빈주의자로서 장로교 목사라는 것을 강조함으로 한기총과 칼빈을 엮었고,[252] 칼빈에게 없던 역사를 왜곡하여[253] 칼빈이 하나님의 사람일 수 없다는 의심을 하게 했다.[254] 한기총의 부패를 하나님의 사람이 아닌, 마귀의 사람인 칼빈의 사상으로 세워진 곳이기 때문에 나타나는 결과로 몰았다. 그러고는 칼빈이 체계화시킨 핵심 교리 중 하나인 예정론을 비틀어, 전혀 다른 예정론으로 만들어[255] 신천지 미혹 대상들에게 제시함으로 칼빈, 한기총, 한국기독교를 한 방에 하나님을 대적하는 마귀 집단으로 만들어 버렸다.

칼빈의 예정론이 반성경적이라는 동의를 하게 만들어 놓으면, 예정론만 부정되는 것이 아니라, 예정론을 포함한 모든 교리가 부정된다. 이렇게 되면 기독교는 성경을 가르쳐야 하는 곳인데, 한국기독교는 성경은 가르치지 않고, 비성경적인 예정론과 같은 교리만을 가르치는 곳이라는 생각을 하게 된다. 실제 대부분의 상담을 받는 신천지 사람들의 머리 속에 있는 한국기독교에 대한 인식이다.

세뇌된 신천지 사람들이 가지고 있는 기독교의 이미지는 성경 얘기보다는 세상 이야기를 하는 곳, 성경보다는 교리를 가르치는 곳이다. 그리고 이러한 기독교의 모습이 반기독교적인 모습으로 각인이 되어 교회를 찾을 때마다 교회를 판단하는 잣대로 활용되고 있다.

이러한 부분을 생각할 때 신천지 사람들을 돌아오게 하고 싶든지, 돌아온 신천지 사람을 돕고 싶다면 이러한 인식부터 바꿔 놓아야 한다.

첫째는 교리가 성경이 아니라는 생각을 바꿔 놓아야 한다. 성경을 가지고 있는 어떤 곳도 교리 체계를 갖고 있지 않은 곳이 없음을 알려야 한다. 당연히 신천지도 교리 체계를 가지고 있다. 다른 어떤 이단 집단보다도 많은 주제별 교리들을 만들어 가르치고 있다. 그런데 신천지 사람들은 자신들이 교리를 배우는 것이 아니라, 성경을 배우고 있다고 착각하고 있다.

사실 교리교육은 하나도 이상한 것이 아니다. 교리라는 것이 성경에 없는 다른 내용이 아니기 때문이다. 교리란 성경 전체 내용 중에 신앙의 여러 부분을 고려하여 중요도가 높은 내용을 요약하여 교육하기 위해 체계화한 것이다. 이것은 성경을 가지고 있는 모든 단체가 같다. 단지 이단들은, 자신들은 성경을 가르치되 교리는 가르치고 있지 않으며, 기독교는 성경은 가르치지 않고 교리를 가르친다는 프레임을 걸어서 교회를 부정하게 만들고자 하는 것뿐이다. 그러므로 중요한 것은 교리 내용이 성경적이냐, 성경적이지 않느냐를 가지고 판단해야 한다.

교회는 이러한 사실들을 알리면서 동시에 교리교육을 더욱 강화하고, 신천지의 교리교육은 성경에 없는 조작된 내용이고, 교회의 교리교육이 성경적이며, 소중한 것이라는 생각을 강하게 갖도록 해야 한다.

설교 중에도 신앙과 신학의 개념들이 다뤄질 때마다 신앙고백서들을 소개하고, 신앙고백서가 어떻게 성경의 가르침을 탁월하게 전하고 가르치고 있는지를 소개해야 한다. 그래서 성도들이 신앙고백서들을 소중하게 여기고, 교회의 필요에 따라 가르치는 것이 아니라, 성경을 바르게 읽고, 이해하도록 주신 하나님의 선물이라는 인식을 하도록 하여야 한다. 이것 하나만으로도 한기총과 교회를 연결하여 공격하는 이단들과 신천지의 의도를 무너트릴 수 있다.

그렇다면, 교리교육 수준은 어느 정도여야 할까? 교리교육이 충분히 되어있는지는 누군가에게 단순 명료하게 설명할 수 있는가로 확인할 수 있다. 습득된 지식에 대한 설명이 가능한지 점검할 수 있는 검증 시간을 가지는 것이 크게 도움이 된다. 이러한 결과를 갖기 위해 묻고 답하며 검증할 수 있는 소그룹을 제안한다. 소그룹모임에 리더가 교리교육이 잘 되어있는 경우, 순간순간 기회가 있을 때마다 소그룹 성경공부 내용과 관련된 주제들에 대해 질의하고 답변하는 식으로 확실하게 자기 것으로 만들 수 있다.

교리교육 준비가 잘 된 상태에서 교리공부가 재미있게, 단순하고 명료하게 이뤄지는 교회의 이단 피해가 적다는 것은 세미나를 통한 관찰로 어렵지 않게 확인할 수 있다. 교리교육이 가져다 주는 효과는 적지 않다. 교리교육은 성도들을 이단으로부터 스스로 보호하게 하는 것은 물론이며, 이단에 빠졌다가 돌아오는 사람들에게도 교회와 교리에 대한 오해를 불식시키고 더욱 신앙에 정진할 수 있도록 하는 기회를 제공하게 될 것이다.

성경 중심의 설교

이단에 빠진 사람들은 눈 앞에 펼쳐지는 제한된 공간과 영역 안에서 인지된 목표만을 향해 불나방과 같이 움직이는 공통적인 특성을 보인다. 얼마 있지 않아 자신의 것이 될 것이라는 확신 속에 제시된 목표를 향해 자신의 모든 것을 쏟아붓는다. 당연히 사람들이 좇는 목표라는 것은 이단에 의해 조작된 잡히지 않는 파랑새이다. 이뤄질 목표가 아닌 것이 분명한데 이것에 인생을 건다.

이단에 빠진 사람들이 혼신을 바쳐 헌신하는 가운데 쏟아내는 모든 시간과 돈은 고스란히 교주와 소수의 지도자 그룹의 몫이 된다. 이단 집단의 교주나 중요인물 주변을 추적하면 적지 않은 재산축적을 발견하게 될 것이다. 이들은 자신들의 배를 불리기 위해 사람들이 솔깃할 만한 목표를 제시하고, 그 목표에 걸려들게 한다. 그러면 사람들이 알아서 충성하기 때문이다.

한편, 신천지를 찾은 사람들을 불나방으로 만들 수 있는 도구는 성경이다. 속임과 위장으로 접근이 이뤄진 사람들에게 자신들은 성경만을 다루고, 성경만을 가르치고 있다는 인식을 하게 하는 데에 많은 시간과 노력을 투자한다. 그러면서 기존 교회 목회자들의 설교를 부정하게 만든다. 그렇다면 신천지가 일반 교회 목회자들의 설교를 비판할 때 어떠한 내용을 다룰까? 당연히 성경에서 동떨어진 설교를 집중적으로 공격한다. 그래서 신천지 사람들은 성경에서 벗어난 설교에 대해선 무조건적으로 비판적 의식을 갖고 대하는 습성이 있다.

설교는 다양한 주제를 다루며, 소재를 다룬다. 신앙은 평생동안 하는 것이며, 다양한 환경 속에서 말씀 위에 살아 내는 것이다. 집에서 가족의 구성원으로서 살아야 하고, 직장의 동료들과 많은 시간을 보내야 한다. 뿐만 아니라 사회라는 공동체 안에서 더불어 살아가야 하고, 국가의 일원으로서도 살아가야 한다. 설교는 성도들이 살아가야 하는 모든 곳에서 하나님의 사람으로 어떻게 살아야 하는지를 안내하고, 가르쳐야 한다. 다양한 주제와 소재를 가지고 설교를 하는 것은 마땅한 것이며 바른 것이다.

반면에 이단 신천지는 그럴 필요가 없다. 신천지 사람들에게는 현실과 세상이 바로 끝날 곳들이기 때문이다. 신천지에 입교한 입장에서는 세상과 사회와 관련된 메시지를 들어야 할 필요성은 느끼지 못한다. 구원받는 방법, 구원을 빼앗기지 않는 방법만 알아 힘을 다하기만 하면 된다. 이러한 입장에서 다양한 주제로 설교하는 목회자들의 설교는 비난의 대상이 될 수밖에 없고, 신천지는 이것을 십분 활용하는 것이다.

당연히 설교의 다양성을 이해할 수 있도록 하는 교육과 상담이 필요하다. 교회가 성경을 어떻게 다루는 것이 바른 것인지 알려야 하고, 다양한 소재를 갖고, 다양한 주제의 설교를 감사한 마음으로 받을 수 있도록 도와야 한다.

한편, 설교자는 자신이 성경 중심의 설교를 하고 있는지 살펴볼 필요가 있다. 이단들 때문에, 이단에 빠진 사람 때문에 돌아본다는 생각보다는 설교 자체가 성경을 전하고 가르치는 것이므로, 성경을 중심으로 설교를 하고 있는지 돌아보는 것은 설교자의 당연한 자세일 것이다. 특별히 이단에 빠졌던 사람들을 돌볼 마음을 갖는 교회라면 더욱 신경을 써야 하는 것은 당연하다. 이러한 교회는 강해 중심의 설교가 좋다.

신천지에 속해 있다가 6년 만에 탈퇴한 사람이 있었다. 탈퇴 후 신앙할 교회를 정하기 위해 천안지역에 있는 20개 교회를 찾았지만 정착하지 못하고 20개 교회를 계속 떠돌아다녀야 했다고 한다. 그래야만 했던 이유는 성경을 봉독하고는 본문 내용이나 주제와는 관련 없는 내용으로 가득 찬 설교를 들어야만 했기 때문이란다. 본문 내용과 주제 안에서 설교하는 교회를 이토록 찾기 어려운 게 우리의 현실인가? 설교란 하나님의 부르심을 받은 다양한 하나님의 나라의 성도들에게 하나님의 말씀을 전하는 것이다. 특별히 이단에게 빠진 사람들에 관심이 있는 교회라면, 보편적 설교 방법 차원에서 성경 강해 설교는 주목할만한 가치와 필요성이 있다.

이단에 빠졌던 사람들을 돕는 일꾼 양성

이단에 빠졌다가 나온 사람들은 일반 성도들과 비교하여 다른 점이 적지 않다. 이들은 이단에서 빠져나온 것과 바르게 신앙을 하는 것에 감사하면서도, 한편으로는 강한 심리적 부담이 있다. 심리적 부담은 기존 성도들과의 융합을 어렵게 하고, 때로는 서로 의도하지 않은 소외감으로 나타나기도 한다. 이러한 이유로 이단에서 빠져나온 사람들끼리 모이는 경우가 많고, 자연스럽게 이질적인 그룹으로 존재하기도 한다. 이렇게 되면 기존 성도들에게도 뜨거운 감자가 되어 사랑으로 감싸야 하는 그룹이면서도 동시에 편치만은 않은 그룹으로 존재한다.

한편, 이단에 빠진 가족을 구출하기 위해 출석하는 사람들 또한 중요하게 돌볼 대상이다. 저자가 시무하는 교회는 특성상 이런 분들이 적지 않게 찾고 있는데 그중에는 불신자였다가 피해 가족을 구출하기 위해 교회를 찾고 신앙하는 경우들도 있다. 이들은 기독교와 교회를 모르는 사람들이다. 그리고 신앙에 대한 관심보다는 신천지에 빠진 가족 구출에 관심이 많다. 신앙 자체가 부담스러울 수밖에 없고, 낯선 이방인으로 존재할 수밖에 없는 상황에 놓인다. 이러한 이유로 역시 같은 처지에 있는 사람들끼리 모임을 형성하곤 하는데 교회와 기존 성도들에게는 새로운 부담이 되곤 한다. 이러한 까닭에 교회마다 이단에 빠진 사람들을 위한 사랑과 생각은 있지만 쉽게 책임감을 행동으로 옮기지 못하고 있을 것이다.

이단 관련 피해자들을 돕기 원한다면 위의 상황을 고려할 때 이들을 도울 수 있는 일꾼이 필요하다. 이들은 신학과 신앙적 능력이 잘 준비된 일꾼이어야 한다. 그런데 이단에 관한 관심과 재능은 있으나 교회의 신앙생활이 원만치 않은 경우라던가 신학적 소양이 준비되지 못한 경우는 돕는 것이 아니라 논란의 불씨 역할을 할 수도 있다. 따라서 담임 목회자에게 신앙의 소양으로 순종하고, 담임 목회자의 목회 관에 동의하며, 목회 방침에 순종할 수 있는 성도여야 한다. 특별한 사역인 만큼 성도들과 마음으로 함께할 수 있는 관계 형성이 된 성도들이어야 한다.

여러 곳에서 이단 관련 상담자 양성 교육이 이뤄지고 있다. 이단 상담 교육을 받았다고 하여 교회의 이단 관련 상담자가 될 수는 없다. 이단 관련 상담자는 교회의 추천이 있어야 하는데 교회는 재능만 볼 것이 아니라, 다양한 신앙의 소양을 살피고, 위에서 지적한 문제를 충분히 고려하여 추천해야 한다. 추천을 받은 자는 재능이 있는 사람이 아니라 다른 어떤 사역자보다도 더욱 성숙한 성도로서의 일꾼이어야 하나님 나라와 교회를 위해 귀한 쓰임을 받을 수 있을 것이다. 한국교회에 이단에 빠진 사람의 수가 200만 명이 넘는다는 것을 고려할 때, 교회마다 이단에 빠졌던 사람을 돌아볼 수 있는 일꾼들을 준비시키는 것도 대단히 필요하고 중요하다.

미주

1 이만희, 『성도와 천국』(과천:도서출판 신천지, 1995), 13..
2 12장 천년왕국의 첫째 부활 교리 참고.
3 18장 실상교리-아맛겟돈 부분 참고.
4 이만희, 『성도와 천국』 23.
5 상담 중에 주장하는 내용.
6 상담 중에 주장하는 내용.
7 신천지 총회 교육부, 『주제별 요약해설』(과천: 소서출판 신천지, 2009), 34.
8 이만희, 『성도와 천국』 23.
9 Ibid., 24.
10 이만희, 『천국비밀 요한계시록의 실상』(과천: 도서출판 신천지, 2014), 14.
11 Ibid., 16.
12 Ibid., 19.
13 18장 실상 교리 참고.
14 신천지 총회 교육부, 『주제별 요약해설』 2009, 193.
15 18장 실상 교리 참고.
16 5장 신천지와 요한계시록 참고.
17 15장 비유 교리 부분 참고.
18 신천지가 '니골라당'이라고 부르는 오평호와 '일곱 머리'라고 하는 청지기교육원이라는 곳과 이만희가 싸운 적도 없고, 싸울 수도 없는 환경이었다.
19 총회교육부, 『신천지 정통 교리와 부패한 한기총 이단 교리비교.』2017, 12.
20 신천지 총회 교육부, 『주제별 요약해설』 2009, 29~32.
21 11장 부활 교리 참고.
22 상담 중 주장하는 내용.
23 상담 중 주장하는 내용.
24 이만희, 『천국비밀 요한계시록의 실상』 2014, 14.
25 Ibid., 15.
26 상담 중에 주장하는 내용.
27 상담 중에 주장하는 내용.
28 18장 실상 교리 참고.
29 상담 중에 주장하는 내용.
30 신천지 총회 교육부, 『주제별 요약해설10』(과천: 도서출판 신천지, 2018), 170.
31 신천지 총회 교육부, 『주제별 요약해설1』(과천: 도서출판 신천지, 2014), 194.
32 상담 중에 주장하는 내용.
33 신천지 행정서무부 『핍박승리교육교재』2017, 61.
34 이만희, 『천지창조』(과천: 도서출판 신천지, 2010), 4.
35 만국소성회, 『영핵』(과천: 도서출판 신천지, 1996), 82.
36 이만희, 『성도와 천국』26.
37 신천지 총회 교육부, 『감추었던 만나』16.
38 신천지 총회 교육부, 『주제별 요약해설3-1』, 26.
39 신천지 총회 교육부, 『주제별 요약해설7』274.
40 신천지 총회 교육부, 『주제별 요약해설 3-1』26.
41 Ibid., 26.
42 이만희, 『천국비밀 계시록의 진상』(과천: 도서출판 신천지, 1985), 34.
43 이만희, 『성도와 천국』77.
44 신천지 총회 교육부, 『주제별 요약해설』 2009, 283.
45 이만희, 『예수 그리스도의 행전』(과천: 도서출판 신천지, 2006), 198.
46 상담 중에 주장하는 내용.
47 고전15:52, 눅24:39~40, 막16:12, 눅24:37. 요20:26~29
48 행1:9-이 말씀을 마치고 그들이 보는데 올려져 가시니 구름이 그를 가리어 보이지 않게 하더라
49 행1:11-예수는 하늘로 가심을 본 그대로 오시리라
50 이만희, 『성도와 천국』78.
51 상담 중에 주장하는 내용.
52 상담 중에 주장하는 내용.
53 요1:1~18, 10:34~39, 20:28, 막16:12, 눅23:37~39, 딛3:4, 딛2:13, 요일5:29.
54 신천지총회교육부, 『주제별 요약해설』2009, 198.
55 이만희, 『천국비밀 요한계시록의 실상』(과천: 도서출판 신천지, 2014), 14.
56 Ibid., 5.
57 Ibid., 5.
58 Ibid., 14.
59 이만희, 『성도와 천국』11.
60 이만희, 『천국비밀 요한계시록의 실상』214, 15.
61 Ibid., 24.
62 상담 중 주장하는 내용.
63 이만희, 『천국비밀 요한계시록의 실상』214, 27.
64 Ibid., 30.
65 상담 중 주장하는 내용.
66 이만희, 『천국비밀 요한계시록의 실상』(과천: 도서출판, 2011), 14.
67 Ibid., 5.

68 신천지 유튜브 동영상, '신천지 한기총 교리비교, 요한계시록은 과연 서신서인가?'

69 Ibid.,

70 상담 중에 주장하는 내용.

71 이만희, 『천국비밀 요한계시록의 실상』 2011, 25.

72 Ibid., 14.

73 이만희, 『성도와 천국』 11.

74 이만희, 『천국비밀 요한계시록의 실상』 211, 17.

75 신천지 총회 교육부, 『주제별 요약해설2』 (과천: 도서출판 신천지, 2010), 164.

76 신천지 총회 교육부, 『주제별 요약해설』 2009, 46.

77 신천지 총회 교육부, 『주제별 요약해설2』 165.

78 신천지 사람들이 상담 때 하는 말이다. 신천지 사람들은 신천지 이만희가 '삼위일체'라는 말을 신천지에 맞는 개념으로 바꾸어 사용하는 것조차도 알지 못하는 경우가 다수이다.

79 신천지 총회 교육부, 『주제별 요약해설』 2011, 46.

80 신천지 총회 교육부, 『주제별 요약해설』 2009, 24.

81 역동적 단일신론: 예수를 택하여 하나님의 영을 부어줌으로 하나님의 아들로 삼으셨다는 주장.

82 신천지 총회 교육부, 『주제별 요약해설』 2009, 48.

83 상담 중 확인되는 내용.

84 상담 중 확인되는 내용.

85 안증회, 『성도발표력교재 1단계』 44.

86 상담 중 확인되는 내용.

87 양태론적 단일신론: 하나님은 한 분이다. 예수님과 성령은 같은 하나님의 다른 모습이다. 역할이나, 사역에 따라 다르게 부른 것이다. 상담실을 찾는 모든 신천인 사람들은 삼위일체라는 말이 성경에 없는데 쓰는 것이 잘못되었고, 성자를, 성령을 하나님이라고 하는 것이 잘못되었다고 하면서 그러한 곳은 이단이라고 주장한다.

88 신천지 총회 교육부, 『주제별 요약해설』 2009. 147.

89 Ibid., 145.

90 Ibid., 152.

91 Ibid., 152.

92 조영업, 『사도신경 변호』 (서울: 큰샘출판, 2004), 18.

93 Ibid., 21.

94 Ibid., 41.

95 신천지 총회 교육부, 『주제별 요약해설』 2009. 147.

96 Ibid., 147.

97 Ibid., 149

98 신천지 총회 교육부, 『주제별 요약해설』 2009. 150.

99 총회교육부, 『신천지 정통교리와 부패한 한기총 이단 교리 비교』, 2017. 12.

100 신천지 총회 교육부, 『주제별 요약해설』 2009. 150.

101 벧전2:21, '너희는 그를 죽은 자 가운데서 살리시고 영광을 주신 하나님을 그리스도로 말미암아 믿는 자니'

102 고전15:20, '그러나 이제 그리스도께서 죽은 자 가운데서 다시 살아나사 잠자는 자들의 첫 열매가 되셨도다'

103 요20:26~29, '도마에게 네 손가락을 이리 내밀어 내 손을 보고 네 손을 내밀어 내 옆구리에 넣어 보라'

104 신천지 총회 교육부, 『주제별 요약해설』 2009. 152.

105 윌리엄 퍼키슨 저, 박홍규 역, 『사도신경강해1』 (서울: 개혁된 신앙사 2004, 4), 22.

106 Ibid., 23.

107 이만희, 『천지창조』 (과천: 도서출판, 2010), 73-74.

108 Ibid., 75.

109 Ibid., 76.

110 Ibid., 78.

111 Ibid., 78.

112 Ibid., 72.

113 상담중 주장하는 내용.

114 제시된 성경 말씀 중에 어느 곳에서도 '영의 영생'을 말한 곳이 없다.

115 신천지 총회 교육부, 『주제별 요약해설』 p.29

116 신천지 총회 교육부, 『주제별 요약해설3-1』 (과천: 신천지, 2015), 106.

117 Ibid., 109.

118 총회교육부, 『신천지 정통 교리와 부패한 한기총 이단 교리 비교』 2017. 12.

119 신천지 총회 교육부, 『주제별 요약해설3-1』 106.

120 Ibid., 110.

121 고전1516-"만일 죽은 자가 다시 살아나는 일이 없으면 그리스도도 다시 살아나신 일이 없었을 터이요"

122 눅24:39-"내 손과 발을 보고 나인 줄 알라 또 나를 만져 보라 영은 살과 뼈가 없으되 너희 보는 바와 같이 나는 있느니라"

123 이만희, 『천국비밀 요한계시록의 실상』 2011, 409.

124 Ibid., 409.

125 Ibid., 409-410.

126 Ibid., 412.

127 신천지 총회 교육부, 『주제별 요약해설2』 163.

128 신천지 총회 교육부, 『주제별 요약해설』 2009, 28.

129 신천지 총회 교육부, 『주제별 요약해설2』 106.

130 상담 중에 주장하는 내용.

131 5장 신천지와 요한계시록 참고.

132 18장 실상 교리 참고.

133 신천지 총회 교육부, 『주제별 요약해설2』 109.

134 Ibid., 106.

135 신천지 총회 교육부, 『주제별 요약해설』 2009, 28.

136 상담 중에 주장하는 내용.

137 신천지 총회 교육부, 『주제별 요약해설10』 170.

138 이만희, 『천국비밀 요한계시록의 실상』 2014, 19.

139 상담 중에 주장하는 내용.

140 마1:21-아들을 낳으리니 이름을 예수라 하라 이는 그가 자기 백성을 그들의 죄에서 구원할 자이심이라 하니라.

141 약5:9-형제들아 서로 원망하지 말라 그리하여야 심판을 면하리라 보라 심판주가 문 밖에 서 계시니라.

142 이만희, 『예수그리스도의 행전』106.

143 Ibid., 106.

144 Ibid., 108.

145 Ibid., 108-109.

146 14장 구원교리 참고.

147 과천 요한지파장 최○희의 강의 영상-개인 소장

148 이만희, 『예수그리스도의 행전』115.

149 신천지 총회 교육부, 『주제별 요약해설3-1』78.

150 Ibid., 78.

151 신천지 총회 교육부, 『주제별 요약해설3-1』78-79.

152 이만희, 『천국비밀 요한계시록의 실상』2014, 5.

153 2020년 3월27일 현재 과천 요한지파 지파장으로 있는 최○희씨의 유튜브 영상에서 발취. (내용의 변화 없이 글의 변화를 줌)

154 최○희씨의 실상 강의 영상-개인 소장.

155 이만희, 『천국비밀 계시』(과천: 도서출판 신천지, 1998), 156-157.

156 이만희, 『천국비밀 요한계시록의 실상』2014, 150-151.

157 이만희, 『천국비밀 계시록의 진상』134.

158 신천지 행정서무부, 『핍박승리교육 교재』89.

159 이만희, 『천지창조』2010, 239.

160 이만희, 『천지창조』(과천: 도서출판 신천지, 2016), 239.

161 이만희, 『천국비밀 요한계시록의 실상』2011, 331.

162 이만희, 『천국비밀 계시록의 진상』249.

163 이만희, 『천지창조』2010, 215.

164 이만희, 『천국비밀 요한계시록의 실상』2011, 331.

165 이만희, 『천지창조』2016, 215.

166 이만희, 『천국비밀 계시록의 진상』187.

167 신천지문화부, 『신천지발전사』(과천: 도서출판 신천지, 1997), 44.

168 한순찰 역, 『종교세계 관심사』14.

169 이만희, 『계시록 완전해설』(과천: 도서출판 신천지, 1986), 머릿글.

170 신천지 문화부, 『신천지 발전사』4.

171 이만희, 『천지창조』2010, 218.

172 https://blog.naver.com/michael1450

173 신천지문화부, 『신천지발전사』(과천: 도서출판 신천지, 1997), 4.

174 Ibid., 33.

175 한창덕, 『신천지 비판』(서울: 새물결플러스, 2013), 91.

176 한순찰, 『종교세계의 관심사』(과천: 비매품, 1984), 10.

177 Ibid., 72.

178 Ibid., 18.

179 오평호에 대한 신천지의 평가는 신천지 발전사 41쪽에서 다음과 같이 기록하고 있다. "오평호 목사는 1975년 서울역에서 유재열씨와 만나게 되어 장막성전에 입교하게 되었으며 장막성전에서는 목사를 세우지 않았기 때문에 전도사로 유재열씨의 충실한 심복이 되었다. 이것은 모두 장막성전을 삼키기 위한 계략이었으며 성경대로 배꼽 줄을 자르지 않은 자(겔16:4)의 출현이다.

180 한순찰, 『종교세계의 관심사』72.

181 구약에서 족장들과 언약을 하시면서, 언약의 주체와, 언약의 수혜 대상과 언약의 내용들이 구체적으로 제시되고 있다.

182 유인구, 유재열, 신종환, 김영애, 신광일, 정창래, 김창도, 백남봉

183 한순찰, 『종교세계의 관심사』3.

184 Ibid., 4.

185 Ibid., 4.

186 요한계시록10:10~11에 근거하고 있다.

187 탁명환, 『한국의신흥종교 기독교편3권』(서울: 국종출판사, 1980), 69.

188 신천지문화부, 『신천지발전사』38-40.

189 탁명환, 『한국의신흥종교 기독교편3권』72-73.

190 한순찰, 『종교세계의 관심사』18.

191 신천지 총회 교육부, 『주제별 요약해설7』(과천: 도서출판 신천지, 2015), 275.

192 신천지문화부, 『신천지발전사』33.

193 탁명환, 『한국의 신흥종교 기독교편 3권』51.

194 이대복, 『이단종합연구』(서울: 큰샘출판사, 2000), 828.

195 신천지 행정서부부, 『핍박승리교육교재』(비매품: 내부 교육용), 70.

196 출처: 신천지 홈페이지

197 영생교(조희성), 에덴성회(이영수) 동방교(노영구), 구인회(재림 예수교), 장막성전(유인구) 새빛등대교회(김풍일) 증거장막성전(이만희, 홍종효) 등.

198 탁명환, 『한국의신흥종교 기독교편3권』69.

199 김건남 · 김병희, 『신탄』(과천: 도서출판 신천지, 1985), 330~333.

200 Ibid., 4.

201 신천지 행정서무부, 『핍박승리교육 교재』41.

202 http://cafe.daum.net/crossoflove/NPiG/39?

203 탁명환, 『한국의신흥종교 기독교편3권』84.

204 Ibid., 66.

205 신천지 이탈자(블로그 주소:https://blog.naver.com/ehddms7890), 2020. 1월 15일 접속.

206 현재는 세광교회.

207 ehddms7890님의 블로그 "신천지 사람들이 모르는 이만희 실상"(이만희X파일), https://blog.naver.com/ehddms7890. 2020년2월2일 접속

208 탁명환, 『한국의신흥종교 기독교편3권』97~99.

209 신천지문화부, 『신천지발전사』4~5.

210 신천지 행정서무부, 『핍박승리교육교재』 70.

211 이대복, 『이단연구3』 (서울: 큰샘 출판사, 2000), 21.

212 Ibid., 21.

213 신천지 총회 교육부, 『주제별 요약해설7』 144-145.

214 ehddms7890님의 블로그 "신천지 사람들이 모르는 이만희 실상"(이만희X파일), https://blog. naver.com/ehddms7890. 2020년 2월 2일 접속

215 이만희의 본명은 이재희이다.

216 세가지 비밀 계시록실상 뮤지컬(하늘의 꿈을 이루다), 10.

217 신천지 행정서무부, 『핍박승리교육교재』 70.

218 Ibid., 71.

219 신천지 행정서무부 『핍박승리교육교재』 70~72.

220 ehddms7890님의 블로그 "신천지 사람들이 모르는 이만희 실상"(이만희X파일), https://blog. naver.com/ehddms7890. 2020년 2월 2일 접속

221 이만희, 『영핵』 (과천: 도서출판 신천지, 1996), 75-76.

222 한국종교(이단)문제연구소 상담 사례

223 신천지 2019년 1월 22일 정기총회 종합보고서

224 신천지 2020년 1월 12일 정기총회 종합보고서

225 2019년 1월 12일 정기총회 종합보고서: 회계잔금 2940억원과 부동산 2373억원 보유

226 2019년 청춘반환소송 중 신천지 측의 변론 중 언급.

227 돌아온 상담자들의 증언에 의하면 절대적이지 않지만 맏다아지파의 지파장인 장방식을 거론하고 있다(한국종교[이단]문제연구소 지역이 맏다아 지파가 있는 천안지역이어서 나타날 수 있는 현상일 수 있음).

228 2017년 인구센서스

229 신천지 용어: 잎사귀

230 대전예안교회 담임목사, 대전이단상담소장, 10년 간 신천지에 있다가 탈퇴.

231 정윤석, 『신천지, 왜 종교사기인가?』 (과천: 기독교포털뉴스, 2019), 179.

232 총회교육부, 『신천지 정통 교리와 부패한 한기총 이단 교리 비교』 (과천: 도서출판 신천지, 2017), 15.

233 상담중 확인 내용—상담을 받지 못하게 하는 신천지 교육 내용.

234 Ibid.,

235 이단세미나 때 질문에 다수가 교리에 대해, 성경 해석에 대해 바르게 알고 있지 않다는 것을 어렵지 않게 확인할 수 있다. 날마다 암송하는 사도신경에 대한 배경, 역사, 내용에 대해 자신을 방어할 만큼 갖고있는 성도가 많지 않다. 기독교의 삼위일체 교리에 대해서도 삼위일체에 대해 바르게 설명할 수 있는 성도가 많지 않다.

236 "신천지 산 옮기기 전략(개신교 교회 통째로 먹기)" 유튜브 영상, 2020, 4월 1일 접속.

237 상담실을 찾는 신천지에 빠진 사람들 전부가 신천지가 승소하였다고 주장한다.

238 1992년 다미선교회의 종말설 불발 사건

239 오대양사건-교주 박순자를 비롯하여 36명이 희생당했다.

240 은혜로교회(신옥주) 사건-피지가 말세에 도피처라고 속여 1인당 3,000만 원씩 받아 이주시켜 집단농장 생활을 하게 한 사건이다.

241 요한계시록 16:16

242 박종일, 『계시록-그 웅대한 절정은 가까왔다!』 (서울: 사단법인 위처타워 성서 책자 협회), 228, 232.

243 2장 말씀의 짝 교리 참고.

244 예수께서 영으로 재림하신다는 근거로 사19:1를 제시한다. 하나님이 빠른 구름을 타고 오신다고 하였는데 구름이 뭐냐?

245 상담소에서 죽은 신천지 사람도 있다. 강금하고, 폭력을 행사한다. 이러한 거짓말로 세뇌해 놓았기 때문에 상담소를 찾는 신천지 사람들 대부분이 두려움 속에서 찾는다. 이런 상담소는 없다.

246 신천지 행정서무부 『핍박승리교육교재』 6.

247 신천지문화부, 『신천지 발전사』 4.

248 천안빛과소금의교회

249 신천지에서 6년을 머물다 탈퇴한 상담자의 증언

250 2020년 신천지예수교증거장막성전 종합보고서

251 신천지 총회 교육부, 『주제별 요약해설』 (과천: 도서출판 신천지, 1999). 358.

252 총회 교육부, 『신천지 정통 교리와 부패한 한기총 이단 교리 비교』 2017, 9.

253 세루베트스의 죽음과 관련하여 칼빈이 예정론에 반대하는 사람들을 잔인하게 죽였다는 역사 왜곡이다. 이 모든 것은 사실과 전혀 다르다. 칼빈을 반대하는 사람들의 작품에 근거하고 있으며, 실재 사실이 왜곡되었으며, 있지도 않은 자료를 근거로 악의적인 의도로 만들어진 내용들을 신천지가 활용하고 있다. 세바스챤 카스텔리오, 수테판 츠바이고, 이바이드라는 사람들에 의해서 칼빈이 비판을 받고 있는데, 모두가 핵심 사실들을 왜곡시키고 있다. 세바스챤은 개인의 욕심대로 되지 않자 사실을 왜곡하는 칼빈에 대한 책을 저술하였고, 츠바이고는 없는 글을 인용하여 비판하였고, 이바이드는 실존하지 않는 사람이다.

254 신천지 총회 교육부, 『주제별 요약해설』 355-357.

255 Ibid., 357-359.